すべての いのちの 輝きのために

―国際保健NGO・シェアの25年―

シェア＝国際保健協力市民の会

めこん

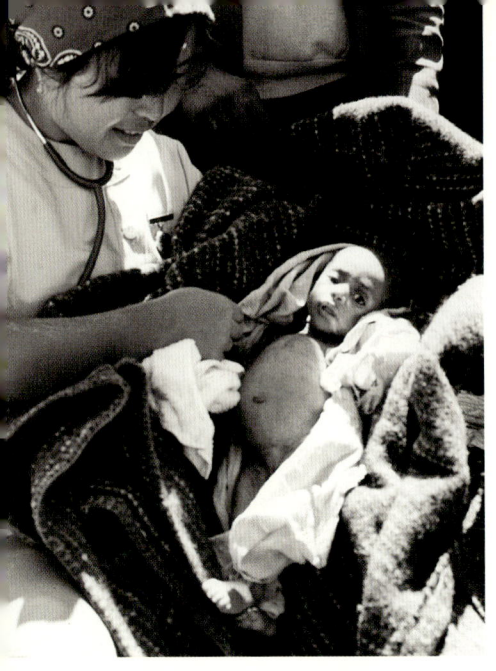

衰弱した子どもの世話をする工藤芙美子看護師
（エチオピア．1985年．提供JVC）

アジバール病院の外来受付で順番を待つ人々（エチオピア．1985年．提供JVC）

釘村千夜子助産師による母親教室（カンボジア．1988年．撮影 大石芳野）

けが人の手当てをする石松義弘医師（カンボジア．1992年）

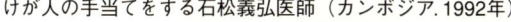

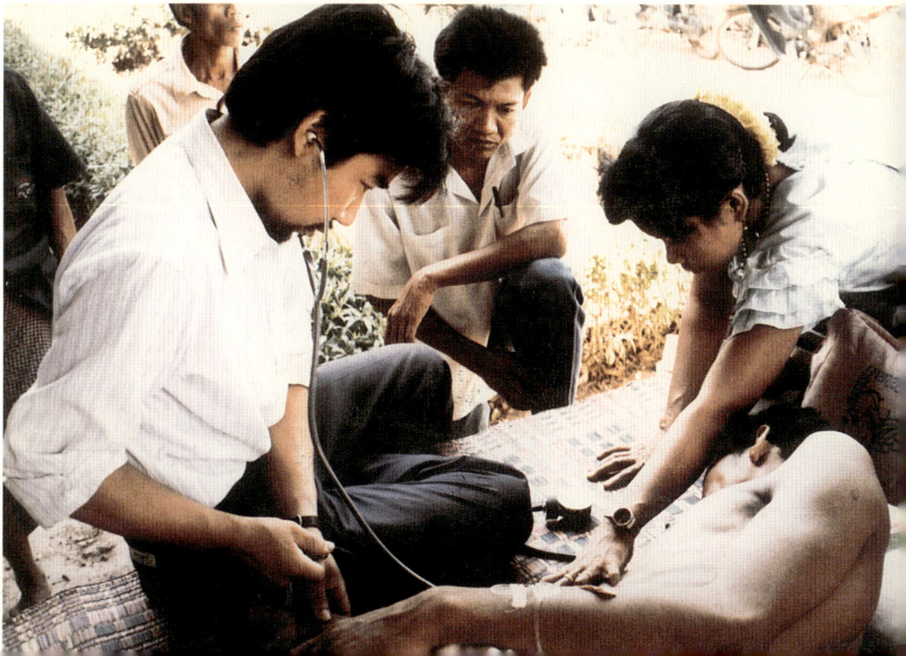

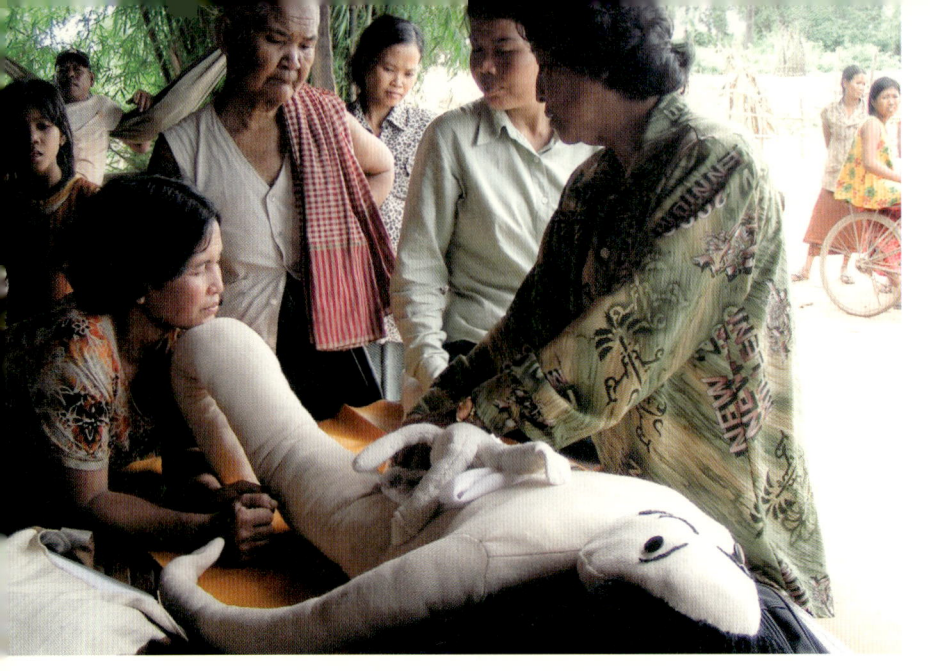

伝統的産婆（TBA）への出産介助トレーニング（カンボジア．2006年）

視力検査を行なう村の保健ボランティア（タイ．1993年）

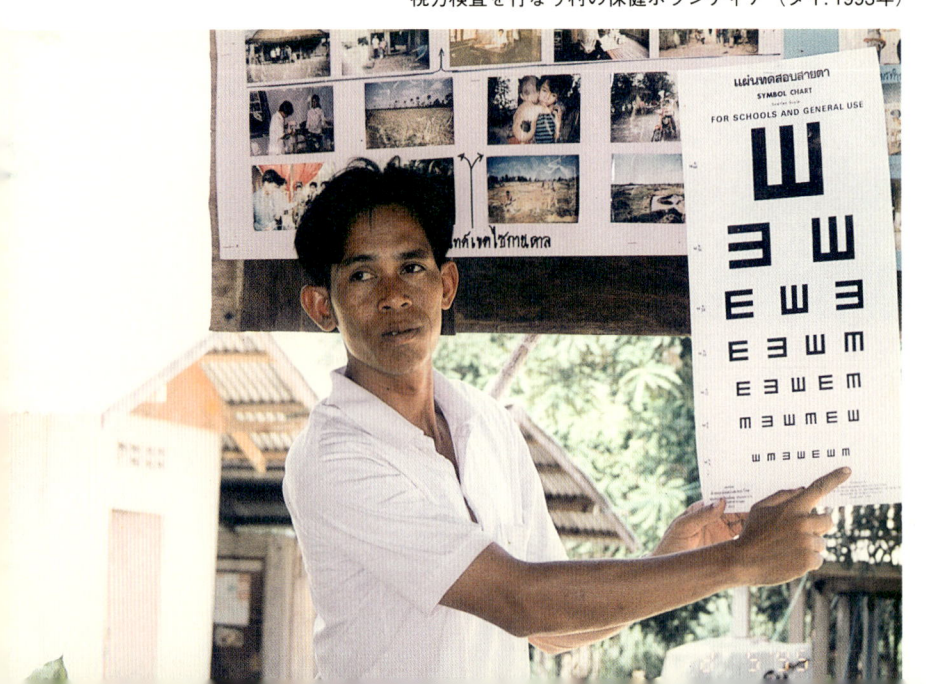

HIV陽性者自助グループのリーダーによる家庭訪問（タイ．2004年）

エイズキャンペーンを行なう村人と子どもたち（タイ．2005年）

シェアスタッフによる保健教育（東ティモール.2004年）

緊急救援で診察をする本田徹医師（東ティモール.2006年）

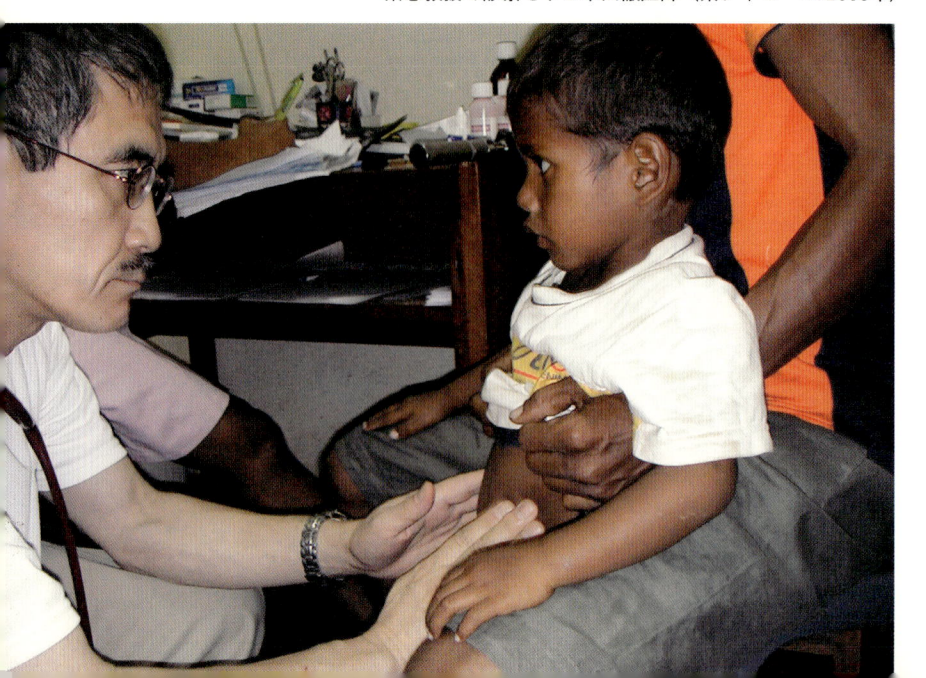

寝たきりの患者さんのケアをする訪問介護ボランティアたち（南アフリカ.2005年.提供JVC）

村の市場でエイズ啓発活動をするボランティア（南アフリカ.2006年.提供JVC）

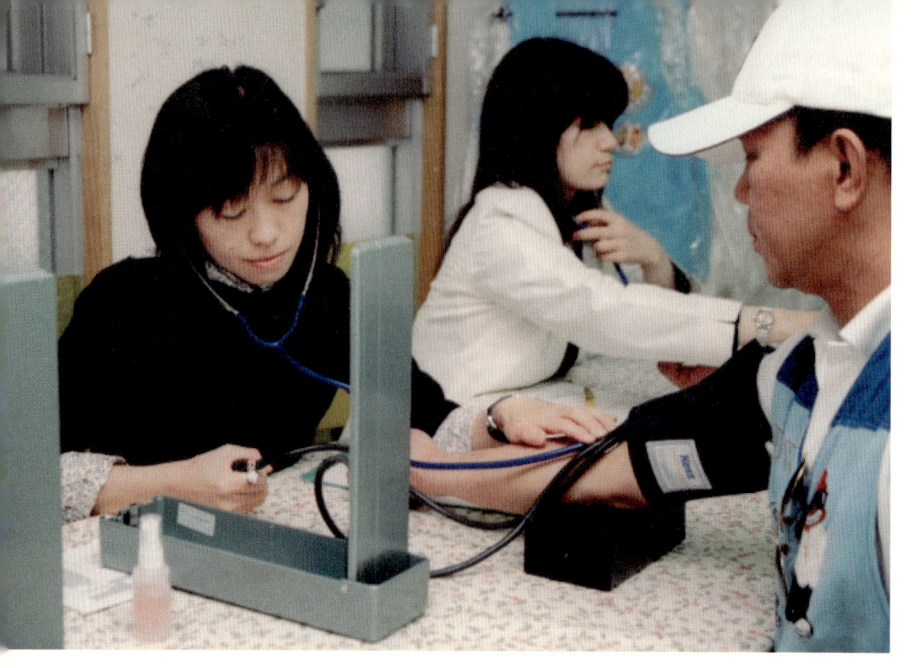

在日外国人のための健康相談会で血圧測定をする看護師ボランティアたち（日本.2005年.撮影 谷口典八）

エイズボランティアチームHAATASによるエイズすごろく（日本.2006年）

はじめに

山口誠史

　シェア＝国際保健協力市民の会は、1983年に医師、看護師、医学生が中心となって、草の根の国際医療救援団体を目指して設立された。本書は、シェアの25年間の活動の軌跡をまとめたものである。

　シェアが誕生した25年前は、まだNGOという言葉は一般的でなく、途上国の人々の窮状に対して海を渡って飛び込んでいく若者を、一般の人々は風変わりな人といった目で見ていた。それが、今日ではマスメディアにNGOという言葉が載らない日がないほど、社会の中で認知されている。そのことは、単にNGOの数が増えたというだけでなく、NGOが取り組まなければならない課題が増えて、社会の中でNGOが果たす役割が大きくなったことによる。

　20世紀は戦争の世紀だと言われる。人類は2度にわたる世界大戦を経験し、その後の東西冷戦も終結して、21世紀にはより平和な世界になるだろうと思われた。しかし、実際には国境を越えた大規模な戦争は減少したが、国内の宗教や政治、民族の違いや資源の争奪を原因とする紛争、国際的なテロや犯罪は逆に増加している。また、運輸や通信技術の発達が後押しして、人、モノ、金が国境を越えて地球規模で移動するグローバリゼーションの波は、世界の隅々にまで商品や情報を届け、地球が単一の市場と化す中で、価値観の画一化とともに、富めるものがますます富み貧しいものがますます貧しくなるといった負の影響も及ぼしている。

　貧困、環境、教育などさまざまな課題に取り組むNGOが、現在日本には

400以上あると言われる。その中で、シェアは国際保健協力NGOとして歩んできた。シェア設立に参加した医療者たちは、「いのちの大切さにおいてはあらゆる人が平等である」との信念の下に、愚直に保健医療に関わる活動を続けてきた。

　本書でも紹介されている通り、シェアは災害や紛争の犠牲になった人々の惨状を知り、手を差し伸べることを1つの重要な活動としてきた。シェアの初めての海外プロジェクトであるエチオピア飢餓被災民の緊急支援プロジェクトにはじまり、ピナトゥボ火山の噴火、ルワンダ内戦、阪神・淡路大震災、新潟県中越地震、スマトラ沖地震などの被災者に対する緊急救援活動に取り組んできた。これらの活動は、一般の人々にもわかりやすく、その意味で最もNGOらしい活動とも言える。

　しかし、シェアがより重視してきた活動は、日常の生活の中で健康を維持することが困難な人々への支援である。多くの途上国、特に都市部ではなく地方に住む人々にとって、ひとたび病気になると病院や保健センターまで歩いて数時間かかったり、貧困ゆえに診療費や薬代を払うお金がなかったり、誤った知識や科学的根拠のない民間療法になけなしのお金を払ったりということがしばしば見られる。私たちは、薬草など伝統的な知恵は大切にしながら、信頼できる医療をより多くの人が受けられること、何よりも病気に罹らないための予防や衛生知識の普及に努めることにより、人々の健康を守りたいと思ってきた。そのためには、高度な医療技術や高価な薬品・医療器具を持ち込むことよりも、地域の医療スタッフの能力向上と、村人自身や村人の中から選ばれた保健ボランティアが保健に関する知識を得て適切な予防行動や健康管理ができるような人材育成に力を注いできた。

　シェアを特徴づけることの1つに、国内活動を重視しているということがある。国際協力を行なうNGOの多くは、途上国に現場を持って活動しており、日本国内は広報や資金集めをはじめとした現場の後方支援の役割になっている。それに対して、シェアは国内に活動の現場を持ち、それを途上国の現場と繋げている数少ないNGOの1つである。シェアにとっての日本国内の現場とは、在日外国人の健康に関する活動であり、第11章で詳しく述べられているとおり、無料健康相談会や電話相談、当事者自身の活動支援である。この国内保健

活動は、前述した「医療においてはすべての人は平等である」という理念が、私たちの身近な生活の隣で脅かされている現実から出発している。

このように、保健医療専門のNGOであること、人づくりを重視していること、長期的開発と緊急救援の両方を行なってきたこと、日本国内で在日外国人支援という直接的な活動を行なっていることがシェアの特徴である。

本書は、第1部と第2部からなる2部構成になっている。

「第1部　活動の軌跡」はシェアの誕生から2008年7月現在までの活動の歴史を、海外の活動を支えた東京事務所の変遷とともに4つに分けて記述している。シェアが産声を上げた日本国際ボランティアセンター（JVC）の事務所に居候していた時代は、山谷で野宿者支援活動を続ける中で、初めての海外プロジェクトであるエチオピア飢餓被災民に対する緊急救援とカンボジアの母子保健プロジェクトが、共にJVCとの協働で始まった。JVCから独立した江戸川事務所時代には、海外プロジェクトにおいてもシェア単独でタイの下痢プロジェクトとカンボジアの母子保健プロジェクトが始まった。また、日本国内では在日外国人無料健康相談会が始まり、更に阪・神淡路大震災に際しては緊急救援活動を実施した。3つ目の事務所である飯田橋時代は、カンボジアとタイのプロジェクトが活動地や対象者を変えつつ新たな局面に展開した時期であり、それに加えて東ティモールで新たなプロジェクトが始まった。そして現在の上野事務所に移ってからは、エチオピア以来の本格的なアフリカでの活動である南アフリカのHIV・エイズプロジェクト、続いて起きた新潟県中越地震とスマトラ沖地震に対する緊急救援活動を行なった。第1部では、これらの活動の経緯を述べるとともに、その時々で関わった人々が、熱い思いに突き動かされ、状況の厳しさに戸惑い、悩み、活動を続けてきた様子を記述している。1つのNGOが生まれ、試行錯誤を繰り返しながらひとり立ちしていった軌跡をごらんいただきたい。

第2部は、シェアが国際保健NGOとして取り組んできたさまざまな分野から、重要な7つのテーマを選んで、シェアの取り組みと学びを記述している。それは、プライマリ・ヘルス・ケア、母子保健、公的保健システムの強化

（保健ボランティアの育成）、保健教育、エイズ、緊急救援、在日外国人のための保健医療というテーマである。各テーマごとに、まず一般的な概念や世界の状況を説明した後、シェアがそのテーマに関して具体的にどのように取り組んできたか、現場の活動に即して報告している。そしてその活動から得た教訓や学びをまとめ、最後に今後の課題を提示している。

　これらの7つのテーマの中でも、第5章で取り上げている「プライマリ・ヘルス・ケア」は、他のテーマの根底に通じる重要な概念である。シェアが、活動を実施する上で尊重しなければならない価値としているのが、このプライマリ・ヘルス・ケアの考え方である。その価値を基盤にして、活動の分野、対象者ごとに記述したのが母子保健から始まる各章である。

　シェアが歩んできた25年間には、多くの人々の参加と出会いがあった。直接活動に参加したスタッフやボランティア、会員として寄付者として支えてくださった方々、助言や応援の声を寄せてくださった方々、現場でいっしょに働いた現地のスタッフやカウンターパートの人々、地域で誇りを持って働くボランティアや村人たち。私たちは、理想を胸にがむしゃらに突き進んできたが、振り返ればいつも接した人々から多くのものをいただいてきた。それらのすべての人々に感謝の気持ちを伝えたい。

　「すべての人々が心身ともに健康に暮らせる社会が実現すること」。シェアが目指す社会が実現して、シェアがその役目を終えるには、まだまだ時間がかかりそうである。私たちができることは限られているが、過去の活動を検証して教訓を生かし、希望を持って、これからも前に進んでいきたい。

目次

はじめに .... 山口誠史 9

    シェアの活動地図 ………18
    シェアの活動の流れ ………19
    年表・シェアの25年 ………20
    略語一覧 ………22
    用語解説 ………24
    シェアが目指していること、取り組んでいること、大切にしていること ………28

序章 保健NGOの人間として21世紀を生きる .... 本田 徹

    1. 草創の頃 29
    2. 4人の恩人──栗野鳳、室靖、高見敏弘、星野昌子 30
    3. グローカルな視点と取り組みとは？
      ──山谷そして「在日」はどう海外とつながるか？ 33
    4. 21世紀を展望してシェアの役割を考える──この本の目的とは 36

第1部 活動の軌跡

第1章 JVC事務所での居候時代 .... 前川昌代

    1. シェア設立 43
    2. 山谷の活動 46
    3. エチオピア救援 47
    4. カンボジアへ 55

    産婆さんたちのトレーニング .... 杉江美子 59

第2章　江戸川事務所での自立　————　前川昌代

1. 転機 …… 61
2. タイに向かう …… 62
3. 下痢予防プロジェクト始まる …… 64
4. 新事務所開設 …… 65
5. タイ、その後 …… 68
6. エイズ・プロジェクト …… 71
7. カンボジア——新プロジェクトへ …… 74
8. カンボジア——母子保健活動始まる …… 75
9. エイズ・トーク …… 79
10. 連続講座 …… 80
11. 在日外国人のための健康相談 …… 81
12. 阪神・淡路大震災医療救援 …… 84
13. さまざまな活動への参加 …… 86

　地域の人々と共に …… 本間久子　67

　クサイカンダール郡でのプロジェクトを日本で支える …… 本橋 栄　78

第3章　飯田橋事務所時代　組織体制整う　————　前川昌代

1. 飯田橋事務所への移転 …… 89
2. カンボジア、クサイカンダールの活動終了と評価 …… 90
3. カンボジア、スレイセントーでの新プロジェクト …… 93
4. タイ——感染者自身の活動 …… 95
5. エイズ治療の進展と課題 …… 98
6. ウガンダ調査 …… 101
7. 東ティモール・プロジェクト始まる …… 102
8. 東ティモール——村の活動の失敗と教訓 …… 105
9. 東ティモール、あのころのこと …… 108
10. NPO法人取得と事務局の強化 …… 109

第4章　上野事務所時代　広がるネットワーク　————　山口誠史

1. 上野御徒町への事務所移転 …… 113
2. 再びアフリカへ …… 115
3. 南アフリカプロジェクトの開始 …… 118
4. 会計不正事件と教訓 …… 120
5. 新潟県中越地震被災者支援活動 …… 122

6. スマトラ沖地震被災者支援 ……………………………………… 125
7. 国内活動の充実 …………………………………………………… 127
8. シェアを担う人々 ………………………………………………… 130
9. 資金獲得の苦労 …………………………………………………… 132
10. タイ――現地化への道 …………………………………………… 133
11. シェアの新しい方向性 …………………………………………… 135

第2部 国際保健NGOとして取り組んだ課題と学び

第5章 プライマリ・ヘルス・ケア　　　　　　本田 徹／工藤芙美子
　　　　――シェアがタイで学んだこと

1. プライマリ・ヘルス・ケアってなんだろう？（本田 徹）………… 139
2. アルマ・アタ宣言――プライマリ・ヘルス・ケアの原点（本田 徹）… 140
3. プライマリ・ヘルス・ケアの源流と発展してきた道（本田 徹）… 142
4. シェアにとってのプライマリ・ヘルス・ケアの実践
　　――タイの経験を中心に（工藤芙美子）………………………… 145
5. シェアの経験を生かしたJICAでの活動経験
　　――ネガティブからポジティブへ（工藤芙美子）……………… 159
6. 具体例から（工藤芙美子）………………………………………… 161
まとめとして――21世紀のプライマリ・ヘルス・ケア（本田 徹）… 166

第6章 母子保健　　　　　　　　　　　　　　　　　　　佐藤真理
　　　　――カンボジアの活動とアフガニスタンの今を通して考える

はじめに ……………………………………………………………… 169
1. 母子保健について ………………………………………………… 170
2. 日本の母子保健の歩み …………………………………………… 171
3. ミレニアム開発目標と母子保健 ………………………………… 174
4. シェア・カンボジアの母子保健活動 …………………………… 177
5. アフガニスタンの母子保健の状況 ……………………………… 184
結び――21世紀の母子保健の発展と格差の解消のために ……… 187

第7章　公的保健システムの強化と連携　　　　　　　　　　植木　光
──カンボジアでの保健ボランティア育成

1. 開発途上国の保健システムの変遷 　190
2. 開発途上国の保健システムの課題 　192
3. 保健ボランティア・プログラム 　195
4. カンボジア農村での保健ボランティア育成による保健システム強化 　196
5. 開発途上国の公的保健システムの課題 　206

第8章　保健教育　　　　　　　　　　　　　　　　　小泉香織／成田清恵
──東ティモールでの実践と学び

1. 保健教育とは（小泉香織） 　211
2. 保健教育とヘルス・プロモーション（小泉香織） 　212
3. 東ティモールの保健医療システム構築のあゆみ（小泉香織） 　214
4. 新たなヘルス・プロモーションの動き（小泉香織） 　215
5. シェアの取り組み（成田清恵） 　217
6. 保健教育教材・手法の開発（成田清恵） 　218
7. 住民や生徒に気づいてもらう「気づきの保健教育」（成田清恵） 　222
8. スタッフの人材育成・保健教育者の養成（成田清恵） 　223
9. さらなる保健教育教材の開発、人材育成（成田清恵） 　228

第9章　エイズ　　　　　　　李祥任／青木美由紀／西山美希／沢田貴志
──タイ、南アフリカ、そして日本

エイズとは（李祥任） 　231

タイ（李祥任） 　234

1. タイのエイズ 　234
2. プロジェクトの開始 　235
3. プロジェクトの変遷 　236
4. HIV陽性者自助グループ活動 　238
5. 地域活動 　241
6. 学校におけるピア・エデュケーション 　244
おわりに 　246

南アフリカ（青木美由紀）……………………………………… 248
　1. 南アフリカ共和国という国 ……………………………… 248
　2. JVCとの共同プロジェクト ……………………………… 251
　3. 会計不正事件の発覚と新しいパートナー探し ………… 261

日本（西山美希／沢田貴志）……………………………………… 264
　1. 学校におけるエイズ教育（西山美希）………………… 264
　2. HAATASの誕生と活動（西山美希）…………………… 266
　まとめとして——タイと南アの経験をもとに（沢田貴志）…… 268

第10章　緊急救援 …………… 仁科晴弘／仲佐　保／沢田貴志／本田　徹／冨田　茂
　　　——海外と日本での活動と学びから
　1. 災害、災害救援そしてNGOの役割（仁科晴弘）……… 269
　2. シェアの海外での取り組み（仲佐　保／沢田貴志／本田　徹／仁科晴弘）…… 272
　3. シェアの国内での救援活動（仁科晴弘／冨田　茂）… 283
　4. 今後の課題（仁科晴弘）………………………………… 288

第11章　外国人のための保健医療活動 ………………………… 沢田貴志
　　　——在日外国人と日本の社会
　1. グローバル化する日本 …………………………………… 293
　2. 在日外国人の医療の問題点 ……………………………… 295
　3. 自ら動き始めた外国人と日本の市民 …………………… 304
　4. 外国人医療の改善は誰のためか ………………………… 313

あとがき ……………………………………………………… 前川昌代　317

索引 ………………………………………………………………… 320

シェアの活動地図

- **日本**　東京・山谷地区　1984〜1988　（個人ベースではその後も会員が参加）
　　　　首都圏（外国人健康相談会）　1991〜
　　　　阪神・淡路　1995〜1996
　　　　新潟・中越　2004〜2005
- **エチオピア**　ウォロ州アジバール　1985〜1986
- **カンボジア**　カンダール県プノンペン郡　1988〜1991
　　　　　カンダール県クサイカンダール郡　1992〜1998
　　　　　コンポンチャム県スレイセントー・コーンミア保健行政区　1998〜2007
　　　　　クサイカンダール郡（洪水救援）　1996
　　　　　プレイベン県プレイベン郡　2008〜
- **タイ**　ヤソートーン県　1990〜1997
　　　ウボンラーチャターニー県　1990〜
　　　アムナートチャルーン県　1994〜2007
　　　パンガー県（スマトラ沖地震）　2005〜2007
- **パレスチナ**　1996
- **フィリピン**　サンバレス州イバ市（ピナトゥボ火山）　1991
- **ルワンダ**　活動地：コンゴ民主共和国（旧・ザイール）ブカブ　1994
- **東ティモール**　ディリ　1999、2006
　　　　　　エルメラ県　2000〜
　　　　　　アイレウ県　2007〜
- **南アフリカ**　リンポポ州　2005〜

シェアの活動の流れ

長期的な活動

タイ
- 下痢予防 他──ヤソートーン県・ウボンラーチャターニー県
- エイズ──アムナートチャルーン県・ウボンラーチャターニー県
- エイズ──ウボンラーチャターニー県

カンボジア
- 母子保健──カンダール県プノンペン郡（当時）
- 地域保健と医療支援──カンダール県クサイカンダール郡
- 地域保健──コンポンチャム県スレイセントー・コーンミア保健行政区
- 母子保健──プレイベン県プレイベン郡

東ティモール
- 診療所整備とトレーニング──エルメラ県
- 保健教育促進──エルメラ県
- 学校保健──エルメラ県
- 保健ボランティア養成──アイレウ県

南アフリカ
- エイズ──リンポポ州

日本国内
- 在日外国人のための保健医療
- エイズ・トーク
- エイズ啓発

緊急救援
- エチオピア飢餓──ウォロ州（当時）アジバール村
- フィリピン・ピナトゥボ火山噴火
- ルワンダ難民──ザイール（当時）・ブカブ
- 阪神・淡路大震災
- カンボジア洪水──カンダール県クサイカンダール郡
- 東ティモール騒乱
- 新潟県中越地震
- タイ・スマトラ沖地震──パンガー県
- 東ティモール騒乱──ディリ

その他
- 東京・山谷地区　医療
- パレスチナ　聴覚検査室開設──ガザ地区

●年表
シェアの25年

❶ 1983年 8月 〜 JVC事務所での居候時代
❷ 1990年10月 〜 江戸川事務所時代
❸ 1997年 8月 〜 飯田橋事務所時代
❹ 2004年 3月 〜 上野事務所時代

【世界と日本の動きから】

年	シェアの動き	世界と日本の動き
1978		「アルマ・アタ宣言」採択
1979		カンボジアにベトナム軍が進攻／擁立されたプノンペン政権と他勢力間で内戦／インドシナの3ヵ国で大量の難民流出
1980		難民救援を目的に、JVC（現 日本国際ボランティアセンター）設立
1981		イラン＝イラク戦争
1982		日本政府、国際緊急医療チーム結成
1983	8月、東京・杉並区阿佐ヶ谷でJVC内の海外援助活動医療部会として発足——代表　金田衛／月例会開始／機関誌創刊／国際医療情報センター（IMIC）に改称	HIV（ヒト免疫不全ウイルス）発見
1984	SHARE（国際保健医療情報センター）に改称／東京・山谷地区で医療活動に参加／エチオピアの状況を視察	アフリカで干ばつによる飢餓拡大／さまざまなアフリカ飢餓救援活動
1985	JVCと共同でエチオピアでの飢餓被災民救援（ウォロ州アジバール村）／JVCの事務所移転に伴い文京区湯島へ／運営委員会を設置	南アフリカで反アパルトヘイト（人種隔離）政策の運動が激化
1986	第1回会員総会を開催	日本国際保健医療学会設立
1987	第2回会員総会で代表が本田徹に交代	日本エイズ研究会（現 日本エイズ学会）設立
1988	SHARE（国際保健協力市民の会）に改称／JVCと共同でカンボジアで母子保健活動開始（カンダール県プノンペン郡）	WHO（世界保健機関）が「世界エイズ・デー」を定める
1989	第4回総会で体制と方向性を討議	外務省NGO事業補助金制度創設／ベトナム軍カンボジアから撤退
1990	10月、事務所を江戸川区小松川に移転、JVCから独立——有給専従の事務局員を置く／タイで下痢予防プロジェクト開始（ヤソートーン県シケウ村）	イラクのクウェート侵攻で米軍、湾岸周辺に配備／東西ドイツ統一
1991	在日外国人のための健康相談開始／フィリピン・ピナトゥボ火山噴火被災者救援／カンボジアで新プロジェクトの調査／湾岸戦争後のパレスチナの状況を視察	郵政省が国際ボランティア貯金制度開始／湾岸戦争／カンボジア和平協定調印（パリ）／ソビエト連邦解体、CIS誕生
1992	カンボジアで地域保健活動開始（カンダール県クサイカンダール郡）／国内で「エイズ・トーク」開始	UNTAC（国連カンボジア暫定統治機構）設置

❶ JVC事務所の居候時代
❷ 江戸川

	年	シェアの活動	世界の動き	年
事務所時代	1993	第8回会員総会で、シェア＝国際保健協力市民の会に改称、理事会を設置	カンボジアで総選挙、立憲君主制に／パレスチナ暫定自治拡大に関する原則宣言署名（オスロ）	1993
	1994	タイでエイズ・プロジェクト開始（アムナートチャルーン県）／ルワンダ難民救援（ザイール・ブカブ）／国内でタイ語のエイズ電話相談開始	ルワンダで大虐殺／南アフリカで全人種参加の制憲議会選挙／横浜で国際エイズ会議開催	1994
	1995	阪神・淡路大震災救援、およびその後の支援／パレスチナ調査	WTO（世界貿易機関）設立／阪神・淡路大震災	1995
	1996	カンボジアで洪水被災者救援／他団体と共同でパレスチナで聴覚検査室開設支援（ガザ地区）／大山激励賞受賞──工藤芙美子看護師（タイ代表）	パレスチナ暫定自治政府成立／UNAIDS（国連合同エイズ計画）が発足	1996
❸ 飯田橋事務所時代	1997	8月、事務所を文京区後楽に移転／ウガンダ調査／保健文化賞受賞	カンボジア・プノンペンで武力衝突	1997
	1998	カンボジアで新たな地域保健活動を開始（コンポンチャム県スレイセントー・コーンミア保健行政区）／医療功労賞受賞──工藤芙美子看護師	特定非営利活動促進法（NPO法）施行／ユーゴスラヴィア、コソボ自治州で民族紛争再発	1998
	1999	東ティモールで医療活動と調査	東ティモールで住民投票後、騒乱／UNTAET（国連東ティモール暫定行政機構）設置	1999
	2000	東ティモールで復興支援、保健活動開始（エルメラ県）／国内でエイズ啓発開始／People with AIDS賞受賞──沢田貴志医師（副代表）	ダーバンで国際エイズ会議／国連ミレニアム宣言採択	2000
	2001	会員総会兼特定非営利活動法人としての設立総会を開催／9月、法人格を取得／大山激励賞受賞──本田徹医師（代表）	米国同時多発テロ／米英軍、アフガニスタンを攻撃	2001
	2002	東ティモールで保健教育促進プロジェクト開始／シェア国際保健基金設立／エイズ・ボランティアチームHAATAS結成	The Global Fund設立／東ティモール独立／JICA開発福祉支援事業（現 草の根技術協力）開始	2002
	2003	パレスチナ・ヨルダン川西岸を視察	米英軍、イラクを攻撃／入国管理局と警視庁が入管法違反者の取り締まりを強化	2003
❹ 上野事務所時代	2004	3月、事務所を台東区東上野に移転／南アフリカ、ジンバブエ、ザンビアで調査／新潟県中越地震被災者救援	新潟県中越地震／スマトラ沖地震	2004
	2005	タイでスマトラ沖地震被災者支援（パンガー県）／JVCと共同で南アフリカでのエイズ・プロジェクト開始（リンポポ州）／／国内で青年海外協力隊のエイズ隊員技術補完研修開始／在日外国人結核療養支援開始	神戸で第7回アジア・太平洋地域エイズ国際会議／WTOが医薬品の知的財産権に関する協定の修正に合意	2005
	2006	東ティモールで緊急救援（ディリ）	東ティモール・ディリで騒乱	2006
	2007	東ティモールで保健ボランティア養成プロジェクト（アイレウ県）・学校保健プロジェクト（エルメラ県）開始／若月賞受賞──本田徹医師	厚生労働省が結核予防法を感染症予防法に統合	2007
	2008	カンボジアで母子保健プロジェクト開始（プレイベン県）／認定特定非営利活動法人格を取得／東京弁護士会人権	北海道洞爺湖サミット開催	2008

【略語一覧】

AIDS	Acquired Immune Deficiency Syndrome	エイズ、後天性免疫不全症候群
ARV	Anti-retroviral	エイズ治療薬、抗レトロウイルス（HIV）剤
BCC	Behavior Change Communication	行動変容のためのコミュニケーション
BHN	Basic Human Needs	基本的人間ニーズ（衣食住、教育、医療など）
CBO	Community-based Organization	地域当事者団体
CBR	Community-based Rehabilitation	地域リハビリテーション
CDC	(Department of) Communicable Disease Control (Region Office)	伝染病管理広域事務所（タイ 1990年当時）
CSR	Corporate Social Responsibility	企業の社会的責任
FBO	Faith-based Organization	信仰に基づく地域活動団体
FRESH	Focusing Resources on Effective School Health	UNESCなどによる学校保健の新しいアプローチ
GIPA	Greater Involvement of People living with HIV/AIDS	エイズと共に生きる人々自身の当事者参加
HAART	Highly Active Anti-retroviral Therapy	多剤併用療法（カクテル療法）。ハート
HAATAS	HIV/AIDS　Action Team at SHARE	ハータス（シェア内のエイズ啓発活動チーム）
HIV	Human Immunodeficiency Virus	ヒト免疫不全ウイルス、エイズウイルス
HREIB	Human Rights Education Institute of Burma	ビルマ人移住労働者自助組織（スマトラ津波支援関連団体）
IEC	Information, Education, Communication	情報提供・教育・対話
JVC	Japan International Volunteer Center	日本国際ボランティアセンター
MDGs	Millennium Development Goals	ミレニアム開発目標
NGO	Non-govermental Organization	非政府組織、民間非営利団体
NHS	National Health Service	〈英国〉国民健康保険
NPO	Nonprofit Organization	非営利組織／団体
OJT	On-the-Job-Training	職場訓練
ORS	Oral Rehydration Solution/Salt	経口補水液／塩

OVC	Orphan and Vulnerable Children	親を亡くした、もしくは外部ケアを必要とする脆弱な子どもたち
PHC	Primary Health Care	プライマリ・ヘルス・ケア
PLA	Participatory Learning and Action	参加型学習法
PLHIV	People Living with HIV	HIVと共に生きる人々
PRA	Participatory Rural Appraisal	参加型農村調査法
PTSD	Post-traumatic Stress Disorders	心的外傷後ストレス障害
SBA	Skilled Birth Attendant	熟練出産介助者
SHARE	Services for the Health in Asian & African Regions	シェア＝国際保健協力市民の会
TBA	Traditional Birth Attendant	伝統的産婆
TVAAP	Tivoneleni Vavasati (Women Watch Out For Yourself) AIDS Awareness Project	(シェア・JVC共同の南アフリカプロジェクトのカウンターパート)
UNAIDS	Joint United Nations Programme on HIV/AIDS	国連エイズ合同計画
UNICEF	United Nations Children's Fund	国連児童基金
UNHCR	United Nations High Commissioner for Refugees	国連難民高等弁務官事務所
UNTAC	United Nations Transitional Authority in Cambodia	国連カンボジア暫定統治機構
UNTAET	United Nations Transitional Administration in East Timor	国連東ティモール暫定行政機構
VHV	Village Health Volunteer	(農村)保健ボランティア
WHO	World Health Organization	世界保健機関
WTO	World Trade Organization	世界貿易機関

【用語解説】

経口補水療法（ORT）……1960年代後半、バングラデシュの国際下痢疾患研究所（ICDDR）が先導して、コレラなどの下痢疾患に伴う脱水症を治療する目的で開発された飲用液（ORS）と治療法。糖分を適量含むことによって、水分とナトリウムが腸管から吸収されやすくなる。1980年代、WHOとUNICEFが主導して、ORTの大規模なキャンペーンが世界中で行なわれたが、その画一的なやり方に批判も寄せられた。

抗レトロウイルス剤（ARV）……エイズウイルス（HIV）の増殖を抑制する効果のある薬のこと。ウイルスの増殖は、逆転写酵素阻害、蛋白分解酵素（プロテアーゼ）阻害、細胞膜融合阻害などの異なった作用機序によって抑えられる。これら種類の違う薬を適宜多剤併用することによって、HIVを劇的に減らすことが可能となり、陽性者は、HIVをもちつつも元気に社会生活を送ることが可能となった。この多剤併用療法はHAARTと呼ばれ、その途上国住民への普及・実現は、基本的人権という面からも、エイズをめぐる世界的な課題となっている。

さかさま医療ケアの法則（Inverse Care Law）……英国の臨床医テューダー・ハート（Tudor Hart）が1971年に唱えた、「社会的に弱い立場の者ほど、健康を冒されやすいにもかかわらず、逆に医療サービスにアクセスしづらい状況に置かれている」現実を指し示す言葉。英国圏の医療・保健・福祉の世界では、確立・合意された概念。さかさま医療ケアの法則を是正することが、21世紀の人類共通の課題となる。

参加型農村調査法（PRA）……途上国の住民が、自分たちの置かれた状況をよりよく理解し、その改善に向けて主体的に行動できるようになることを目的として、英国のロバート・チェンバースらが1980～90年代にかけ、多様な現場とテーマで培った対話型の調査法。グループ作業、絵による共通理解、ロール・プレイ、インタビューなど豊富な技法を含む。単に知の技術の集積にとどめず、「指揮棒を渡す」という言葉に象徴されるように、住民と外部専門家の立場と権限を逆転させ、当事者主体の参加型開発の実現を目指した。

産間調節（Birth Spacing）……女性が子どもを産む間隔のこと。この期間を3年以上空けることによって、母子の栄養状態が改善し、乳幼児死亡率も減ることが証明され、産間調節は、母子保健、母性保健の重要な政策目標となっている。母乳栄養は、母親の脳下垂体からの授乳ホルモン（プロラクチン）などの分泌を促進して、月経を遅らせ、結果として避妊効果をもたらし、産間調節に資するとされる。

熟練出産介助者（SBA）……正常な分娩過程、新生児、出産直後の産婦を観察・介助・管理する十分な技術をもち、妊産婦と胎児・新生児に関する病的ないし危険な兆候を察知して、適切・迅速に管理・紹介・転送する判断力をもつ介助者（WHOによる）。通常は、助産師、看護師、医師を指し、伝統的産婆（TBA）はSBAからは除外される。

小額融資（マイクロ・クレジット）……バングラデシュで1970年－80年代に始まった、貧困層のための無担保小額融資制度。ムハマド・ユヌス（2006年ノーベル平和賞受賞者）の率いるグラミン銀行が特に有名。農村地域での小規模な起業のために、無担保で小額を融資し、グループに対してモラル的な連帯責任を負ってもらうなどの手法を用いる。

グラミン銀行の利用者は大半が女性で、この制度は、途上国社会の女性の地位向上、エンパワーメントにつながったとされる。

心的外傷後ストレス障害（PTSD）……衝撃的・悲劇的な事件（地震・津波・火事などの災害、交通事故、戦争、テロ、強姦、虐待など）が「心の傷」となって、後にさまざまな精神の障害を起こす病態。アメリカ精神病学会の「精神疾患分類・診断マニュアル」（DSM-IV）によれば、①不眠・不安・焦燥などの過覚醒、②心的外傷体験につながる記憶・事物の回避、③事件のフラッシュ・バック（追体験）などの症状が複合して現れる。

地域リハビリテーション（CBR）……1970年代末から80年代初頭にかけ、主としてWHOの提唱およびCBRマニュアルにより世界に広まったリハビリテーションの革新的な運動。従来、都市部の医療施設でしか受けられなかったリハビリテーション・サービスを、大多数の障害者が住む農村地域などに開放し、アクセス可能とするために、地域レベルでの人材の養成、適正技術の利用が追求された。CBRは、保健、教育、生活基盤、社会参加、エンパワーメントの5つの要素を持つと言われる。現在、90カ国以上でCBRはそれぞれ独自に豊かな展開を遂げ、互いの経験交流も盛んである。

伝統的産婆（TBA）……主として途上国の農山村社会で出産時に妊産婦の介助を行う非専門職の人。ほとんどが女性だが、社会によっては年齢の比較的高い男性がTBAになることもある。カンボジアでは、地域によりNGOの支援でTBAの再訓練が行なわれているが、カースト制の残るインドのような国では、TBAは不可触賎民（アウト・カースト）の行なう仕事とされ、彼女たちの社会的地位を高めたり、保健システムの中で活用することに困難が伴うという。

当事者主権……従来、社会的に弱い立場の人々とされる、女性、高齢者、子ども、障害者、性的少数者、患者、感染者、不登校者、ホームレス者、難民などが、自分の身体や精神また社会的処遇に関わることについては、自己決定権を保有することを明示した言葉。国連障害者の日の共通標語、"Nothing about Us without Us"（私たちのことは私たち自身で決める）とつながる。当事者主権という言葉として定着したのは、中西正司、上野千鶴子が2003年岩波新書の同名書で主張してから。

乳児死亡率（Infant Mortality Rate）……1年間に生まれる子ども1000人当たりの生後1年未満での死亡数を示したもので、国や地域ごとの比較、1つの国の中での経年的な変化を見ていく指標として重要。一般に、ある国の衛生状態や栄養・医療レベルが改善するにつれ、乳児死亡率は低下する。近年は5歳未満児死亡率（U5MR）の方が重視される傾向にあり、ミレニアム開発目標（MDGs）でも、U5MRが採用されている。ただし、乳児死亡率は日本でも明治時代から記録されてきており、その意味での有用性は高い。

人間開発（Human Development）……「開発の基本的な目標は人々の選択肢を拡大することである。」（マブーブル・ハック）という考え方に基づいて、人間の潜在能力を伸ばし、開発をひとりひとりの自己実現と自由の拡大として捉えるアプローチ。人間開発概念の形成には、インドのノーベル賞受賞者の経済学者アマルティア・センも貢献した。1990年以来、UNDP（国連開発計画）は、出生時平均余命、成人識字率と総就学率、1人あたりのGDP（国内総生産）を使って人間開発指数を算定、各国別に比較した数字を毎年発表し、人間開発への努力を促している。

妊産婦死亡率（Maternal Mortality Ratio）……出生10万件あたりの、妊娠・出産に関連した原

因による女性（母親）の死亡数。出産後42日以内までの死を算入する。妊産婦の実数を正確に把握することが困難なため、生まれた子どもの数で分母を代用する。2005年には世界中で53万6000人の女性がこの原因で亡くなったが、その99％は途上国で起きた。ミレニアム開発目標（MDGs）の目標5では、妊産婦死亡率を2015年までに1990年の水準の3分の1にすることを目標としたが、その実現を熟練分娩介助者（SBA）の養成・配置（指標17）に賭けていることが、現実的な解決策かどうか疑問が残る。ちなみにサハラ以南アフリカでは、1990年から2005年までの年間減少率は0.1％に留まり、目標達成に早くも黄信号がともっている。

プライマリ・ヘルス・ケア（PHC）……1978年WHOの主導で開かれた国際会議で出されたアルマ・アタ宣言に基づいて、世界の保健を公平性、人権、参加、地域資源活用などの原則に基づいて体系的にまとめた理念とアプローチ。Health for All（すべての人に健康を）の標語のもと、20世紀の保健医療に大きな影響を与えた。今世紀に入っても、高齢者、障害者、HIV陽性者、移住労働者、難民、ホームレス者などの保健サービス達成において、PHCの必要性と役割は依然高い。

ヘルス・プロモーション（Health Promotion）……WHOの1946年の有名な定義が示すように、健康を単に、病気でない状態といった消極的意味でなく、「身体的、精神的および社会的に十全な状態」として、その実現のために個人や社会が取るべき行動や環境改善、公共政策などを総合的にまとめた考え方。1986年にWHOが主催した世界ヘルス・プロモーション会議で出されたオタワ憲章がもととなった。憲章では、ヘルス・プロモーションは、「人々がみずからの健康を決定する要因を、よりよくコントロールできるように能力を高め、健康を改善していくプロセス」と定義された。ヘルス・プロモーションは、保健（健康）教育から発展したものであると共に、プライマリ・ヘルス・ケアとの関連性が深い。

保健ボランティア（Health Volunteer）……多くの途上国の農村やスラムなどで、その土地に住み、既存の公的医療システムに協力しながら、無償またはそれに近い形で医療や保健の基礎的活動を担う人材。1960年代の文化革命前後に中国で始められた「はだしの医者」は、保健ボランティアのモデルの1つとなった。タイのように政策として彼らの養成に積極的な国もあれば、NGOや地域が独自に育てている国もある。

ミレニアム開発目標（MDGs）……2000年9月、世界189カ国の元首・政府代表がニューヨークに参集し「国連ミレニアム・サミット」が開かれ、採択された国際社会の共通開発目標。2015年までに達成すべき8つの目標、18のターゲット、48の指標を掲げる。保健医療関連では、目標4「乳幼児（5歳未満児）死亡率の削減」、目標5「妊産婦の健康改善」、目標6「HIV・エイズ、マラリア、その他の疾病（結核など）とのたたかい」の3つが選ばれた。その他の目標も、貧困削減、初等教育、女性の地位向上、環境保全など、保健に関係の深い目標が並ぶ。08年の洞爺湖サミットで、改めてMDGsへのサミット参加国元首のコミットメント（約束）が表明されたが、資金面での目標達成の裏づけの弱さ、サハラ以南アフリカでの保健人材強化を謳いながら、カナダ、米国、英国などへの医師・看護師の途上国からの流出（Brain drain）が止まらないなど、言葉と現実の行動との乖離について、NGO側から厳しい指摘がなされた。

リプロダクティブ・ヘルス（Reproductive Health & Rights）……1994年にカイロで開かれた国際人口開発会議において定式化された、女性の性と生殖に関する「健康」と「権利」のこと。

この2つははっきりと分けられないが、「健康」としては、「安全で満足できる性生活」、「安全な出産」などが、「権利」としては、「子どもを産むかどうか、産むとすればいつ、何人までを産むかを決定する自由」、「生殖・性に関する適切な情報とサービスを得られる権利」などがあげられる。保健医療だけでなく、男女平等、人口問題、生命倫理など、非常に広い範囲の課題を含む。

IEC（情報提供・教育・対話）……公衆衛生的な課題（エイズ教育、マラリア予防、栄養改善、母性保健など）について、子ども、母親、学生、高齢者など特定のグループを対象にして、さまざまなメディアを使った情報提供、健康教育、対話を組み合わせ、ソーシャル・マーケティング、行動分析、文化人類学などの手法も動員して幅広い啓発活動を行うことで、対象とする人たちに、一定のテーマに対する良い方向への行動変容を促す手法。WHOやUNESCO、UNICEFなど国連機関がその普及に熱心である。

MF-MASH（みなとまち健康互助会）……1991年11月、横浜・港町診療所の天明佳臣医師らを中心に結成された、外国人患者のための互助健康保険。Minatomachi Foreign migrant workers' mutual aid scheme for health を略して MF-MASH と呼ばれる。毎月2000円の会費を払うと、国民健康保険並みの窓口負担3割で、港町診療所など3ヵ所の連携医療機関で外来診療を受けられる。90年代を通して、70ヵ国以上、延べ7400人以上もの外国人患者の参加を得た。

NGO（Non-governmental Organization）非政府組織……1945年国際連合の発足の後、国連憲章第10章「経済社会理事会」において、政府と異なる立場で国連との協議資格を持つ市民組織としてNGOという用語が使われはじめた。日本でNGOが広く知られるようになったのは、インドシナ難民救援活動が本格化した1980年代以降。1995年の阪神・淡路大震災での救援活動、1998年の特定非営利活動促進法（いわゆるNPO法）制定が、NGOの認知と活動に弾みをつけた。一般的に、NPOの中で、国際的な救援活動、開発協力を行なう団体をNGOと呼ぶことが多い。最近では、エイズ、MDG（ミレニアム開発目標）、地雷やクラスター爆弾禁止、女性の人権、地球温暖化対策など、いわゆるグローバル・イッシュー（地球規模の課題）に取り組む、国境を越えた市民連携として、NGOよりも、Civil Society Organization（CSO：市民社会組織）という用語がよく使われるようになってきた。NGOがCSOを構成する重要なアクターであることは間違いない。

（文責・本田徹）

シェアが目指していること、取り組んでいること、大切にしていること

〈シェアが目指していること（理念）〉
　シェアは、すべての人々が心身共に健康に暮らせる社会が実現することを目指します。

〈シェアが取り組んでいること（使命）〉
　シェアは、厳しい境遇にある住民が自ら健康を改善することを、側面から支援します。
　また、シェアは、貧富の差や不公正を解消するために私たちに何ができるかを、日本社会に問いかけていきます。

〈シェアが大切にしていること（価値）〉
　シェアは、活動を行なうにあたって、プライマリ・ヘルス・ケアのアプローチを尊重し、長期的な視点に基づいた保健活動を行ないます。

❶ 住民のニーズに基づいた活動
　活動を開始する際には、シェアにとっての実施のしやすさを考慮するのではなく、住民が直面している環境を理解することに努め、彼らに必要なものは何かをいっしょに考え、彼らと共に具体的な活動を決定します。また、その活動が住民の必要性と合致しているかを常に検証し、状況に変化が生じた場合などは、活動を柔軟に対応させていきます。

❷ 適正技術による地域資源の有効活用
　シェアの活動が終了した後も、住民が継続して自分たちの健康問題に取り組んでいくためには、住民の自立が重要です。そのためには地域に住む人々が、彼らの情報や知識、知恵を活用して、そこの自然資源を有効に利用することが重要です。それを促進するための技術としては、社会的、文化的、経済的に考えて地域住民が受け入れられるものを適正と考え、その適正技術を住民と共有していきます。

❸ 住民参加
　活動の中心的な担い手は、その地域に住んでいる人々自身です。シェアがプロジェクトを実施する場合、活動の計画から実施、評価に至る全プロジェクト過程で、住民参加が保障されるように働きかけています。シェアは活動の主体である住民の自主的な取り組みを側面から応援する役割を担っています。

❹ 人づくり
　物質的援助をするよりは、トレーニングやチーム形成などを通して、保健スタッフや地域のキーパーソンとなる人々の自立性や積極性を促進させ、自分たちの問題として自発的に健康問題に取り組んでもらえるように心がけます。

❺ 多分野間の協調と統合
　病気の原因は、医療だけで取り除けるわけではありません。健康問題は、教育や福祉、開発などさまざまな問題が複雑に絡んでいます。シェアは、状況へ適切に対応をするため、多分野間の協調や統合を重視します。

序章
保健NGOの人間として21世紀を生きる

本田 徹

1. 草創の頃

　個人的なことから始めて恐縮だが、シェアが誕生する少し前の1980年代初頭、長野県の佐久にいた私の主な関心事は鍼灸を中心とする東洋医学に習熟することだった。その頃、NGOについての関心や知識はほとんどなかったと言ってよい。

　1977〜79年、青年海外協力隊員として、マグレブ（アラビア語で「日の沈むところ」の意。チュニジア、アルジェリア、モロッコ3国の総称）の一部を成す北アフリカのチュニジアに派遣され、小児科医として働いた。そこで、途上国における地域医療とかプライマリ・ヘルス・ケア（Primary Health Care: PHC）の実際を学ぶことになったが、それを帰国後も続けるという展望を当時は持ち得なかった。現在と違い、医療職や看護職の若者が、協力隊以外で海外に出て活動する機会はほとんどなかったと言ってよい。

　私は途上国でのささやかな経験を生かせる場として、日本の農村地域医療のメッカと言える佐久病院を選び、4年間、若月俊一先生のもとで学び、働かせていただいた。当時急速に進化・普及しはじめていた超音波やCT、内視鏡といった画像診断技術に魅せられながら、自分自身は「手仕事としての治療学」の幅を広げたいという気持ちを抑えがたくなった。そこで、当時東洋医学の看

板を掲げ、多くの鍼灸師の卒後研修を引き受けていた、東京世田谷の日産玉川病院の代田文彦先生（故人）を頼り、上京した。1983年夏のことである。鍼灸の見習いや内科の臨床を玉川病院で行ないつつ、現在栃木県で産婦人科医として活躍する木内敦夫さんらの誘いで、すぐ日本国際ボランティアセンター（Japan International Volunteer Center: JVC）の活動に引き込まれていった。当時阿佐ヶ谷にあったJVC事務所の狭いが熱気に満ちた雰囲気は独特で、新しい時代の始まりを告げるようなところがあった。その頃のことは、前川昌代さんの執筆する第1章に写し取られているのでここでは深入りしないが、草創期に一番お世話になり、シェアのスピリット醸成と組織としての方向性を示してくださったという意味で、最もご恩を感じている4人の方のことに触れておきたい。

2. 4人の恩人——栗野鳳、室靖、高見敏弘、星野昌子

　故・栗野鳳氏は長年外交官としてアジアや中東の国々を歴任され、シリア、カンボジアの大使まで務められた方である。外務省を退官後、広島大学の教授として同大学の平和科学研究センターを率いられたが、NGOの育成にも極めて熱心で、私の知る限りでも、JVC、幼い難民を考える会（Caring for Young Refugees: CYR）、パレスチナ子どものキャンペーン（Campaign for Children of Palestine: CCP）は、栗野氏の一方ならぬお世話になっている。シェアについても、創立直後から会員となられ、静かに、しかし熱心に、夫人の美代子さまといっしょに支え続けてくださった。1975年ポル・ポトがプノンペンに入城する直前まで日本大使として残り、ぎりぎりのところでカンボジアの人々を置いて自分たち外国人だけが安全なところへ避難しなければならなくなったことに対して、大きな精神的呵責と苦悩にさいなまれ、一晩で髪が白くなられたといった逸話も聞く。自身の体験から、政府や外交の持つ欺瞞と偽善に大きな疑問と批判を持ち続け、市民社会の主体となるべきNGOの成長とエンパワーメントに期待を寄せてくださったことは想像に難くない。

　手元にある、「日本国憲法の平和原理についての一考察」［栗野1984］を改めて読んでみて、その格調と精神性の高さに打たれるとともに、「平和」、「人権」、

「開発」を三位一体（トリニティ）のものとして捉え、これらに関わる「地球問題群」（グローバル・プロブレマティーク）を、日本の市民が総体として取り組むべき課題だと切々と訴えておられる姿に感銘を覚える。

「日本は『平和外交』を唱えてきているが、その『平和』は単に日本人が国内で平穏無事に暮らしていき、『経済大国』やその国際的プレゼンスを維持伸張しうるような『平和』、或いは単に戦争や直接的暴力が排除されている状態というに過ぎない、狭義の平和ではないか」［同上］という、今日に通じる批判の厳しさ・慧眼に襟を正さざるを得ない。

栗野氏の考え方の中では、日本国憲法の9条と並んで、前文の特に第2項に謳われている「平和的生存権」が重要であった。その意味で、2008年4月17日、市民3000人以上が原告となって起こされた「自衛隊イラク派遣差し止め訴訟」において、名古屋高裁の歴史的違憲判決を引き出した原告代表が、NGO界出身の池住義憲さん（元・アジア保健研修所事務局長）だったということも、栗野さんが後代に託したメッセージとの暗合として感慨深い。

シェアが1988年にカンボジアでJVCと共同して母子保健活動を開始することとなり、助産師の釘村千夜子さんと私が派遣されることになった時、一番喜んでエールを送ってくださったのは栗野さんだった。

故・室靖氏との私の出会いは、協力隊の派遣前研修で、当時の広尾訓練センター（現・JICA地球ひろば）に講義に来てくださった時だった。講義の詳しい内容はもう記憶にないが、欧米の開発協力の仕方に比べての日本の政府開発援助（ODA）や民間協力の質的な差や改善すべきところを大胆に指摘する視点は新鮮だった。単に欧米が最良というのではなく、スリランカのサルボダヤなどの先行NGOの例も引いての説得力あるお話だったと思う。

佐久病院を辞め、1983年東京に来てほどなく、私は文京区湯島にあった東和大学国際教育研究所に室さんを訪ね、シェアの月例会でぜひお話してくださいとお願いした。狷介孤高なところのある人だったが、「お前たちが始めたNGOなら応援してやらねばなるまい」、という感じでお越しくださった。1984年発行のシェアの機関誌『ボン・パルタージュ』4号に掲載されているその時の講演趣旨を読むと、いまだに古びていないことに驚く。

「その国々の人々の自立を側面的に援助すべきであり、更にそれよりもその自立を妨げない事が大切であると（西欧諸国も）気がついてきた。彼らに与えることではなく、彼らから奪わないことであるという考えである」
　「必要なのは、専門化した医療技術の移転でもなければ、それを相手国で行なうことでもなく、……必要なのは、保健教育なのである」

　その後、シェアが辿ることになった道を驚くほど啓示的に語っている。室さんに関しては、日本における開発教育の魁となった、開発教育協議会（現・開発教育協会）が1982年に誕生する上で、ソクラテス的な「産婆」役を彼が果たしたことも忘れてはならない。

　高見敏弘氏のことを、アジア学院という事業の独創性ばかりでなく、日本のNGO界の指導者としても高く評価していたのが室靖さんで、たぶん彼の薦めまたは紹介をいただいて、シェア設立の翌年（1984年）夏、大挙19名で西那須野に1泊のスタディ・ツアーを行なった。アジア学院のすがすがしい屋外階段教室で聴いた高見さんの講演は、キリスト者としての気魄と高潔さに満ちた感動的なもので、昔、内村鑑三が青年たちをうならせた説教はこんなだったのだろうなと思われた。

　「神様から与えられるヴィジョンは、一人の人間が一生のうちに達成できるものではありません。何代にもわたる人々が懸命に取り組んで、やっと達成できるかというほどのものです。このヴィジョンつまり人類にとって真に大切なものが何かをはっきり示すのが、リーダーたる者の役割です。その意味で、現代はリーダー不在の時代です。私たちが何か遠大な事業を興すとき重要なのは、普遍的な目標を、だれにとっても易しい、的確な言葉で標語化することです。そこで私どもは、アジア学院の掲げる言葉として、『共に生きるために』(That we may live together) を選びました」［『ボン・パルタージュ』6号］

シェアの出発に当たりいただいた「はなむけ」の言葉として最高のもので、その後私たちが試練に会うたびに高見先生のこのスピーチを思い起こし、みずからの足らざるところを振り返り、新たな勇気をいただいている。

星野昌子氏と改まって言うより、シェアにとって星野さんは、〈SHARE〉の名づけの親であるとともに、私たちがJVC事務所に机1つ借りて「ごまめの歯ぎしり」をしていた1980年代後半の頃、じっと温かく突き放す方針を保持されたこわい人である。シェアがもっと果敢に現場に飛び込んでいってくれることをだれよりも期待していたのは、星野さんだったが、私たちがなんだかんだ愚図を言って本気にならないことに業を煮やしていらした。それが私には痛いほどよく理解できた。星野さんがいわば手塩にかけたJVCに比べ、シェアは不肖の息子ならぬ不肖NGOだが、日本の医療現場を捨てきれない往生際の悪さが、よくも悪くもシェアの25年を特徴付けた。そのことが、一方で在日外国人や野宿者医療などの課題に対するシェア独自の取り組みを可能にしたが、星野さんがシェアに託した夢は、世界中で今も絶え間なく繰り広げられる難民・災害・戦場を含む、修羅場で眦(まなじり)を決して働く力を持ったNGOだったように思う。

「シェアはこれから何をしたいの？」という星野さんの「直球の問い」をまっとうに受け止め、私たちとして、本物の答えを出していくことができるだろうか？ 必死に答えようとする努力を通して、星野さんに対する少しの「恩返し」をしなくてはと、こちらの老い先も見えてきたいま、思うところ切である。

3. グローカルな視点と取り組みとは？
　──山谷そして「在日」はどう海外とつながるか？

国際保健・医療協力の分野でかつて割合と行き渡っていたジャーゴン（業界用語）にNATOという略語がある。"No Action Talk Only"、つまり言葉ばかりで行動が伴っていない状態（人・組織）のことで、それ自体和製英語なのだろうが、設立当初のシェアが置かれていた状況は正直に言ってそんなところだった。これを打破するためには、お勉強会や仲良しグループの殻から抜け出さなけれ

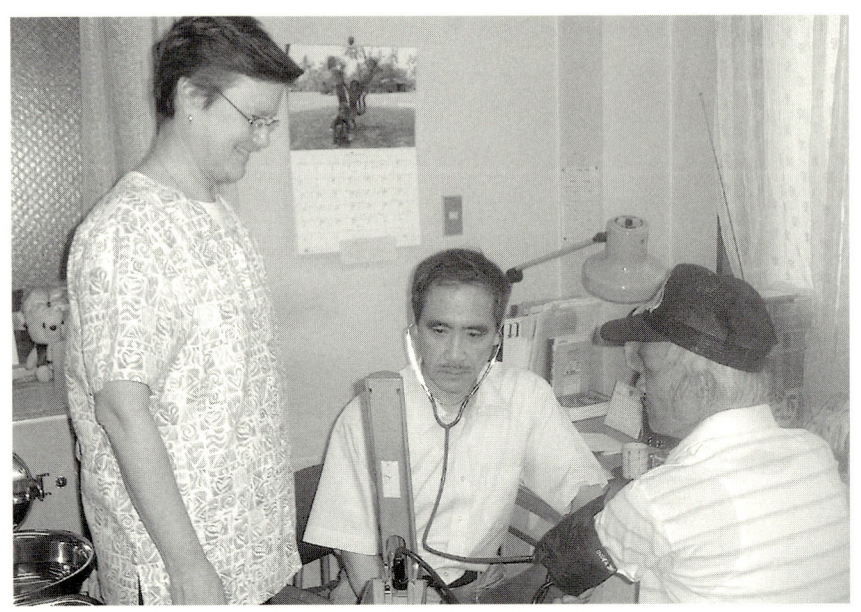
山友クリニックでの診療風景。山谷の患者さんとシスター・リタと本田（2008年7月）

ばならないのだが、実際はそんなに甘くなかった。とりあえず、途上国の社会や医療に起きている新しい事態や変化を知る努力をしつつも、私たちは結局、いつ絹にできるかわからないまま繭を吐き続つづける蚕に過ぎない存在だった。

　その頃、助産師でシェア初期の熱心な会員でいてくださった久保伊都子さんが、産後の母親のたちのため桶谷式乳房マッサージの普及に情熱を燃やす一方、山谷に通いはじめ、「山友会というボランティアのグループが、カソリックの人々を中心に立ち上がった」という知らせをもたらした。彼らが山谷のど真ん中にホームレスや日雇い労働者のための本格的な無料診療所を開くので、シェアの看護師や医師にも参加してほしいと、久保さんは月例会で呼びかけてくれた。1984年の秋頃のことだったかと記憶する。それはシェアにとって、ちょうどエチオピアに出かける「前夜」だった。このことの不思議な暗合を今になって思う。

　NGOとしての一体感や使命感を形成する活動の場や機会は、なにも海外だけでなく、国内でもそうしたチャレンジができる可能性のあることを教えてくれたのが山谷だったと言ってよい。山友クリニックに通い始め、ボランティ

ア・スピリットの何たるかを教えられ、その生き方に最も共鳴したのが、ポーランド系アメリカ人で、メリノール会のシスターであり看護師でもあるリタ・ボルジーさんだった。

リタさんが『ボン・パルタージュ』に寄せてくれた「リタの思索」(Rita's Reflections)と題する英語の文章は、私にとって珠玉のもので、その後長きにわたって、個人の生き方としても、シェアのミッションの形成という意味でも、精神的な影響を与え続けた。

> 「山谷にいる私は、ひとりのひと（パーソン）として、もうひとりのひとと出会い、自由に心を通わせ合うことを許され、『外人』と色分けされてしまわずに済む。山谷の貧しき人々は、物的または社会的支援なく私たちの世界のきびしい現実と向き合い、全財産をそれこそ一つの紙袋に詰め、孤独・飢え・アルコール中毒の苦しみにさいなまれながら、世界をコアのところで生きている。ここで彼らはすでに、人種や皮膚の色や信条のちがいを乗り越えている。
> 　山谷の貧しき人々は、私の彼らへの、そして私たちの世界への責任と向き合うよう呼びかける。その訴えの声は日々強さを増している。私自身がその訴えに答えようと精一杯努力する中で、私たちは、『すべての人間にただひとつあるコミュニティ』として、一緒に働こうではないか。私たち自身の安全を犠牲にしてでも、この世界をもっとましな場所──そこで人生の苦く甘い(bitter-sweet)現実と出会える場所──へと変えられるように」
> [『ボン・パルタージュ』12号]

リタさんのメッセージは、私たちがエチオピアへ行くことと、山谷で医療活動することとの間に共通する、「課題の同時代性と世界普遍性」を教えてくれていた。そして、この2つの地域での活動をつなぐものこそプライマリ・ヘルス・ケアではないか。

ずっと後年になって、私はイギリスの有名な「国営医療制度」(National Health Service: NHS)のもと、長年炭鉱労働者や農村住民のための医療活動に従事してきたテューダー・ハート(Tudor Hart)医師が、豊かな経験の中から見出した「さ

かさま医療ケアの法則」を知ることとなった。

> さかさま医療ケアの法則 (The Inverse Care Law):「良い医療ケアの確保は、そのサービスが提供されるグループの医療ニーズが高いほど、反対に難しくなる傾向がある」[Pencheon 2006]

　ちなみにこの「法則」は、英国系の医学・医療のテキストや、『ランセット』(*The Lancet*)、『英国医学雑誌』(*British Medical Journal: BMJ*) などの代表的医学雑誌にもしばしば取り上げられ、英国圏の医療では確立された共通認識となっているようだ。

　プライマリ・ヘルス・ケアはまさに、矛盾としての「さかさま医療ケアの法則」を打破し、人間中心の医療や保健を取り戻そうとする運動だと考えられる。その意味で、誕生間もないシェアは、海外と日本をつなぐ、いわゆるグローカル (glocal : global と local の合成語。グローバルな視点や問題意識を持ちつつ、足元をしっかりして働く) な活動の理念を、エチオピアと山谷の2つの土地で学び、獲得していったと言えるかもしれない。1991年に始まったシェアの在日外国人健康相談会も、そうした視点や問題意識でつながっている。

4. 21世紀を展望してシェアの役割を考える──この本の目的とは

　シェアは、1990年代から以下のような理念と使命を掲げて活動を続けてきた (28ページ参照)。

〈シェアが目指していること (理念)〉
　シェアは、すべての人々が心身共に健康に暮らせる社会が実現することを目指します。

〈シェアが取り組んでいること (使命)〉
　シェアは、厳しい境遇にある住民が自ら健康を改善することを、側面から支援します。

また、シェアは、貧富の差や不公正を解消するために私たちに何ができるかを、日本社会に問いかけていきます。

　読み返して恥ずかしくなるほど、シェアの理念・使命・活動は、プライマリ・ヘルス・ケア（PHC）にほとんどを負ってきたのだった。
　私たちは、成功例も失敗例も含め、現場に人を送り（必ずしも日本人に限らず）、現地の人々とのつながりの中でプロジェクトを共に作っていくという方針を10年1日のごとく貫いてきた。こうした方法がどこまで有効で、今後財政的なことを含め継続していけるものかどうか、かなり不安な面もある。プライマリ・ヘルス・ケア自体、日々新たというところがあり、シェアが理解しているプライマリ・ヘルス・ケアも古くなっているのかもしれないが、現場で体験し、そこで学んだものを説得力あるメッセージとして、日本の市民社会に還元・発信していくという努力は今後とも続けていきたい。
　2008年5月という、私がこの文章を書いている今、地球上では新たな悲劇（自然災害・人災）が踵を接して起き、一方で半世紀以上経つ問題がいまだに解決を見ない。サイクロンでずたずたにされたミャンマー沿岸地方、大地震で多数の人々が瓦礫の下敷きになった中国四川省、「民族浄化」とも言うべき殺戮の続くダルフール、ナクバ（大惨害）から60年経っても正義回復や独立からはるかに遠ざけられているパレスチナ人社会、占領と内戦がおびただしい数の死者と避難民を生みつづけるイラク、アフガニスタン……。日本においても近年、〈いのち〉や人としての権利・尊厳が粗末に扱われることが、医療現場に身を置いていても、いたたまれないほど多くなってきたことに気づく。高齢者や障害者の置かれた福祉・医療の状況、身を粉にして働いても、人間らしい暮らしにたどり着けないワーキング・プアの人々、8年以上連続で3万人を超える自殺者問題。それらは、まさにプライマリ・ヘルス・ケアの課題が、今日なお、〈いのち〉と基本的人権という面で切実であることを示している。
　老子の17章に、「信不足焉。有不信焉。悠兮其貴言。功成事遂、百姓皆謂我自然」という一節がある。過去に読んだ時は気にも留めなかったのだが、2つのことを機会に、この詩から非常に重要なメッセージを感じるようになった。
　まず、デビッド・ワーナーの *Helping Health Workers Learn*（保健ワーカーの学びを

助ける）という、世界中で読まれている地域保健活動の手引書にも載っている有名な英文の詩"Go in search of Your People"——人々と共に働くことを勧めるすばらしいメッセージ——の典拠がこの老子17章にあることがわかったこと。そして2番目に、詩人・加島祥造さんにより、老子が画期的な現代日本語に作り変えられ、だれにもわかりやすいものとなったこと。ちなみに17章の訳詩のその部分は以下のようになっている。

　　　人の頭に立つ人間は、
　　　下の者たちを信じなくなると、
　　　言葉や規則ばかり作って、それで
　　　ゴリ押しをするようになる。

　　　最上のリーダーはね
　　　治めることに成功したら、あとは
　　　退いて静かにしている。
　　　すると下の人たちは、そのハッピーな暮らしを
　　　「おれたちが自分で作りあげたんだ」と思う。
　　　これがタオの自然にもとづく政治であり、
　　　これは会社でも家庭でも
　　　同じように通じることなんだよ。
　　　　［加島 2000］

　この訳詩に言う「下の人たち」を示す原語は「百姓(ひゃくせい)」で、この言葉は、アントニオ・ネグリの言う「マルチチュード」（独立心に富む民衆）に通じている。また中世日本の庶民の生活史を、膨大な文献に照らして大胆に解読した、網野善彦の独創的な「百姓」観にもつながっている。［網野 2005］

　本書は、シェアというNGO、もしくはマルチチュードの仲間たちの「半生記」（第1部）であるとともに、保健という幅広い分野の中でシェアが特に大切と考え、活動してきたことを、いくつかのテーマ別に、現場の経験に基づいて

第2部に詳述したものだ。21世紀に生きる私たちが、微力であっても、ちょうどH.D.ソローのように徹底した非暴力と市民の思想に拠りつつ、少数者であることを恐れず、しかし、仲間作りを粘り強く行っていきながら、この地球上のすべての〈いのち〉が大切にされ、輝くことを求めるためのマニフェストとも言える。この本が幅広い市民、つまり新たなマルチチュードに見出され、読まれることを祈りたい。

【参考・引用文献】
網野善彦. 2005.『日本の歴史をよみなおす』ちくま学芸文庫.
加島祥造. 2000.『タオ 老子』筑摩書房.
栗野鳳. 1984.「日本国憲法の平和原理についての一考察」『広島平和科学』Vol.7. 広島大学平和科学研究センター.
『ボン・パルタージュ』4号. シェア＝国際保健協力市民の会. 1984.
『ボン・パルタージュ』6号. シェア＝国際保健協力市民の会. 1984.
『ボン・パルタージュ』12号. シェア＝国際保健協力市民の会. 1985.

Pencheon, David, *et al.* 2006. *Oxford Handbook of Public Health Practice*, Seventh Edition. Oxford: Oxford University Press.
Werner, David, *et al.* 1982. *Helping Health Workers Learn*. Palo Alto, CA: Hesperian Foundation.

第1部
活動の軌跡

　1991年2月、移転したばかりの江戸川事務所で、沢田貴志を中心に、在日外国人の健康相談活動が小さな試行として開始された。同時期、工藤芙美子は、東北タイで、村人や保健ボランティアと膝を突き合わせて、下痢を減らし生活を改善するための対話を重ねていた。設立以来8年にわたり世話になったJVCから巣立ち、名実ともに1人立ちしていかねばならない状況のもとで、91年前後はシェアにとって、ほんもののテーマを見出し、NGOとしての存在理由を確立していけるかを問われる、〈真実の時〉だった。

(本田徹)

第1章
JVC事務所での居候時代

前川昌代

1. シェア設立

　荒川区南千住の泪橋交差点から少し路地を行ったところに山友会の山友クリニックがある。日雇い労働者の町として知られる山谷の一角にあるこのクリニックには、長年肉体労働をしてきた男たちが体の不調を訴えに来る。金田衛(外科医)は、1984年秋にクリニックができて以来週1日のボランティアとして通い続けている。
　金田はシェア設立の「牽引車」の1人である。彼は1981年留学したパリで見た1枚のチラシの衝撃が忘れられなかった。それには"Bon Partage"(ボン・パルタージュ：公正な分配)と書かれ、白人の子どもがケーキの90％を、黒人の子どもが10％を持っている絵が描かれていた。国境なき医師団(MSF)というフランスのNGOのチラシだった。世界をこんなふうに捉えているのか。こんな医者たちがいるのか。
　そのころパリではポーランドの独立自主管理労働組合「連帯」のワレサ議長を支持する学生たちのデモが繰り広げられていた。金田は日本に帰国してから友人が紹介してくれた阿佐ヶ谷のJVC(日本国際ボランティアセンター)を訪ねてみた。小さなビルの細い階段を2階に上がると、うなぎの寝床のような事務所があった。そこには金田と同じような若い医者たちも集まってきており、事務

局の荻野美智子たちとすぐに意気投合した。

　1983年7月、新宿の喫茶店にタイ・カンボジアの国境で難民救援活動をしていた若者や若い医師たちが集まってきた。中心になったのは、金田衛と産婦人科医の木内敦夫、そしてパリ在住の医師、重光哲朗だった。

　彼らは難民支援に駆けつける欧米のNGOの活動を目の当たりにし、日本でもそういう医療者のグループを作りたいと思っていた。国境なき医師団が目標であった。しかし、お膳立てしたのはJVC事務局長の星野昌子ではなかったかと金田は言う。「医療部隊を作りなさい」。議論ばかりしている若者たちに、はっぱをかけた。当時JVCも国境でレントゲン車による診療活動を行なっており、星野は援助活動に医療の必要性を痛感していた。JVCの中に医療グループを作るのは自然なことであった。事務局の荻野と田島誠が、なかなか時間が取れない医師たちに代わって事務作業を担った。

　後にシェアの中心メンバーとなる仲佐保は、1981年5月から11月まで日本メディカル・チームのメンバーとしてタイ・カンボジア国境のカオイダン難民キャンプにいた。82年、83年も数ヵ月間、難民キャンプで働いた。学生時代から海外で働きたいと思い、国立病院医療センター（現・国立国際医療センター）をその職場に選んだ。同僚に木内がいた。木内に誘われ、この医療グループに参加した（SHARE＝シェアと名乗るのはずっと後になってからである）。

　JVCスタッフの竹内俊之は「JVCは心意気だけでタイに渡った若者の素人集団で、医療活動においてもレントゲン診療という難民救援にとってそれほど重要度の高くないものから始まった。それにもかかわらず、このような活動に関心を寄せる日本の医療人の反応は大きかった。一部の宗教団体を除き民間による医療分野の難民救援活動は初めてだったからだ。JVCと医療人との具体的な接点ができ、それがSHAREの母体ともなった」とのちに述べている［『ボン・パルタージュ』9号］。

　現在代表を務める本田徹は少し遅れて83年9月にこのグループに参加した。木内が長野県の佐久病院に研修に来た時に誘われ、研究会でチュニジアの話をしたのがきっかけだった。

　金田がこのグループの初代代表になり、木内が事務局長になった。まだこの時はJVCの中にあって「海外援助医療部会」と名乗っていた。機関誌の名前は

『ボン・パルタージュ』(Bon Partage)。金田がフランスで見たチラシから取ったものだ。1983年8月、第1号を出した。編集長は木内だった。「政治や宗教にとらわれない真に民衆のための民間医療チームの必要性を痛感し、途上国と呼ばれる地域が必要としている医療のあり方を考え、実践的な海外医療活動を模索する人々が共有できる場を提供したい（要旨）」と木内は創刊号で述べている。国際保健医療に関する情報収集と提供を目指していた。難民救援の現場は高度医療も扱う日本の医療現場とはかけ離れている。「視野を広げたい。海外医療活動についてもっと知りたい」、難民救援の現場に参加した医療者たちの多くがそう思っていた。

『ボン・パルタージュ』3号（1983年12月）を出した時から、名称が「海外医療部会」ではなく、「国際医療情報センター」（IMIC）になった。会のほとんどのメンバーが病院に勤務しており、海外の活動も勤務先から派遣されたものだった。まだ会からボランティアを出す力はなく、毎月1度の研究会（のちに月例会）や機関誌の発行が会の主な活動だった。1983年8月2日、第1回目の講師は重光哲朗で、「国境なき医師団」（MSF）の活動について話をした。重光は帰国するたびに会に顔を出しては世界の情報を伝え、その後も重光はしばしば月例会の講師となった。この月例会開催が最初のシェアの活動となり、のちにこの日をシェア設立の日とした。

また、のちにシェアの活動を支える看護師の工藤芙美子は、第16回月例会（1984年10月）の講師だった。工藤は青年海外協力隊員としてマラウイで活動したのち、ロンドン大学の熱帯医学コースで学び、月例会でこの熱帯医学コースについて話した。1999年まで続いた月例会の内容は、現場報告、熱帯医学などの専門知識、国際協力やNGOについてなど多岐にわたった。

一方、JVCは国際移民委員会（ICM）と協約を結び、人材育成として日本人医師、看護師のボランティアを難民キャンプに派遣することになった。当時香港やフィリピンの難民収容施設では、数万人のボートピープルが第三国に定住できる日を待っていた。ボランティアの派遣期間は6ヵ月。仕事をしながら語学や移民手続きなどを学ぶことができた。

1984年6月、看護師の竹内敦子がフィリピンの難民キャンプに派遣された。彼女は1983年、JVCからレバノン内戦の難民救援センターに派遣されたものの、

戦闘に巻き込まれ、ほとんど何もできないまま帰国したのだった。のちに結婚したレバノンの調整員の竹内俊之に「このような戦闘地域ではアマチュアのボランティアではなく、プロのボランティアがほしい」と言われた。JVCにとってレバノンへの派遣は人材養成の目的もあったのだが、海外の現場では1人で動ける人材が必要だった。「育ててもらう前に帰らざるを得なかった」という竹内敦子にとってフィリピン行きは再挑戦だった。結婚してまだ間もなかった。

2. 山谷の活動

　金田衛は学生運動に関わった経験から、苦しい立場の人たちの傍らにいたいと常々思ってきた。しかし、結婚し、子どもが生まれた。MSFのような活動をしたかったが、自分の医師としてのキャリアを捨ててまで海外でボランティア活動をすることはできなかった。金田は山谷に行くことは罪滅ぼしなのだと言う。シェアの代表だった金田は85年のエチオピアの緊急救援に参加していない。「エチオピアに行かなかったので、せめて山谷にでも」と、20年以上通い続けている。金田は88年ごろまでは運営委員としてシェアに参加していたが、次第に足が遠のいた。

　「俺には夢があるんだよ。医者というのはお金が好きだけれど、物欲とか名誉欲を超えたところに、倫理欲というのか、神の領域か、財産を投げ打って人々のために尽くす。そんな金持ちになりたい」

　このクリニックに来る男たちに未来や希望があるわけではない。余計なことをやっていると思うこともある。それでもここに来ずにいられない何かがある。自問自答しながら20年が過ぎていた。

　シェアが山谷に関わったのは、1984年、月例会で助産師の久保伊都子から山友クリニックの活動を聞いたのがきっかけだった。すべての人に医療を受ける権利があるのは、途上国も日本も同じだ。医療にアクセスできない人々に医師たちがボランティアで診療活動しているという話は、シェアのメンバーの心を揺さぶった。金田のほかにも何人かがボランティアとして山谷に通った。金田と同じころボランティアを始めた本田徹は「看護師のリタさんからは教えら

れることが多かった。看護の重要性やボランティア・スピリットに心打たれた」と言う。本田は1987年カンボジアに赴任するまでボランティアとして関わり、それ以降も院長をしていた堀切中央病院で山谷から紹介された患者を受け入れるなど、できる範囲で山谷に関わり続けた。そして、2008年はじめ、山谷からの患者を多く受け入れている浅草病院を新たな勤務地に選び、再び山友クリニックで毎週火曜日の診療を始めた。

山友クリニックの入口（1998年撮影）

3. エチオピア救援

　1984年8月、会の名称が「国際医療情報センター」(IMIC) からSHARE (Services for the Health in Asian and African Regions) に変わった。メンバーはこの名前をとても気に入った。名付け親は星野昌子。アジアだけでなく、アフリカも活動の対象としたいとの思いが込められている。

　この年エチオピアは大干ばつに襲われた。6月から9月の大雨期に降水量が例年の60％以下で、干ばつは3年も続いていた。大地は渇ききり、北部では被災民があふれていた。英国のBBC放送がその惨状を伝えると、エチオピア救援キャンペーンは世界的規模で広がった。ソマリアで活動していたJVCにもエチオピアの状況は伝えられた。JVCはエチオピア救援を決め、10月に調査に入ることになった。ところがエチオピア独立10周年のために延期になり、11月になってようやく、JVCの星野とシェアの木内がエチオピアに入ることができた。

　北部のウォロ州（当時）の3週間の視察を終えて帰国した木内は、「エチオピア

の被災民は600万人に膨れ上がり、北部では重度の栄養失調で毎日50〜60人が亡くなっている。緊急医療救援の必要性は絶大」と報告した。

　11月中には医療プロジェクトの内容がほぼ決まり、12月4日、準備のためJVCから荻野美智子がエチオピアに飛んだ。タイの国境のレントゲンチームで働いていた医師の林達雄が先遣隊としてエチオピア行きが決まり、12日に林が帰国すると、プロジェクトの具体的内容について連日綿密な検討が続けられた。19日、「アフリカに毛布を送る会」のモニタリングを兼ね、JVCからコーディネーターとして江川勝がエチオピアに向けて出発した。星野は木内が帰国してからも東部ハラルゲ州、北部チグレ州、南部シダモ州など活動予定地を視察、エチオピア政府とのプロジェクト交渉を終え、23日に帰国した。

　先遣隊には林に加え、タイ・カンボジア国境で難民救援にあたっていた看護師の石井清美が決まった。石井はその時の気持ちを機関誌でこう伝えている。

　「シェアに『アフリカでの救援活動に行けそうだ』という話が来てから、アフリカ問題は急に身近になり、ついには自分が行くことになった。不安の混じった気持ちで準備している。これは、シェアの人たち全員の気持ちも同じではないかと思う。当初からの念願である海外での救援活動の開始である。現地に行く人、日本で支える人、各々責任は重い。しかし、幸いJVCというすばらしい協力者がいるので、やっていけると思う。今回の経験でシェアが大きく成長することを願いつつ、頑張ろう、皆さん」［『ボン・パルタージュ』8号］

　これは、JVCがコーディネーションを担当し、シェアが医療の専門性を担う共同プロジェクトだった。星野は報告会で「視察に20日間かかり、あとの22日間をJVC・SHAREが正式にエチオピアで活動するNGOとして受け入れてもらうのに費やしました。そこにいたるまでの交渉がなかなか大変でした。医療の問題、保健の問題、補助給食、それに加えて水の問題に取り組むという私たちの意思をわかっていただき、きちっとした書類に署名するというところまでに22日間かかったわけです。臨時にちょっと行って何かをやるということは可能ですが、その活動を通して相手側の政府関係者、給食センターで働いている人々との協調関係というものはけっして無視できない。むしろそれなしではやらないほうがいい」と言い切っている。星野はシェアがMSFのように医療人がコーディネーションも担えるようになることを望んでいた。

1月4日に現地入りした林から第1報が届いた。12月の荻野の調査で被災民が最も多いウォロ州バチが活動地として内定していたが、既に入っていた赤十字によるシェルターと栄養改善プログラムで状況は好転しつつあった。
　「…バチでのプログラムをキャンセルした後、チグレ州アドワ、アクスム、マイチョウなどが候補地に挙がったが、飛行機を利用しなければ輸送が難しいので、RRC（救援復興委員会）のタマラット医師から勧められたウォロ州の3ヵ所（アラバチ、アジバール、ワジュルラーナ）のうち、1ヵ所に決めることにした。3ヵ所とも医療チームは入っておらず、アラバチ、ワジュルラーナではそれぞれセーブ・ザ・チルドレン、オックスファムが給食を行なっていた。我々は1月22日に薬等の資材を積んでデシに向かい、1月24日から26日に3ヵ所を調査し、プログラム地を決定し、設営等の準備を始め、2月早々にはプログラムを開始する予定である。乞う！ご期待！　1985年1月19日　林達雄」［『ボン・パルタージュ』8号］
　活動地はウォロ州のアジバールに決まった。アジバールはウォロ州の州都デシの南西132キロ、海抜2800メートルの地点にある。1月30日の時点ではRRCの食料配給センターと公衆衛生省のクリニックが1ヵ所あるだけで、人々は周辺の村から6〜7時間かけて給食を受けに来ていた。アメリカの団体ワールド・ビジョンも1月31日アジバールに調査に入った。2月1日デシのRRCの事務所で話し合いを行ない、JVCが医療を、ワールド・ビジョンが給食を担当することが決まった。また、医療活動が連携できること、施設をのちに譲渡できること、そして水道があることを考え、病院は村のクリニックに隣接して建設することになった。
　アディスアベバには事務所長の荻野と江川が、アジバールには林と石井が駐在し、暗中模索しながら準備に取りかかった。しかし、「目前に立ちはだかる多くの課題についてどれを優先課題とするか、誰がリーダーシップを取るかで対立が見られ、感情的にも爆発寸前だった」、「診療のガイドラインづくりなどは派遣前に済ませておくべきだった。アドミニストレーター（調整員）と技術スタッフの仕事を明確に分けておくべきだった」と、林は省みる。技術スタッフも物品の調達や交渉を経験しておいた方がいいという考えからやってはみたが、技術スタッフとしての仕事が後回しになってしまったのだ。タイ・カンボジア国境での経験があったとはいえ、4人にとっては初めてのことばかりで、手探

アジバール病院全景

りで給食用食糧や医薬品の調達、輸送・通信の確保、施設建設、ワーカーの募集と教育を始めなければならなかった。

　林は国連やNGOの手引書を頼りに、既に活動を始めていた他団体から助言を受け、初めての任務をこなした。病棟の建設はデシで資材を調達し、林が設計、地元の大工に工事を依頼した。ワーカーはアジバール周辺の英語ができる高卒者を町長を通して雇い、簡単な医療のやり方を覚えてもらった。食糧は手引書により、脱脂乳、油、砂糖、小麦粉が必要なことがわかり、セーブ・ザ・チルドレンの活動を見学して調理と配合を覚えた。林はのちに「調理方法を覚えた翌日には、エチオピア人ワーカーにもっともらしく教えた」と述べている。

　また薬品はエチオピアで一般的に使用されているものを調達した。日本から持ち込んだ薬品は商品名がまちまちで混乱を起こしやすく、価格も高い。一般に使われない高価な薬は闇市に流れ、その結果耐性菌を増やしてしまうことになるのを、林はタイ・カンボジア国境でいやというほど目にしていたからだ。

　2月16日、テント4基設営。テントは日本から持ち込めず、CRDA（エチオピアで活動するNGOの連合体）から中型テントを提供してもらった。20日から外来の

受付を開始し、22日から入院患者の受け入れが始まった。

　2月25日、看護師の工藤芙美子がアジバールに入り、入院患者の担当になった。2月下旬にトイレと調理場、3月になって病棟の建設が始まった（下旬に完成）。3月中旬になると患者数は増加し始め、外来患者は1日100人を超えるようになった。

　4月1日、ヒョウが降り、多くの人が亡くなった。このころから5月中旬まで毎日雨が降り、下痢患者が急増。外来患者は1日250人になり、入院患者も30人から35人になった。5月の死者は117人に達した。

　アジバールでワールド・ビジョンが給食活動を、RRCが移住のためのトランジット・センターを設けてから、もともと4000人の人口の村に給食のために1万6000人、移住のために1万人が集まってきた。最高気温は24〜25℃にしかならず、朝夕は5〜10℃と冷え込んだ。十分な食料もなく、シェルターに入りきれない人々は体力を消耗していた。

　そして、スタッフの体力も限界に達していた。病院の開設に奔走していた林は3月になって体調を崩し、働いたり休んだりする状態が続いた。忙しすぎてストレスがたまり、スタッフの中には頭痛を訴える者も出てきた。あまりに忙しくて話し合う時間が取れなかった。お茶の時間を増やすなど工夫をしたが、「日本人は気分転換が下手なため、逃げ場がなくなり、自分自身を窮地に追いやってしまうのかもしれない」と工藤は述べている。このころはどこの団体でも人間関係が大きな問題になっていたようだ。

　3月下旬、今度は石井が倒れた。工藤は「野戦病院のようになってきた」と日記に書いている。石井は休養のためアディスアベバに移った。彼女は林と共に準備段階から参加し、試行錯誤しながらお粥や強化食を調理し、スタッフに教えた。看護師としての仕事のほかに物資購入、会計もこなし疲労困憊していたのだ。膨れ上がる患者数、スタッフ不足、車の故障とそれに関連して物資の不足がおこった。医薬品や食料の確保が困難でRRCやワールド・ビジョン、村のクリニックから借りてしのいだ。車には通行許可証、燃料購入許可証が必要で、薬にも購入許可証が必要だった。この取得手続きに時間がかかり、薬が手元に届くまでに1ヵ月かかった。6月になってUNICEFやCRDAから無償で薬を分けてもらえることがわかったが、アジバール病院の立ち上げに忙殺され、

首都での情報収集が手薄になったためではないかとのちに仲佐保は述べている。

4月19日、医師の仲佐保と2月からアディスベバの事務所を手伝っていたコーディネーターの福村州馬がアジバールに入った。福村の前任の江川は3月に帰国、仲佐は帰国する林から運営を引き継いだ。4月の外来患者は4528人、5月には4869人になった。ほとんどの人が飢餓状態から来る栄養失調だった。新しい入院患者を引き受けるために、多少状態が悪くても退院させなければならず、スタッフにとっては気の重い仕事だった。

一方、患者たちはしたたかだった。JVCに入院していながら抜け出してワールド・ビジョンの食料をもらったり、余分に食料をもらうため「家に子どもが待っているから」と、入院の子どもをワールド・ビジョンに連れていく母親もいた。人々はあの手この手と生き延びようとしていたのだ。

身長から計測して70％以下の低体重児には食料が配給される。もらった小麦の半分を親が取り、次々と10人もの母親に売り渡されて、子どもは死んでしまったということもあった。

病院は仲佐が加わってから少しずつ体制が整っていった。まず、定例ミーティングを行ない、スタッフの意思疎通を図った。入院患者の急増とともに安定した水の供給が問題になっていたが、これには青年海外協力隊の隊員が自分の休暇を利用して、簡易水道を設置してくれた。また、院内感染を避けるため、入院が決まると患者のからだを洗い、新しい服に替えさせ、家族の付き添いで来た子どもを隔離するためのテントを設営した。ヘルスワーカーなどのスタッフにもユニフォームと石鹸を配布し、清潔を保つようにした。3月30日から5月14日まで続いた雨が15日からぴたりと止み、下痢患者が減っていった。

6月8日、神奈川県医療チームの吉野浄医師と鈴木妙子、太田律子の看護師2名がアディスアベバに入った。エチオピア政府からなかなか3人の業務許可証が下りなかったが、医療スタッフ補充の見通しがついたため、アディスアベバの石井に病気治療に専念するため帰国を促した。石井は体調が回復し次第アジバールに戻るつもりだったので、帰国は不本意だった。「ボランティアの希望とプロジェクト全体の方向性が食い違った場合の対処の仕方が問題」と仲佐は後に述べている。「大局では間違っていなかったにしても、十分な時間をかけて話し合い、説得することを怠ってしまった」。石井はJVCやシェアから離

れることになり、残されたメンバーにとって大きな痛手となった。

　日本人の医療スタッフは仲佐、工藤の2名になり、次第に疲労の色が濃くなってきた。業務許可証が下りないまま、6月26日に吉野が、7月23日に鈴木と太田がアジバールに入った。結局、許可証が下りたのは11月であった。

　医薬品の手立ては入手方法がわかってからは比較的スムーズに行なえるようになっていたが、日本からの送金は遅れがちで、物品の購入に支障をきたした。そればかりかスタッフの給料にかかる税金が払えず、税務署から督促状が来て、日本人スタッフが手持ちのお金を出しあってしのいだこともあった。このころ会計としてアジバールにいた加納妙は、毎日のようにお金の工面に追われていた。プロジェクトの後方支援体制をどうするかが大きな課題として残った。

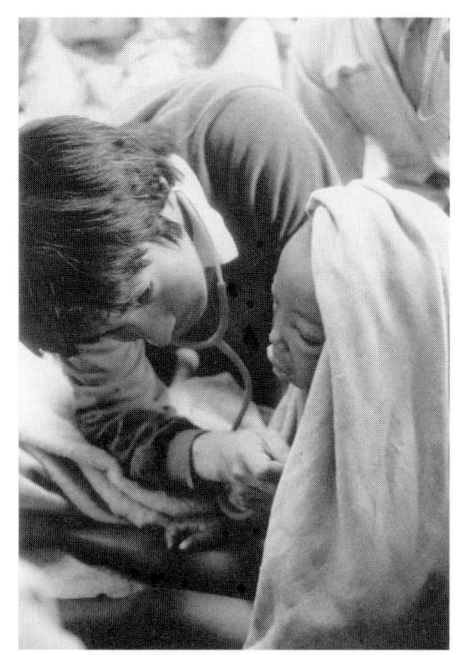

診察する仲佐保医師（提供 JVC）

　7月になると日本人スタッフが増えたことに加え、エチオピア人のヘルスワーカーも仕事に慣れ、村人の生活や飢餓の状況に関心を向ける余裕が出てきた。雨も降り始めた。大雨期である。3年ぶりの待望の雨に人々は耕作を始めたが、作物の収穫は大丈夫だろうか、飢餓に陥った人々はどんな暮らしをしているのか、以前から気になっていた周辺の村を調査することになった。

　コレブはアジバールから西に85キロの地にあり、道なき道を車で6時間かけていく。林がアジバールを活動現場に選んだ理由の1つに、今回の干ばつで最もひどい状況だったコレブに比較的近いということもあった。8月に仲佐たちが調査した地点は最も悲惨と言われる低地ではなく、中高地の集落だったが、住民の80〜90％が亡くなったり、移住してしまっていた。出奔した両親に置

き去りにされた子どもたちが、おなかをすかせ泣いている場面にも遭遇した。ところが、12月にあらためて低地の調査をした時は、意外にも干ばつの影響は思ったよりも少なく、栄養状況も改善されていた。野生の雑穀による栄養障害もそれほどひどくはなかった。

　過労で倒れた工藤が1ヵ月の休暇を取って9月末に現場に復帰した。入院患者の減少とともに病棟を閉鎖し、スタッフの体制も改善した。10月にはほとんど下痢は見られなくなった。重症患者も目に見えて減っていった。むしろ、それほど重症でなくても病院を訪れ、もらった薬や毛布を市場で売りに出る者が目立つようになった。病院の存在する意味を考える時期に来ていた。

　11月7日、吉野の交代として本田徹がアジバールに入った。その日の午後、スタッフ全員による病院閉鎖に向けての会合が持たれた。実質的な病院長である福村が、危機的状況を脱した今、この病院の使命が終わりつつあることを全員の前で話し、86年1月18日に病院を閉鎖する決定を伝えた。エチオピア人スタッフは働き場所を失うことになるが、静かに現状を受け入れた。

　病院閉鎖の噂が伝わったのか、大麦などの作物の収穫時期と重なったのか、人々の足が病院から遠のいていった。11月中旬になるとテントの病棟が次々たたまれ、病棟が閑散としてきた。12月15日、スタッフの半分を解雇した。

　翌年1月、村の市場で病院閉鎖のニュースを流すと、翌日から誰も来なくなった。1月4日に外来診療を打ち切り、それ以降も継続治療の必要な患者は最寄りの村のクリニックに紹介した。1月18日、病院は完全に閉鎖され、クリニックに医薬品と医療器具を、保健センターには医薬品や医療器具のほかに毛布、下痢患者用ベッドを寄贈して、エチオピアにおける緊急医療活動は終了した。

　緊急医療活動に引き続き、JVCは翌年から植林を中心とする復興プロジェクトを始めた。中心となったのは林達雄だった。干ばつの原因は何千年にもわたる森林伐採と農業と見た林は、緊急状況になってから援助するのではなく、時間はかかっても森を育てることが根本的な解決につながるのではないかと思った。彼の提案はJVCの執行委員会で受け入れられ、植林と農業、水、保健・栄養教育を組み合わせた包括的なプロジェクトとなった。活動地はアジバールから西に30キロのマーシャ村に決まり、シェアからも会員の有本敦子看護師が派遣された。

この年の12月、シェアは第1回会員総会とシンポジウム「エチオピア緊急支援活動総括・シェア病院構想」を開催した。前年、1985年9月の運営委員会設置から一段階組織としての形ができてきた。

4. カンボジアへ

　エチオピアで緊急医療を行なっていた1985年、JVCはカンボジアで新しいプロジェクトを始めた。当時カンボジアでは、ベトナム軍を後ろ盾にするヘン・サムリン政権とポル・ポト、シハヌーク、ソンサンの三派連合が、タイ・カンボジア国境で対峙していた。カンボジア人は、タイ国内の難民キャンプと国境の三派支配下のキャンプ、それにカンボジア国内の人々、と3つのグループに分けられていた。国際社会の支援は難民キャンプに集中し、反ベトナムの西側諸国の政治的姿勢によりカンボジア国内の人々への支援はほとんど行なわれなかった。また、そのことがカンボジア国内の人々を難民キャンプに引きつけることになり、難民問題の解決を複雑にしていた。

　JVCは設立以来難民キャンプを中心に活動してきたが、その年、日本のNGOとしては初めて内戦で疲弊していたカンボジア国内で活動することを決めた。まず、タイの難民キャンプで経験のあった自動車修理などの技術訓練および設備の建設を中心に行なうことにした。井戸掘りなどの給水、伝統舞踊や孤児院への支援、職業訓練など、やることはいくらでもあった。

　その中にUNICEF（国連児童基金）が行なうライン（RINE）プログラムがあった。RINEとは、Rehydration（経口補水療法）、Immunization（予防接種）、Nutrition（補助給食・栄養）、Education（衛生・保健教育）の頭文字である。ラインはカンボジアで可能な方法によって段階的に母子のためのプライマリ・ヘルス・ケアを実現させようとするもので、1983年首都プノンペン市内の国立小児病院に最初のライン・センターが開設されてから周辺の地域に広がっていった。

　そのころシェアにはエチオピア緊急医療が終わってから組織全体で取り組むプロジェクトがなく、次の一歩が踏み出せないままでいた。エチオピアやソマリアのJVCの活動に看護師を派遣していたが、それはシェアが主体ではなか

ライン・センターで野菜作りを開始

った。ばらばらになりそうな組織を立て直すには、海外の現場が必要だった。

　86年、金田衛がカンボジアを訪問した。そこで出会ったライン・プログラムは、ニーズの高さ、緊急性を考えてもシェアが取り組むべき活動と思われたが、医師たちは日本での仕事を抱え、なかなか動きが取れなかった。JVCはシェアの参加を求めつつ、フランス人看護師マリー・キャマルをカンボジアに派遣した。シェアとしてもじっとしているわけにはいかなかった。87年9月、本田徹がカンボジアを訪問し、ようやく具体的に動き出した。

　87年12月のシェア第2回会員総会のタイトルは「カンプチア（カンボジア）昨日、今日、明日」。当時カンボジアの国連の議席は三派連合政府側にあり、国内の700万人にも及ぶ人々は国際社会から無視されていた。国交のないヘン・サムリン政権に日本政府は援助できないが、NGOなら可能だ。総会ではカンボジアの置かれた状況と援助の必要性が話され、88年からJVCと二人三脚で首都に近いカンダール県プノンペン郡（当時）でライン・センターを開設することが決まった。また、この総会で代表は金田から本田に代わった。

　88年4月、シェアは本田と釘村千夜子助産師をカンボジアへ派遣した。釘村

はバンコクのクロントゥーイ・スラムでJVCのボランティアをしていた。東京よりもバンコクの方が故郷の宮崎に似ていると、貧しくても明るいスラムの人たちと肌が合った。カンボジアの人々ともすぐ仲良くなり、本田が3ヵ月で帰ってからも翌年の4月までカンボジアに留まった。釘村の後任となったのは、青年海外協力隊でマレーシアに行っていた助産師の杉江美子であった。

　1989年9月、カンボジアには大きな変化があった。ベトナム軍がカンボジアから撤退し、憲法が改正され、カンボジア人と外国人の接触が自由になった。外国人がホテル以外にも住めるようになったのだ。しかし人々の暮らしは相変わらず厳しく、庶民の給料は800〜1000リエル（530〜660円）で、屋台の焼きそばが70リエル、カンボジアのスカートであるサンポットは600リエルだった。副業や海外の親戚からの仕送りがあるにせよ、どうやって暮らしているのか七不思議だと、杉江は手紙に書き記している。

　子どもが栄養失調だったとしても、目に見えて状態が悪いわけでない。しかし、10キロの道を歩いて給食のために子どもをライン・センターまで連れてくることは困難だった。それだけで半日を棒に振ることになり、センターに子どもを入院させることは、働き手としての母親をその間失うことだった。翌年カンボジアを訪れたシェアの事務局スタッフで栄養士の浜野敏子は「ラインの役目は終わった」と述べている。「センター中心の活動は、交通の便などからセンター近くの人しか保健サービスの恩恵を受けられないという距離的な問題が切実だった」。対象とする栄養失調児の2割しかカバーできなかった。これは20のライン・センターすべてが抱えていた問題だった。また、UNICEFが主導し、中央から下に進めていくプログラムは住民の自主性が育ちにくかった。

　当初からシェアは待ちの姿勢でなく巡回母子保健活動を行なうなど積極的に村に入っていたが、杉江は補助給食よりも村での母親教育に軸足を置いた。子どもに給食を与えるとそれで満足してしまい、他の食事がおろそかになる。食料を渡せば、ほかの家族が食べてしまう。杉江は補助給食の効果があまり見られないことから、村の中で離乳食の試食会を行なった。子どもがむずかると食べさせるのを諦めてしまう母親に、あやしながらスタッフが実際に食べさせるのを見せれば、家に帰ってから実践してもらえるのではないか。給食そのものよりも教育効果を期待した。

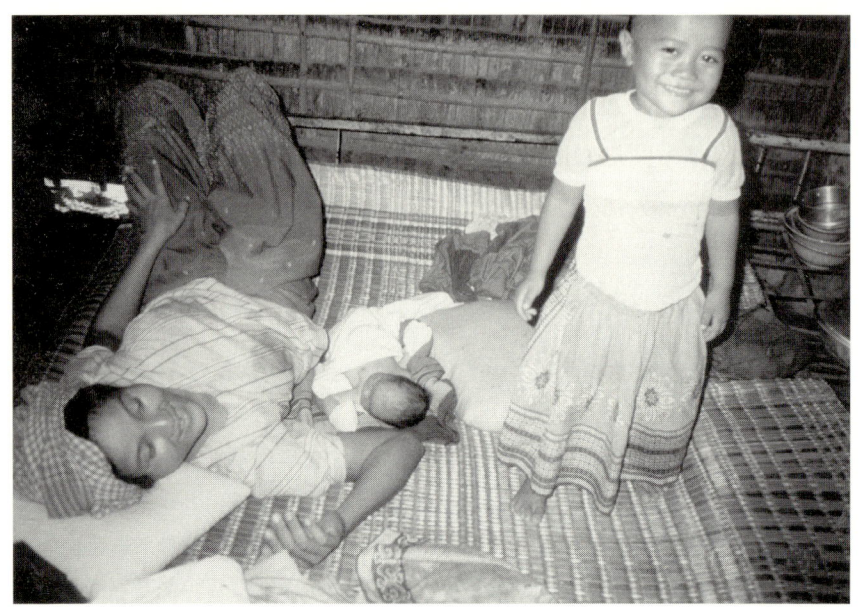

産後の母子と幼い姉

　また浜野は、訪れた2つの村で、一方は診療所に助産師がいるにもかかわらずほとんどの出産に助産師への要請がなく、もう一方はすべての出産に助産師が介在していることを知った。実際に会ってみると、後者の助産師は村のひとりひとりについてよく知っており、技術や知識だけでなく、人間的に村人から信頼を得ているように見えた。「スタッフの質の重要性を認識した」と浜野は述べている。彼女はシェアの進むべき方向性のヒントを得た。今後の母子保健プログラムには、それぞれの村の問題を見つけることができる保健スタッフが必要で、それには村人の中に入っていくコミュニケーション能力が問われる。特に保健教育を行なう場合、伝える側と受ける側の人間関係が成功の鍵と思われた。
　ライン・プログラムについてはUNICEFや他のNGOでも見直しが行なわれ、次のような方針が関係者の間で合意されつつあった。
　①母子保健活動の現場をセンターから地域に根ざしたものに移し変えていく。
　②4つの活動に限らず、農業、水、人づくりなど、より包括的なアプローチをする。
　杉江は、経験だけに頼っている村の伝統的産婆（TBA）に講習会を開いたり、

診療所スタッフのインド研修（1990年10月31日から3週間）を行なうなど新しい試みを始めた。

なお、話は前後するが、1988年、運営委員会での討議を経て、2月27日の月例会で、SHAREの日本語名称が「国際保健協力市民の会」と決定された。この名は会員の石森豊の提案によるものであった。「市民」という言葉がシェアにとって持つ意味を、活動を通じてこの後追求していくことになった。

> ### 産婆さんたちのトレーニング
> #### 杉江美子

　昨年7月23日から1週間、プノンペン郡の村で産婆さんのトレーニングを行なった。48人の産婆さんに声をかけたところ、21人が集まった。年齢は33歳から71歳。小さな子どもを抱え、忙しい中、遠いところからやってきた人もいた。初めは参加者全員、何事が始まるのだろうと不安な面持ちであったが、2〜3日たつとすっかり和やかで楽しいトレーニングとなった。今まで郡病院と産婆さんたちとのつながりは皆無で、このトレーニングの通知があった際、かなりの不安を持ったらしい。不安が原因で参加しなかった産婆さんも多かったと聞く。
　机に向かって人の話を聞くなどほとんど経験のない人たちにとって、講義は大きなストレスになる。途中で頭痛を起こす人もいた。ともすれば堅苦しいものになりがちなトレーニングが楽しいものになったのは、実習を取り入れたことにもよるが、産婆さんたちの明るい性格によるところがもっと大きい。村人の信頼を受け、長年数多くの子どもを取り上げてきた風格があり、豊かな人間性を感じる。すばらしい魅力を持った人たちである。
　トレーニングはまず、それぞれの経験を発表することから始まった。母親が産婆で、その技術を受け継いだ人が多い。ポル・ポト時代に強制的に助産婦の役割を負わされ、そのまま仕事を続けている人もいる。ほとんどの産婆さんは衛生観念がなく、介助前に手を洗わず、へその緒を切るのも、その家にあるナイフ、はさみを煮沸消毒なしに使う。さまざまな迷信、習

慣を守り、母親たちに伝えている。

　このトレーニングの目的は、産婆さんたちに「村の助産婦との協力を呼びかけること」、「危険な妊娠を見分けられるようにし、その際は診療所、病院に送ってもらうこと」、「安全な助産技術を実践してもらうこと」である。講師の助産婦たちの中に、産婆さんたちに対する敵対意識のようなものを少し感じていた私は、トレーニング中、産婆さんたちからも敵対感情が出てくるのではと危惧していたが、こちらが恐縮するぐらい従順に講師の言うことを聞く。国民性というものがあるのかもしれない。笑いのよく起こる楽しいトレーニングだったが、30〜40代の助産婦が50〜70代の産婆さんに対し、「態度の変容」を強要する感じは否めなかった。西洋医学は伝統医学に対し権力になりうる。気をつけねばならない。

　産婆さんのほとんどは字が読めない。この国が公式に発表している識字率93％など絶対に信じない。トレーニングの初めにノートと筆記用具を渡した。カンボジア人の講師が「みんな字が書けないから必要ないのでは」と言うのを、「絵を描けば良い」と答えて渡したのだが、トレーニングの最後までそれは机に大事に飾られたままであった。孫の勉強には役立つかもしれない。

　教育らしい教育を受けたことがないとはいえ、長年の経験から得た産婆さんの知識と技術にはすばらしいものがある。これは講師の助産婦たちも認めるところで、以前に行なった村の若い助産婦の訓練よりもずっと実習に迫力があり、日常的に問題に直面しているため知りたいと思うことが多く、質疑応答も活発だった。危険な妊娠の見分け方や安全な助産技術を絵で表したワラ半紙のパンフレットを何度も何度もページをめくり、食い入るように見つめていた産婆さんの姿が印象的であった。学びたいという気持ちは万人共通である。より多くの人に学ぶ機会を提供することのお手伝いが出来たら幸いである。(1990年10月20日)[『ボン・パルタージュ』44号]

第2章
江戸川事務所での自立

前川昌代

1. 転機

　思いだけが先にたち、なかなか実行に移せなかったシェアのメンバーに対し、JVC事務局長の星野昌子は常々温かくも厳しい眼差しで接していた。
　「これでは、シェアは Self Humiliation As REcreaion（我々は駄目なんです。と自分をさげすみつつ、仲間と余暇を楽しんでいる）の略なりと、注釈をつけざるを得ない」「ぜひ行動に出てください。大志を抱いてください」[『ボン・パルタージュ』37号]
　当のシェアのメンバーは、自分たちの不甲斐なさをもっと実感していた。この現状を何とかしなければ、組織を作った意味がない。日本の医療現場の責任を果たしつつ海外の現場にも関わりたい。そんな思いの医療人を集め、日本の地域と海外の地域をつなぐ「シェア病院」構想もあったが、中心となって話を進めていた木内敦夫と国際協力に消極的な共同経営者と意見が合わず、開業寸前でシェアはこの計画から降りてしまった。
　シェアには3つの道があった。
　①現状維持。自立したNGOではなく、同好会的性格の現状を維持する。
　②組織としてのシェアを解体し、JVC内の医療者集団として再編入する。
　③JVCと姉妹関係を保ちつつ、組織としての自立を目指す。
　1989年12月第4回総会で、シェアの今後の体制について話し合われた。出

席者からはさまざまな意見が出された。

「自信を持ってやっていってほしい。勉強会だけではなく、自前のプログラムを持って誰かを支えるというような重いものを持たないと、組織自体良くならないのではないか」(日本キリスト教海外医療協力会：JOCS 佐藤忠彦)

「NGOには同好会的要素はある。同時にプロ的能力も求められる。今後の選択を皆で納得するには時間がかかるだろう」(シャプラニール 吉田志朗)

「求心性を目指すなら、プログラムの実行を中心にすべきだ」(JVC 熊岡路矢)

「シェアとして前面に押し出す看板がまだない。私たちがどういう生き方をしたいのか。まずしっかり考えたい」(青井千恵)

「やりたいことがなければ、組織のあり方も何もない。また、何か始めればどんな組織がいいか見えてくる」(浜野敏子)

「この3つの選択にこだわらず、シェアはシェアでありたい。その気持ちを持っていけば、③になると思う。工藤さんが始めるタイのプロジェクトが絶対つぶれないように支援したい」(柴山晴美)。この言葉にひときわ大きな拍手があった。

総会で結論は出なかったが、柴山の言葉は参加者の気持ちを代弁していた。タイのプロジェクトが軌道に乗ればシェアの未来も見えてくるのではないか。そんな期待感があった。

2. タイに向かう

シェアのメンバーから海外に出る人が少ないのは、経験不足により二の足を踏んでいるからではないか——機会も経験もない若い医療従事者の海外研修の場を探していた工藤芙美子は、はじめ自らが地域医療に感銘を受けたフィリピン・ミンダナオ島をその候補として考えていた。しかし、治安の悪化で断念せざるを得なくなり、以前に話を聞いたサムルーン・ヤングラトーク医師のいるタイに狙いを定めた。

話は1988年3月に小田原で開かれた「市民とアジアをむすぶ国際フォーラム」にさかのぼる。これは「アジア市民フォーラム」と言われるもので、NGOと国際協力に関心のある市民が一堂に会する初めての試みとなった。この時、

サムルーン医師が保健・地域医療分科会に参加していた。当時サムルーンはプライマリ・ヘルス・ケアの実践者としてタイで注目を浴びており、JVCのタイ担当だった岩崎美佐子が「コーラート県にすばらしい医者がいる」とサムルーンをシェアに紹介した。アジア市民フォーラムに参加したサムルーンはその足でシェアの月例会で講演し、シェアのメンバーと意気投合したのだった。

　NGOを主宰しながら伝染病コントロール局第7地域（CDC 7）の責任者をしていたサムルーンは、シェアのメンバーがタイに来ることを歓迎していた。タイなら熱帯医学や地域医療について日本の医療人が学ぶことも多い。1989年8月、サムルーンに本田徹が打診した。本田は農村で働きながら現地NGOや保健スタッフと協力体制を作っていきたいこと、シェアのメンバーが研修できる場を作りたいことなど率直に伝えた。もとより資金の当てはなく、工藤の行動力と自己資金が頼りだった。そんなシェアからの依頼をサムルーンは快く引き受けてくれ、翌年4月から工藤を受け入れると返信が来た。

　本田は二子玉川で開かれた月例会での「私、行くわ」という工藤の言葉が忘れられないという。気持ちばかりはやって行動がついていかない自分たちのふがいなさを痛感していた本田は、工藤の勇気と潔さに心打たれたのだ。

　前述の第4回総会後、12月23日から31日にかけて工藤は事前調査のため東北タイを訪問した。工藤はサムルーンたち伝染病コントロール局が中心となって行なう下痢予防プロジェクトへの参加を決め、了承を得た。シェアのプロジェクト名は「東北タイ下痢疾患コントロールおよび、地域保健プロジェクト」。当時JVCの職員だった山口誠史が庭野平和財団を紹介してくれ、申請した結果、活動費の一部を助成してくれることになった。タイの保健システムを学ぶとともに農村の保健活動をサポートし、人材育成を目指した。

　1990年4月に工藤が渡航し、5月には開始されると思われたが、予算不足やスタッフの出張などで実際にプロジェクトが始まったのは11月だった。

　工藤は公務員や学生たちが入所するウボンラーチャターニーの女子寮で生活することになった。6畳ほどで900バーツ（5300円）である。洗濯機はあるが脱水できないので、洗濯物を外に干して外出していると、雨でずぶぬれになってしまうこともあった。夜中に蟻や蚊に刺され、足はいつも傷だらけだった。飲み水は雨水だが、虫がよく涌くため電気ポットを買った。しかし寮自体はきれ

いで、工藤はここの生活を結構気に入っていた。もち米やソムタム（青パパイヤサラダ）などの東北の食事も口にあった。

　プロジェクトが始まる前、日本から研修生第1号として8月6日から12日まで栄養士の小泉昭子と助産師の青木利恵子がウボンラーチャターニーとヤソートーンを訪問し、政府が行なう結核キャンペーンや病院、保健所を見学した。下痢予防プロジェクトに参加する保健ボランティアの説明会も見学することができた。小泉はプロジェクトの準備からスタートまでを経験でき、幸運だったと述べている。

3. 下痢予防プロジェクト始まる

　20世紀終わりになっても下痢はタイの人々を悩ませていた。伝染病コントロール局の報告によれば、1984〜89年の下痢罹患率は10万人あたり1043〜1275人で、5歳以下の小児では最も死亡率が高かった。そこで、ヤソートーン県やウボンラーチャターニー県などを管轄する伝染病コントロール局（CDC 7）が村から県レベルの下痢疾患の調査を行ない、対応策を実施することになった。

　シェアはヤソートーン県北部にあるシケウ村で、調査への協力と対応策のプランニング、「保健ボランティア」のトレーニングをすることになった。保健ボランティアとはタイの保健制度から生まれたもので、ボランティアとして選ばれた村人が簡単な病気やけがの治療も行なう。

　11月15日、第1回目の保健ボランティアの訓練が行なわれ、選ばれた4つの地区から30人ほどが参加した。県の目的が下痢対策システムの改善やスタッフの質の向上、予防であるのに対し、シェアは村人自身が下痢の問題を改善するために話し合い、協力し、生活改善を実現できるようになることと考えた。

　会議にあたって、保健ボランティアには、村人を教育するのではなく、
　①村人みんなの意見を聞くこと こと
　②参加者全員から等しく聞くこと
　③どんな意見も正確に記録すること
　④自分の意見ではなく参加者全員の意見として整理すること

を促した。

　第1回目の話し合いは、村人にとっては思っていることを聞いてもらう機会となり、保健ボランティア、保健スタッフにとっては思いがけない情報を聞くことができ、双方にとって好評だった。

　プロジェクトの開始が遅れた結果、工藤は村を十分に観察することができた。この年は例年になく雨が豊富で豊作だった。うるち米よりもち米のほうが売り値は安いが、人々は好んでもち米を作る。キャッサバの収穫も盛んで、年に2回取れる。これはでんぷんにされた。

　11月になると朝夕は冷えるが日中は40度にもなった。女性たちは肩まである毛糸の帽子をかぶり、長袖シャツで農作業をしていた。農繁期に朝から晩まで働くのを見ていると、田植えが終わった雨の日は何もせず過ごす人が多い理由が理解できた。村のお産に何回か立ち会い、家によって産婦の食事の禁忌（タブー）が決められていることもわかった。理由はよくわからなかったが、それらは高カロリーで普段余り口にできないもので、値段も高かった。

　米の収穫が終わる12月になって保健ボランティアが各戸を回り、トイレ作りを勧めた。彼らの働きかけで、2ヵ月で50軒がトイレ作りの材料を購入した。材料費は600バーツ（3500円）で、村人自身が作る。タイのトイレは簡単にでき、水で流せるので清潔だ。半永久的に使える。

　また12月から保健ボランティアが下痢患者にORS（経口補水液）を作る粉を渡し、保健スタッフに報告するシステムも始まった。キャッサバの収穫が終わり田植えの始まる前の3～4ヵ月が、保健ボランティアが動ける時期だった。

4. 新事務所開設

　1990年10月、かねてより懸案であった新事務所への移転を果たすことができた。新事務所は江戸川区小松川にあるマンションの一室で、シェアの運営委員の大河内秀人が所有していたものである。大河内は浄土宗の青年僧で、ユニセフ募金の支援先だったカンボジアを視察した時ライン・プロジェクトを知り、その縁でシェア応援団になった。大河内は事務所として使えるように内装をシ

新事務所開設記念のつどい

ェア用に変え、海外の現場から帰ったスタッフが宿泊できるようにした。毎年2日がかりで行なう総会も、ここで泊まりながらできるようになった。そして、看護師の大嶽千恵が専従スタッフとして事務を担うことになった。

　シェアにとってこの移転は、名実ともにJVCからの自立の第一歩だった。これまでシェアは月例会を催したり機関誌の発行をするなど独自の活動をしつつ、エチオピアやカンボジアなどに人を送っていたが、JVCの組織内組織としての域を脱し切れなかった。

　一方JVCは活動の軸足を難民救援から農村開発に移し、医療よりも開発をどう捉えるかが重要視されるようになっていた。以前から星野に「海外にどうして出ないのか」と言われていたが、シェアのメンバーは山谷でのボランティア活動にも意義を見出していた。次第にシェアとJVCの間に距離感が生まれるようになった。JVCにマネージメントを任せるのではなく、自立した組織としてプロジェクトを運営していきたい。そう思いながらなかなか行動しないシェアに、とうとう星野は事務所を出るように言ったのだった。

　89年から準備をしていた工藤のタイ・プロジェクトが90年に始まり、91年、カンボジアでも新プロジェクトに向けて調査が行なわれた。卵が孵る時期に来ていたのかもしれない。

　郵政省(当時)のボランティア貯金が91年1月に始まり、シェアの新プロジェクトを支えた。これはシェアが育っていく大きな力になった。カンボジアで

JVCの調整員としてシェアの調査団を案内した本橋栄が92年9月にシェアの事務局に入り、海外の活動を支える体制が整った。93年2月の第8回会員総会で理事会の設置が決まり、組織としても次第に充実してきた。名称の「SHARE」をカタカナの「シェア」に変更し、「シェア＝国際保健市民の会」とした。事務所の独立によってボランティアがいつでも立ち寄れるようになり、JVC時代からの支援者ばかりでなく、地域の人々など新たな人の輪が広がった。

地域の人々と共に
本間久子

　ボランティアを始めるきっかけは、さまざまだと思う。論文を書くためだったり、医療従事者だから何かお手伝いしたいと思う方。1994年、私はボンパルだよりの隅っこに「電気ポットを下さい」という記事を発見した。そして、重いポットを携え、シェアの江戸川事務所を訪問した。全く知り合いはいなかったが、日本のNGOはどんな組織かなという強烈な好奇心が不安な気持ちを打ち消してくれた。当時、会計のアルバイトも募集しており、助成金の決算時期とも重なって、すんなりとパート職員となった。週2日勤務のはずが、いつの間にかフルタイム勤務になってしまったのは、シェアの魅力にはまり、自分の世界がどんどん広がっていったからだ。

　江戸川事務所は、スタッフルームの他に広い作業部屋も利用でき、4畳半くらいの台所も備えていた。隔月発行の会報は、まさにボランティアさんの人海戦術によって発送された。当時、印刷機を所有していなかったため、3キロほど離れた明福寺ルンビニー学園へ用紙を運んで印刷させていただいた。この用紙も中越パルプ様から寄付されたもの。紙折り機もなかったので、総勢10人ぐらいでひたすら三つ折りにしていく。手を動かしながらおしゃべりも活発になる。タイ・カンボジアの文化・慣習、プロジェクトの状況など草創期の熱い思いや苦労話を聞くことができた。昼食は、広い台所を活用してそうめんをゆでたり、サラダを作ったりした。歓談の中にも「常に活動資金が足りない」シェアの厳しい現状が共有されてゆく。

こんな出会いからシェアと長いお付き合いが始まる方も多い。毎週決まった日に来てくださる近所にお住まいの石毛ひかりさんは、美しい字体で宛名を書き、寄付のお礼状に感謝の一筆を書いてくださる。社会人ボランティアさんは、集計やファイリングなどのノウハウも豊富にあり、事務局の効率化に寄与された。皆さんの協力で、活動費を捻出するため使用済みテレフォンカードや切手収集も始めた。また毎年10月に開催される江戸川区民まつりでは、バザー品の半分程は江戸川区にある十数ヵ寺の浄土宗の寺院から頂戴してきた。江戸川の文化活動に参加し、地域の方々との交流は、事務所が上野に移転した今日も続いている。

5. タイ、その後

　下痢予防プロジェクトと併行して行なわれた研修生の受け入れも順調だった。研修生たちは1週間程度農村でタイの保健システムを学び、村人の暮らしに触れた。更に長期間村に滞在し、実際にプロジェクトを立案、実施する試みも行なわれた。1992年5月には第1回研修生の小泉昭子が栄養改善プロジェクトを行なうためタイに向かい、7月からは看護師の柴田紀子が農村に住み込み、保健プロジェクトを始めた。

　そのような中、1991年からシェアに新しいパートナーができた。カムクーン子どもセンターである。シケウ村と同じヤソートーン県のカムクンケーウ村にあった。子どもセンターといっても、これは中学校に通うための子どもたちの宿舎で、子どもたちに少しでも学ぶ機会を与えたいと地元の中学校の教師たちが1989年に始めたものである。

　このころのタイでは中学校は義務教育ではなく、5割の子どもたちしか中学校に通っていなかった。子どもセンターでは貧しい農村の子どもたちが米作りや養鶏、養豚などで資金を得、学校に通うための費用や生活費に当てていた。シケウ村の中学に通っていて高校に進学したくてもお金のなかった子どもたち5人に工藤が個人で奨学金を出すなどしていたが、シェアとしても軌道に乗って

いなかった子どもセンターの農業と養豚プロジェクトを支援することを決めた。郵政省のボランティア貯金の助成が始まり、その資金にすることができた。

また、資金援助だけでなく、タイの農村の小学校で先生の経験のある辻淑子を教育担当のスタッフに迎え、タイと日本の農村で教育者の交流事業を行ない、農村の置かれている状況についてお互い語り合った。タイの教師たちを受け入れた秋田の佐々木義美は、それ以降もシェアに毎年新米を送ってくれるなど交流が続いた。

シケウ村で手洗いを指導

自前の活動を始めたシェアは、保健医療の専門性に特化するのか、農村開発まで視野に置くのか、まだ手探りの状態だった。しかし、センターの環境設備が整ってきたことや担当の辻が別団体で活動することになったことなどから93年でこの活動は終了した。

一方、工藤はシケウ村の最も下痢の多い地域で住民のグループを作り、「バーン・ノーイ・サアート」（小さくて清潔な村）という名前をつけた。これは後に下痢予防プロジェクトを象徴する名前となる。

一方工藤は村人と共に保健ボランティアや保健スタッフの育成にも力を入れていた。プライマリ・ヘルス・ケアの実践は人々が自分の問題としていかに関わるかにかかっていたからである。保健ボランティアのランシンについて工藤は機関誌で以下のように述べている。

「自分たちのプロジェクトを作ってみないかとランシンと保健スタッフに聞いてみた。スタッフは自分たちのプロジェクト作りの意味がわからなかったが、ランシンには理解できた。目的や内容などを話し合って、後でランシンが書き上げたのが健康チェックである。先日郡保健所は保健センターの責任者に、東

SHARE
Services for the Health in Asian & African Regions.

東京事務所
〒132 東京都江戸川区東小松川3-35-11
ニックハイム船堀205
TEL. 03(5607)4775 FAX. 03(5607)4776
SHARE OFFICE
3-35-13-205, Higashikomatsugawa,
Edogawa, Tokyo, 132 JAPAN.

1993・11・16

タイ：ウォーターシール型トイレ作り　　タイ　ヤソトン県ロンプノクター郡シウ村にて

写真番号
① トイレを作る場所の決定（粘土質の所は適工ない）
　　物品準備‥セメントのリング　2〜3ケ．土管．コンクリート　（タイで買うと約 25$ぐらい
　　　　　　 ブロック　6ケ．トイレの便器．　　　　　　　　　　部屋を作る費用は含まれない）

② セメントのリングのまわりに丸をあける。(4〜6カ所．あまり多くあけるとホールがこわれる可能性あり)
　　一番上のリングには　土管への接続用の穴もあける。

③ セメントのリングをうめ込む穴を掘る
　　セメントのリングを2〜3ケうめ込む　　　　　　　　　　　　1つのリングにつき 4〜6ヶ所の
　　　　　　　　　　　　　　　　　　　　　　　　　　　　　　小さな穴をあける。

④ リングをうめ込み、接続用の穴の
　　所の土を掘る。そして土管を
　　接続する。

⑤ 便器を置く工台をブロックで作る。ブロックを3方向にうめ込み 2段かさねる。

⑥ 土の上とブロックの周はコンクリートで固める。

⑦ 作ったブロックの上にトイレの便器を置く。

⑧ トイレの部屋作り。
　　（この部屋に手をかけるかどうかで　費用がかかるか
　　　どうかが決まる。）

　　　　　　　　　　　　　　　　　　　　　　　　トイレの排泄物が出る口と
　　　　　　　　　　　　　　　　　　　　　　　　土管は離れている。
　　　　　　　　　　　　　　　　　　　　　　　　排泄物は出口から
　　　　　　　　　　　　　　　　　　　　　　　　落ちて　上から流した
　　　　　　　　　　　　　　　　　　　　　　　　水とで流れていく。

　　　　　　　　　　　　　　　　　　　　　　　　セメントのリングの上には
　　　　　　　　　　　　　　　　　　　　　　　　セメントのふたをしておく。空気抜きを
　　　　　　　　　　　　　　　　　　　　　　　　つけておくとよい。

トイレの使用方法：排泄後　上から水を流す

文責：柴山

北タイ7県で行なわれる保健ボランティアの活動コンテストで、シケウ村の活動を発表するように言った。元スタッフとランシンも混じって話し合いをした。下痢予防プロジェクトかカンボジア保健スタッフの研修受け入れを提案する責任者に対して、元スタッフのカムナイとランシンは『健康チェックがいい。あれは私たちのプロジェクトだから』と言った。あれほど、健康チェックが自分たちのプロジェクトだとして認識しているとは思っていなかった。

　カムナイは『今までプロジェクトは県から来ていたから自分の活動評価をしたことがなかった』と、初めて保健ボランティアと保健センターの主体的な活動の意味を理解した」[『ボン・パルタージュ72号』]。

　工藤はランシンがリーダーとして育っていくのを、驚きの目をもって見ていた。「人が育つということは、自分自身が育てられることだとつくづく思う」[同上]。

　下痢予防のために始められた健康チェックは、ほかの病気の早期発見につながりシケウ村の活動の1つとなった。そして村人が下痢の原因に気づき、井戸掘りやトイレ作り活動は終了した。水を清潔に保つ工夫などを重ねた結果、村から下痢がなくなり、95年にシケウ村での活動は終了した。

6. エイズ・プロジェクト

　1984年エイズ患者がタイで初めて報告されてから、エイズは爆発的な勢いで北部やバンコクなどの大都会、観光地で広がっていった。1985年には保健省に国家エイズ対策委員会が設置され、1990年には感染拡大防止のため国をあげてのエイズ・キャンペーンが行なわれたが、エイズ＝死を強調したため、感染者への差別を招くことにもなった。その後、政府はエイズ政策を劇的に転換した。性産業従事者への100％コンドームキャンペーン、陽性者へのカウンセリング、エイズ教育、保健ボランティアへのトレーニングなども県レベルで行なわれるようになった。シェアも東北タイにエイズが広まりつつあったことから、1994年からエイズ・プロジェクトを開始した。

　活動地となったのはウボンラーチャターニー県に隣接するアムナートチャル

ーン県のジャラン村。農閑期になると男たちが出稼ぎに行く村である。

　農民たちはエイズについてはこれまで行なわれたキャンペーンによって知ってはいたが、自分たちとは関係のないことだと思っていた。看護師の窪田弥生が農作業を手伝いながら村人と親しくなり、ころあいを見て村人にエイズの話をしてみた。しかし村人の反応には「悪いことをして罹る病気」という偏見があり、強く拒絶されてしまった。そこで、エイズを自分たちに身近な病気と認識できること、自然に語れること、患者の身のまわりの世話など助け合えるようになることを目標とした。

　まず、村人に接することの多い保健ボランティアのトレーニングから始めた。伝染病コントロール局（CDC）、ウボンラーチャターニー精神病院、アムナートチャルーン県のエイズセクション、シェアが合同で保健ボランティアの合宿を行なった。

　その翌日、この村に住んでエイズの予防活動を始めようとしていた窪田がシェアに電話をかけてきた。「大変ですよ！　トレーニングが終わったあと、ボランティアたちが急に活動を始めたんですよ」と、興奮して声高に話した。「この村には感染者などいない、この村にエイズは関係ない」と言っていたボランティアたちが、トレーニング直後にエイズ予防の看板を作って村のあちこちに立て始めたのだった。

　これまで行なわれた講義形式でなくロール・プレイ（寸劇）やディスカッションに力を入れた結果、参加者たちは村の中や学校の授業でびっくりするほど活発に動き始めた。学校のエイズ授業の準備に手を抜くと生徒にすぐ見破られてしまうので、保健ボランティアたちはずいぶん鍛えられた。ほかにも、コンドームがいつでも手に入るコンドーム・ポイントの設置、エイズ・キャンペーンも保健ボランティアが主体的に取り組んだ。

　一方で問題もあった。トレーニングを終えたばかりのころ、エイズの恐ろしさばかり広報した結果、かえってエイズについて話せない雰囲気を作ってしまった。また女性の保健ボランティアは男性に対してエイズのことは話しにくかった。

　しかし、このようなことも、保健ボランティア同士が本音で語り合える場を設けることで少しずつ解決されていった。窪田は自分の目指すものと保健ボラ

子どもの成長の話をする平崎峰子看護師（右から2人目）

ンティアたちの行なうことにギャップを感じつつも、結局は彼らに任せ、それが良い結果を生んだのではないかと言う。

　95年からジャラン村での活動を平崎峰子が担い、ウボンラーチャターニー県のノンプン村でも保健ボランティアの活動が始まった。また、アムナートチャルーン県立病院で行なわれる妊婦の健診のカウンセリングに、シェアのタイ人看護師のピム・ワリーが参加した。

　ピムは感染した母親たちをサポートする試みを始め、心身ともに感染者のサポートに打ち込んだ。その後ピムは感染者の自助グループを組織し、これはシェアの主な活動となっていった。

　そのころエイズはタイ社会のあらゆる部分にまで影響を及ぼしていた。感染者や患者は病気と闘いながら社会とも闘わねばならなかった。エイズへの偏見が彼らや家族をいっそう窮地に追い込む。ラチャパット教育大学でもエイズを社会問題として捉えられるよう、学生たち対象のエイズ授業に、シェアも看護師の森千代子を派遣した。

7. カンボジア──新プロジェクトへ

　カンボジアではポル・ポト後の1980年以降、村の診療所が作られるなど地域保健の取り組みが行なわれ、予防にも目が向けられるようになったが、財政不足から郡病院や診療所に十分な予算を割くことができず、住民を満足させるような治療ができなかった。その結果、住民の信頼を損なう形となってしまい、ライン・プログラムのような予防活動も期待通りの結果を得ることができなかった。一方、これまでにカンボジアに入っていたNGOの研修などによって「プライマリ・ヘルス・ケア」や「住民参加」という言葉が中央の役人の間で使われ、その考えが少しずつ浸透していた。しかし、上からの命令に慣れている人々に住民参加を教えても、なかなか実を結ばず、NGOは村での活動と同時に行政への働きかけを行なった。

　このころカンボジアの保健・医療援助は転換期を迎えていた。どの団体も試行錯誤しながら、次の展開を考えていた。80年代末には病院の修復、薬剤や機材運搬トラックの寄付をしてきたベルギーのCIDSEという団体は、91年の4月からプライマリ・ヘルス・ケアの専門家を派遣していた。村に入って郡の保健スタッフとグループ作りや地域の生活調査を行ない、人々が体験し、学び、いかに実行に移していくかを大切にしているようだった。

　国境なき医師団（MSF）は村の診療所が機能していなかったので、郡病院が直接住民のプライマリ・ヘルス・ケアとつなぐシステムに切り替えていた。UNICEF（国連児童基金）も住民自らが問題に気づいて解決していけるように、保健スタッフのトレーニングを始めていた。

　そのような中、シェアの方針は決まっていた。これまでJVCと行なってきた「地域に根ざした母子保健」に加え、「予防と治療の包括的活動」、「住民主導、参加（参画）」という要素を重視した総合的な保健システム作りである。

　シェアは1991年7月16日〜30日、カンボジア調査を行ない、新しい活動地を選定した。参加したのは本田徹、工藤芙美子、浜野敏子と看護師の柴山晴美、医師でカンボジアの新プロジェクトの責任者になる石松義弘である。このころのカンボジアは、崩壊したソ連に代わってタイや日本から大量の物資が入り、

活況を呈していた。自由な雰囲気の中、NGOの数も増え、以前よりも奥地に入ることができるようになっていた。この調査により保健スタッフの技術や知識が住民のために十分に生かされていないことがわかり、今後の活動はそれらの物的・人的資源を有機的につなげていくことになると思われた。

　新しい活動地はカンダール県クサイカンダール郡に決まった。プノンペン市からはメコン川を挟んだ対岸にあり、小さな定期船が往き来していた。直線距離はプノンペン市と近かったが、交通の便が悪いため、外部からの援助がほとんど入っていなかった。そのため、住民たちは自分たちで寄付を集め、郡病院を建てるなど、自主的な姿勢が見られ、地域に良いリーダーもいた。一方、設備が不十分で薬剤も整っていない医療施設に入院患者はほとんどおらず、何もかもこれからというところだった。ここなら、住民の自立心を疎外しないよう注意しながらプライマリ・ヘルス・ケアの枠組みを築いていけるのではないか。調査メンバーの意見はまとまった。

　カンボジアの調査で最もシェアが世話になったのは、カンダール県の保健局長（当時）のニェム・ニム医師だった。彼はポル・ポト時代を生き延びた47人の医師の1人で、「ぜひ、君たちはクサイカンダールに行きなさい。あそこにはとても熱心なスタッフがいる」と勧めてくれた。保健スタッフの人材育成にも熱心で、シェアのカンボジア・プロジェクトの良きアドバイザーだった。1992年に胃がんがわかり、シェアが旅費を負担し東大病院で検査・治療を受けられるように力を尽くしたが、既に手遅れで、カンボジアに帰国後亡くなった。

8. カンボジア──母子保健活動始まる

　1992年2月25日、新代表の石松義弘と先遣隊として準備に当たっていた釘村千夜子が見守る中、カンボジア保健省とシェアの間で「プライマリ・ヘルス・ケア」プロジェクトに関する合意書が調印された。

　カンボジアでは91年11月に和平が成立し、93年には総選挙が行なわれることになっていた。日本国内でも誰もが国際貢献を口にするようになり、それに合わせたかのように、シェアのカンボジアのプロジェクトは始まった。しかし、

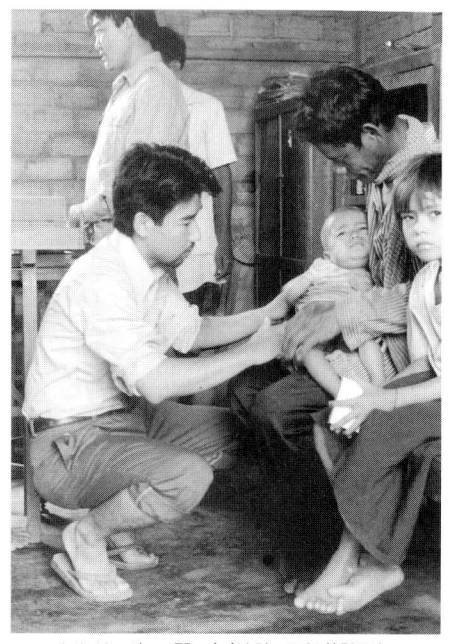

クサイカンダール郡で患者を診る石松義弘医師
（撮影　和田博幸）

1993年11月の新政権の発足まで保健政策の予算はなく、混乱状況の中であった。

1992年4月、医師の木村眞人と看護師の木村千佳夫妻が加わり、語学研修や条件整備を行ないながら、クサイカンダール郡の医療保健について調査した。8月には重症の下痢患者のための薬剤の緊急援助を行ない、病院内にモデルトイレや給水施設を建設した。11月、フィリピンから地域活動の専門家としてエディス・マンランギットが、93年2月、調整員の大岩豊が加わった。3月には、デング出血熱の予防と治療キャンペーンを実施した。こうして初めの1年は、医療スタッフや住民との信頼関係を築くことに費やされた。

2年目からは地域の保健医療サービスのシステムを十分機能させるため、医療スタッフのトレーニングを開始した。当時、カンボジアの5歳未満の小児死亡率は1000人あたり193人（日本は5人）だったが、子どもたちの疾病は保健教育を中心とする母子保健活動でかなり予防できると考えられた。そこでまず、母親たちが最も接することの多い保健センターのスタッフにトレーニングを受けてもらうことにした。

1993年2月のトレーニングには看護師、助産師、準医師、保健スタッフなど32名が参加した。カリキュラムはUNICEFや保健省が編成したものを基本にし、保健省や県病院の関係者を講師とした。また、計画立案のセッションはエディスがフィリピンで行なってきた手法を使った。

話し合いの中で保健センタースタッフは率直に自分たちの話を始めた。月給はわずか8.5ドルなのに、遅配が続いていること。家族を養っていけないようでは、

仕事に集中できないことなど。シェアのスタッフは彼らの置かれている厳しい状況を知るとともに、これまでの活動で信頼関係が築かれていると実感した。

新政権が発足し、1994年2月にUNTAC（国連カンボジア暫定機構）が撤退した。プノンペンは車が増え、人やものの移動が激しくなっていたが、クサイカンダールの内陸部には無縁だった。カンボジアではマラリアと結核が相変わらず大きな問題だったが、エイズも問題になり始めていた。

社会主義のカンボジアは公務員が多く、世界銀行やIMF（国際通貨基金）から人数を削減するように言われていた。それが郡病院や保健所で働くスタッフの数にまで及び、人口5000人の村で有給スタッフ2人というのが平均的であった。とても人手が足りないが、シェアとしてはどうすることもできなかった。今いる人たちのトレーニングに力を入れるしかない。カンボジアには資金も物も人材もなかった。

石松は、少ない給料、少ない器材、ボロボロの診療所、説明しても理解してくれない村人の中で仕事をする保健スタッフたちがどうして活動を続けられるのかと不思議だった。病院スタッフは庭に胡麻や枝豆を植え、豚を飼って運営資金に当てていた。石松は、ならば病院を果樹園にしてはどうかと、「マンゴーを植えよう」と提案すると「マンゴーには当たり年もあるが、はずれの年もある」と言われた。「バナナやパパイヤではどうか」と言うと「手入れや収穫に人出がかかる」。ココナツなら安定して実がなり、業者が収穫し運搬してくれるが、植えてから収穫まで6年かかり、それではシェアのプロジェクトは終わってしまう。後年、クサイカンダールを本田が訪れたら、ココナツは立派に成長して大きな実をつけており、貴重な現金収入になっていた。

当時カンボジアでは、母子保健センターが産婦人科の病棟を持つと同時に、母子保健サービスを広げていく役割を担っていた。母子保健センターの1994年のレポートによれば、推定出生数41万8500人で、妊婦健診を1度でも受けた人は18万4416人だった。多くの妊婦が妊婦健診を受けずに出産していた。

妊婦の死亡原因は出血（38.5％）、感染症（10.4％）、妊娠中毒症（8.3％）、マラリア（8.3％）だった。予防できること、早期対応で助かることで命を落としていた。

シェアは診療所スタッフ、助産婦や伝統的産婆に技術トレーニングを行ない、助産婦と伝統的産婆の協力関係ができるなど少しずつ成果を上げていた。母子

保健の主役となる母親に、どのように主体的に関わってもらうかが課題だった。

> ### クサイカンダール郡でのプロジェクトを日本で支える
> #### 本橋　栄

　活動資金の獲得は事務局にとって常に頭を悩ませることだった。1991年に助成が始まった国際ボランティア貯金によって、保健スタッフや伝統助産師のトレーニングや分娩室・研修室・結核病棟・診療所などの建物も1つずつ整備することができた。しかし、道路事情や生活条件の厳しい現地では、プロジェクト費以外の経常経費もかなりかかり、それらの捻出には苦労した。他の基金や民間からの寄付だけでなく人件費を削るなど、節約にも努力した。

　そこで、スタッフが帰国するたびに、各地の支援団体や会員のところを回り、報告会を開いて資金協力をお願いして歩いた。エディスや現地スタッフのサング・ペウにも来日の機会を作り、報告会やワークショップに参加してもらった。大分県出身の石松義弘医師には以前からの支援者グループがあり、独自に報告会を開いて資金集めにもご協力いただいた。93年4月には数年ごとのデング熱の流行があったが、木村眞人医師が関わった予防のキャンペーン活動をテレビ局が取り上げてくれたおかげで、視聴者からの電話募金約300万円が集まった。また、東京にはカンボジアの国と人々に関心を持ってくださる支援者がいて、学習会やイベントなどを準備し、カンボジア・グループとしてつながっていた。

　海外に現場を持つNGO団体の多くが現場と事務局のコミュニケーション・ギャップに悩んでいたが、シェアも例外でなかった。現場では予想外のことが起こり、計画通りに活動が進まない。停電やコンピュータの故障、お役所との交渉に神経をすり減らす。日本では資金集めや広報活動に現地からの報告が欠かせないが、それらが滞ることも多い。その結果、行き違いや不満が蓄積する原因ともなった。現場では慢性的な財政難から来る先

行きの不安も大きかったようだ。そのころ電子メールが業務連絡にも使われるようになっていたが、メールによる直接の交信は遠慮のないやりとりになることもあった。

プロジェクトの内容や方向性については、海外スタッフの一時帰国時や代表や事務局スタッフが現場訪問する際に話し合ってきたが、内容の評価やいつどのように終了するかといったビジョンが明確になっていなかった。より組織的な議論と方針決定の場が求められた。そこで95年8月と96年8月、タイのバンコクとマヒドン大学の研修施設で合宿を行ない、タイとカンボジアのスタッフ、本田徹代表、大橋正明理事、事務局の本橋が顔を合わせ、プロジェクトを振り返ったり、今後の方針案づくりを行なったりした。その流れの中で、クサイカンダール・プロジェクトの終了と新プロジェクトの準備、クサイカンダール・プロジェクトおよびマネージメントに関する評価(98年末実施)を行なうことが決まり、それぞれ実施された。

9. エイズ・トーク

1990年代、エイズは最も世界の関心を集めた疾患の1つだった。日本でも薬害エイズの問題がクローズアップされ、不治の病として怖れられていた。また、エイズは薬害だけでなく、はじめ同性愛者間の性感染で広まっていたことから同性愛者に対する偏見も生まれていた。

そんな中、カンボジアから帰ったばかりの釘村千夜子がエイズ講座を始めた。1992年7月の第1回目は「エイズ知識ゼロの人のための講座」。93年ごろから「エイズ・トーク」に名前を変え、1999年6月に終了するまでほぼ毎月、釘村が会を主催した。茶話会のような雰囲気と釘村の飾らない人柄に引かれ、毎回10～40人の参加があり、エイズだけでなく、性や出産、同性愛、児童虐待など普段語りにくいことを自然に語りあう場となった。毎回会が終わるころには、偏見のあった人も無意識のうちに自分の偏見に気づかされるようになった。エイズ・トークの機関誌『KNOCKIN'ON』には、こんな感想が寄せられている。

「KNOCKIN'ONを手にされたみなさん、こんにちは。私は9月のエイズ・トークに初めて参加した学生です。私は今までエイズという問題についてはただ漠然と『かわいそうだなあ』『どうしたら自分がならないですむかなあ』といったふうに、まるで自分とは関係のない世界のことのように考えていたと思います。そんな私がエイズ・トークに参加したのは、知人に『こんな集まりがあるんだけれど、行ってみない？』と誘われたことがきっかけです。会場に着くまでは『どんな人たちが集まっているんだろう？ みんなエイズについてすごく問題意識を持っていて、私なんかついて行けないんじゃないか』という不安ばかりでした。しかし会場に入ってみると、誰でも話したいことをみんなに聞いてもらえるような和やかな雰囲気で、私の不安はなくなりました。(中略)今回のテーマであった〈コンドームの使い方〉についても新しい発見があり、友人にもエイズを自分の問題として考えるきっかけになるように、働きかけていきたいと思います」

10. 連続講座

　1993年ごろになると、タイ、カンボジアの活動は軌道に乗り始めたが、事務局はいつも資金不足に頭を抱えていた。海外の活動を支えるために広報を充実させ、多くの人にシェアの存在を知ってもらうことが求められた。そこで、シェアのネットワークや人的資源を生かした連続講座を行ない、参加費を得るとともに広報の機会を広げることにした。中心となったのは事務局長の本橋栄で、93年秋にシェア設立10周年行事の一貫として取り組んだ。

　「国際保健医療協力」をテーマに前期は「緊急救援」、後期を「プライマリ・ヘルス・ケア」の全9回で構成した。これまでの月例会で講演した専門家やシェアの活動経験者が講師となり、緊急援助を行なう場合の技術やマネージメントの実際、タイ、フィリピン、バングラデシュの保健システム、人材育成、地域保健などの話をした。医師、看護師など延べ186名の参加があり、連続講座は広報の面だけでなく、会員同士がこれまでの経験を共有する機会となった。

　更に98年秋にも15周年を冠して、プライマリ・ヘルス・ケアを基本テーマ

に日本と海外のさまざまな取り組みを取り上げることで、そこに共通する課題や地域性などを浮かび上がらせる5回の講座と、まとめのシンポジウム「住民参加の健康づくり」を行なった。またこの時は、内容そのものをグループワークによる「参加型」にして、寸劇や人形劇、ゲームや体操などを取り入れたり、講座の企画から準備・進行についてもボランティアが中心になって行なった。「参加型」とは、住民などの対象者に当事者意識を持ってもらうために使う開発の手法である。

　事務局も通常の海外協力関係やNGO団体だけでなく、広く大学の医学部や看護学校など教育機関や雑誌などにも情報を流すなど広報に力を入れ、延べ116名の参加があった。「『参加型』で行なうには適正規模だった。ボランティアによって事務所が活気づき、シェアの特色をアピールすることができた」と、本橋は後に述べている。

11. 在日外国人のための健康相談

11.1. 健康相談

　1980年代後半から好景気の中で外国人移住労働者が急増し、超過滞在（オーバーステイ）者も30万人を数えていた。彼らは賃金未払いや突然の解雇、労働災害や病気になった時の医療費などの問題を抱えていた。そのような中、シェアは1991年2月医師の沢田貴志や仁科晴弘が中心となって「在日外国人のための無料健康相談」を始めた。

　1ヵ月ほど開店休業状態だったが、3月になって外国人が加入する労働組合から相談が持ちこまれた。パキスタン人の高額な入院費についてだった。健康保険のない外国人は、日本人が3割負担のところが自由診療となり、15割か20割を支払わなければならない。沢田たちは少しでも入院費の安いところをと、10割で診てくれる公立病院を探し出しベッドの空きを待っていたところ、そのパキスタン人は状態が良くなり、母国に帰って入院することになった。

　外国人の置かれている状況についてシェアに情報の蓄積がなかったため、迅速に対応することができなかったが、この相談を通じて、外国人労働者を支援

しているカラバオの会や港町診療所、AMDAなどの団体と知り合うことができた。中でも港町診療所とは、その後シェアの医師が実際に診療に当たるなど協力関係を築いていった。

　この活動がまだよく知られていなかった92年の相談件数は50人ほどだったが、93年にバングラデシュ人のアミヌール・ラシッド・ミヌ医師が加わり、ベンガル語で相談を受けられるようになったこともあって、93年の相談件数は186人になった。月1回の相談日だったが、ストレスや不安をベンガル語で話すことで満足する相談者もいた。

11.2. 出張健康相談会

　1990年にスタディ・ツアーを企画したのがきっかけで、横浜市の寿町の医療班と親しくなり、91年からは毎水曜日の医療相談や8月に行なわれる夏祭り健康相談会、年末年始の越冬健康相談会にシェアから医療スタッフやボランティアを派遣するようになった。山谷と同様に寿町は日雇い労働者のための簡易宿泊所が多く、彼らはよほど悪くならないと医師にかからず、手遅れになることも多かった。

　その寿町も80年代後半の好景気とともに外国人労働者が増加していた。港町診療所では健康保険に代わるものとして、1991年11月、MF-MASH（みなとまち健康互助会）を作り、保険のない外国人労働者でも毎月2000円支払えば医療費は3割負担とした。しかし毎月の支払いが滞った結果受診しづらくなり、手遅れになるばかりでなく、MF-MASHの運営も危うくなった。

　そこで、港町診療所とフィリピン人コミュニティ、シェアで話し合い、病気の予防と早期発見のため、教会で出張健康相談会を行なうことにした。第1回目は1994年8月、神奈川県の藤沢教会で行なわれ、第2回目は10月、川崎市の鹿島田教会だった。以降、教会や外国人支援団体、労働組合、自治体の協力を得て今日まで続いている。

　健診の内容は、①問診…健康問題だけでなく、労働環境、生活環境、食生活などの聞き取り、②身体測定、③血圧測定、④尿検査、⑤歯科検診、⑥医師による診察、⑦結核健診（胸部レントゲン撮影）、⑧血液検査である。

　基本的に無料だが、レントゲン撮影や血液検査は自治体の協力を得られない

在日外国人の健康相談

場合には、健診者自身の自己負担となる。健診の結果、肉体労働による腰痛や関節痛、筋肉痛、高血圧や糖尿病などの慢性病、ストレスから来る不眠や不安などの問題が浮かび上がってきた（1994〜96年の報告）。

　出張健康相談は外国人の病気の早期発見だけでなく、日本人ボランティアが彼らと触れ合う場ともなった。あるボランティアは「参加した外国人の方々は体調が悪くて相談に来る人、健康状態が知りたくて健診に来る人などさまざまですが、自分の体のことだけでなく、『自分について話す』ことを必要としている人がかなりいるのではないでしょうか」と述べている。健康相談会が終わってからの現地料理を囲んだ交流会も人気だった。

11.3. タイ語のエイズ電話相談

　横浜で国際エイズ会議が開かれ、タイでエイズ・プロジェクトが始まった1994年、日本でもタイ人の保健専門家で留学生のニグン・ジッタイを相談員に、タイ語のエイズ電話相談を開始した。しばらくして外国人の支援団体からエイズによる免疫低下が要因の肺結核のタイ人の相談を受けた。肺結核の治療によ

り容態は改善したが、告知はまだだった。沢田とニグン・ジッタイが彼の入院する病院を訪問し、主治医と相談。告知と療養上の注意を伝えた。また、シェアのタイ事務所を通じて専門医療機関の医師に紹介し、帰国後のフォローを依頼した。本人はHIVの検査を既に受けており陽性であることを知っていたが、カウンセリングや療養の説明もなかったため、絶望感を抱いたようだった。

　翌年から3人の留学生が相談に加わった。エイズの基礎的な知識や検査施設の紹介をしていたが、次第に発病した本人からの相談が多くなった。適当な医療機関が見つからず、発病してから相談してくるケースが目立つようになった。医療機関から帰国後の医療確保について相談も受けた。

12. 阪神・淡路大震災医療救援

　1995年1月17日未明、神戸市や淡路島を中心にマグニチュード7.2の巨大地震が襲った。シェアはエチオピアの緊急救援以来、地域保健活動に軸足を移していたこともあり、当初は状況を静観していたが、午後になって惨状が伝えられると、シェアも何かしなければいけないのではないかという声が上がり始めた。しかし予算も限られた中で何ができるのか。

　18日、事務局スタッフの中井郁が中心となり、大阪や神戸を基盤としているNGOに連絡を取って情報を集めた。同時に現地に行けるスタッフへの打診も始まった。電話回線が既に満杯で、なかなか連絡が取れず、取れてもスタッフが現場から戻ってこないと詳しいことがわからないと伝えられた。

　ようやく大阪市立総合医療センターの鵜飼卓医師から、西宮市より西の避難所で病院に通えない持病を持つ人々の一般的診療を行なったらどうかというアドバイスをもらった。ピナトゥボ火山噴火の緊急救援の経験のある沢田貴志医師と釘村千夜子助産師、渡辺真美看護師が20日に派遣されることが決まった。現地では既に活動していた関西NGO医療ボランティアチーム（日本キリスト教海外医療協力会＝JOCS、アジア保健研修所＝AHIの合同チーム）に参加することにした。

　現場に到着すると、海外で緊急救援の経験のある医師が、後から来るボランティアが有効に活動できるよう、救援の体制作りに着手していた。シェアはそ

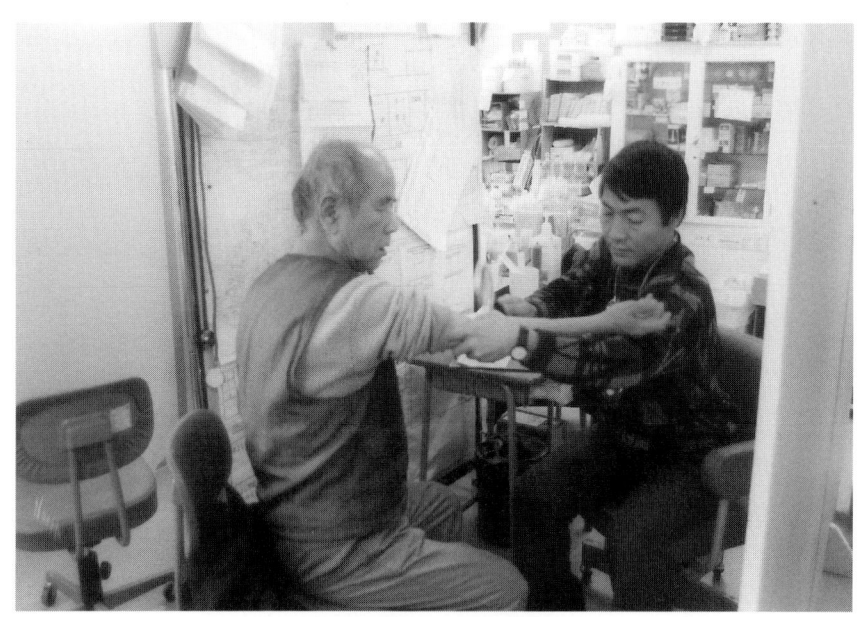

被災者を診察する関野吉晴医師

の指示に従い、西宮市の平木小学校で24時間体制の診療所を設置、診療を開始した（平木小学校動での診療活動は1月31日で終了）。

　阪急電鉄の西宮北口駅が無傷だったため、西宮市への援助には比較的早く入ることができたが、最も被害が大きかった灘区・東灘区への交通は遮断され、わずかの救援チームしか入っていなかった。

　医療チームのミーティングでシェアとJOCSが灘区に入ることになった。シェアは釘村を平木小学校に残し、沢田と渡辺が1月22日灘区に入った。交通機関が復興していなかったため、ボランティアの大学生たちのバイクにしがみついての移動だった。

　関西NGO医療ボランティアチームのコーディネーターといくつかの避難所を視察し、六甲小学校に仮設診療所を開くことにした。500人の児童が通っていた小学校に2300人の被災者が避難しており、暖房のない中、廊下までびっしり毛布を並べて生活していた。

　やがてインフルエンザが大流行し、体力の衰えたお年寄りが肺炎になって寝込むようになった。小さな怪我もあったが、これは災害当初、医師の手が回ら

ず自分で手当てしたもので化膿した傷も多かった。また、心臓病や糖尿病の慢性疾患を抱える人が、薬がなくなり、症状を急速に悪化させていた。そのため訪問診療、訪問看護を行ない、病状が悪化する前の予防に力を入れるようにした。重症化が懸念されるお年寄りや慢性疾患の人に対しては、被災地の外の福祉施設に避難させていった。

　被災後2～3週間もたつと、重症者は減少してきた。地域の医療機関の復興が進んできたため、撤退についても議論されるようになった。しかし、医療ボランティアは30～40名になっており、少なくなってきたニーズに対し、人員調整が難しい時期だった。まだニーズはあるという撤退への反対意見も多く聞かれた。彼らはお年寄りや乳児をたらいのお湯で拭いたり、配給食の栄養が偏っていることから、神戸市と掛け合い、生野菜の配給を約束させたりした。

　2月上旬、開業している医療機関は4分の3ほどになったが、開業時間が午前中のところも多く、完全撤退はまだ難しい状況だった。ところが、保健所が介護対策を立てるため巡回調査を行なったところ、寝たきりなどの人を早い時期に被災地の外の施設に移したため、在宅ケアのニーズは震災前より少ないことが分かった。これで大筋で撤退の方向が良いとの方針を固めることができた。その後地元医師会と話し合い、患者の受け入れなど引継ぎの準備に入った。

　2月28日をもって医療チームは撤退し、3月17日まで保健相談チームとして看護師とソーシャルワーカーが残った。それ以降、シェアは4月から保健所支援ネットワークに入り、5月から8月まで東灘区の保健所に保健師の市岡美奈を派遣した。

13. さまざまな活動への参加

13.1. パレスチナ支援

　1983年から続けられた月例会は活動の報告会であり、外部の講師を招いての勉強会でもあった。その中からシェアの活動もいくつか生まれた。パレスチナ支援もその1つだ。

　事務局が江戸川区に移ったばかりの1990年11月、事務所でパレスチナ子ど

もキャンペーン (CCP) の田中好子事務局長を招き、戦時下の難民キャンプに暮らすパレスチナの子どもたちの話を聞いた。かねてより子どもの問題に関心のあった大河内秀人と青年海外協力隊でチュニジアに暮らし中東地域に親近感のあった本田徹は、その話に心を動かされ、パレスチナ子どもキャンペーンを通じて支援活動をすることを決意した。それにシリア大使だった栗野鳳も支援に加わった。

91年には、湾岸戦争後のパレスチナの状況を田中の案内で、浄土宗僧侶の茂田真澄（現・アーユス仏教国際協力ネットワーク理事長）、大河内、本田が視察。95年、ガザ地区での調査を行ない、翌年、国際難民支援会 (RIJ) の資金を得て、CCPと共同でアトファルナ聾学校がガザ南部のハンユニスに聴覚検査室を開く支援を行なった。

13.2. ピナトゥボ医療救援

1991年6月フィリピン、ピナトゥボ火山が噴火。その西側にあるサンバレス州イバ地区で国境なき医師団 (MSF) が活動をしていた。アジア人権基金がMSFの活動に「アジア・ボランティア・ネットワーク」という名称で日本人医師の短期派遣を行なっていたが、その呼びかけにシェアから十河章、吉山崇、沢田貴志、中島元次、藤井克則、佐藤夏子の6名の医師が参加した。MSFに協力する形での参加だったため、それぞれ2週間程度の短期派遣で混乱はなかった。

ピナトゥボの噴火では150万人が被災し、避難センターでは4ヵ月間に500人以上が亡くなった。死者の多くはアエタという少数民族で、栄養状態が悪いなか換気の悪いテント生活や不衛生な水で、子どもたちが感染症にかかり命を落とした。12月になって状況が好転したところでMSFや派遣された医師は撤退。地域のヘルスワーカーに活動を引き継いだ。

13.3. ルワンダ緊急救援

1994年4月、ルワンダ大統領の暗殺と思われる飛行機事故死をきっかけに勃発したフツ族によるツチ族の虐殺で、50万とも100万とも言われる犠牲者と、200万人の難民、200万人の国内避難民が生まれた。9月になってシェアはアジア・ボランティア・ネットワークを中心とするルワンダ難民救援キャンペーン

（RCC）に参加した。

　8月中旬、首都のゴマにRCCは先遣隊を派遣。既にUNHCR（国連難民高等弁務官事務所）のもと各国のNGOが活動を始めており、RCCが入り込むことは困難だった。そのころブカブ地域に大量難民が殺到する恐れがあったことから、先遣隊はブカブに入り、バンジというキャンプで診療活動を始めた。このキャンプは旧政府軍の一種の軍事キャンプだったため、UNHCRの支援はなかったが、孤児や避難民を抱えており、先遣隊は診療が必要と判断した。

　9月21日、シェアから本田徹がブカブに入り、順次シェアのメンバーが派遣された。本田はRCCがUNHCRの傘下に入らず、ゲリラ的に活動するのは危険と判断した。交渉の結果、10月になって人口5000人ほどのキャンプを引き受けないかとの話が舞い込み、急遽視察、翌日までにプロポーザルをUNHCRに提出した。その内容は評価を受け、契約の一歩手前だったが、最終的には欧米系の巨大NGOに決定してしまった。

　いくつかの団体、個人が集合したにわか仕立てのRCCは、内部の意思決定、政策決定、人間関係の調整や人材派遣や会計処理システムなどさまざまな問題を抱えていた。1つのチームとして活動するのは困難になっていた。既に危機的状況から安定期に差しかかっていたこともあり、94年の12月でシェアは撤退した。その後もRCCは残り、現地チームの努力によりUNHCRと契約、カタナキャンプの医療保健を1年間担当した。

第3章
飯田橋事務所時代　組織体制整う

前川昌代

1. 飯田橋事務所への移転

　タイ、カンボジアの活動が軌道に乗るにつれ、それを支える事務所の仕事量も増えてきた。助成金の申請や報告、機関誌の作成と印刷などの日常業務に加え、帰国報告会や連続講座の準備もしなければならず、常勤も非常勤も毎日のように夜遅くまで仕事が終わらなかった。オーバーワーク気味のスタッフから不満の声が出てきたが、職員を増やす資金的余裕はなかった。

　また、バブル経済の破綻に伴い金利が下がり、95年あたりから郵政省（当時）のボランティア貯金の助成も大幅に減額された。会員数も430人前後にとどまるなど、財政的に不安定になり、存続も危ぶまれる状況になっていた。

　シェアが設立されたころはメンバーすべてがボランティアで、活動資金も自分たちで集めた。また、集められる資金の範囲内での活動しか行なわなかった。他の多くのボランティア団体も同じような経過をたどるが、組織が整うにつれ、資金集めや広報を行なう事務局とプロジェクトを実行する現場とで役割分担ができてくる。シェアにとっての問題は、プロジェクトに日常的に接する事務局に権限がなかったことだ。活動内容も資金集めも個人に負うところが多く、事務局はそれらを支える側に回っていた。助成金が減る中で、現場スタッフが各地で行なう講演会に資金集めを頼ることになり、現場から事務局に不満も

出ていた。

　97年3月の第12回会員総会では思い切った案が提案された。事務局に権限と責任を与え、事務局長を理事の一員とする、ボランティアが来やすいように事務所をアクセスの良いところに移転する、というものであった。事務所の移転の話は以前から出ていたが、実行には至らなかった。事務局の仕事量は限界を超えており、ボランティアからは事務所が遠いというアンケート結果が寄せられていた。

　一方で、6年の間に江戸川の支援者が増えた、地域グループとの交流もある、など、移転に反対する意見もあった。今後の運転資金も心配であった。

　事務局長の本橋は「ボランティアに企画を自主運営できるようになってもらい、作業の分担、オフィスワークの迅速化を図りたい。そのために、ボランティアが夜も来られることと、事務局スタッフの通勤の負担を軽減するため、都心の交通の便の良いところへ事務所を移転したい」と言った。

　しかし総会では結論が出ず、理事を中心とする7人委員会で再検討し、移転が決まった。シェアは何のためにあるのかという原点に帰り、より広い参加を求めることを選択した。自己資金を温存するのではなく、シェアの活性化のために使うことにしたのだ。大きな賭けだった。

　文京区在住の会員の関田鶴子や非常勤スタッフの森田晶子が中心となり、7月から新事務所探しが始まった。8月になって、後楽園に程近い商店街の一角の小さなビルへの入居が決まった。机を4つ入れれば会議スペースをやっと取れる程度の小さな部屋だったが、隣の諏訪神社の集会所を利用させてもらえば、理事会や報告会はできるだろう。シェアは町内会にも入り、新しい地域とのつながりが始まった。

　またこの年の5月、シェアは第一生命の保健文化賞を受賞した。シェアの新しい門出にとって、これは大きな励みとなった。

2. カンボジア、クサイカンダールの活動終了と評価

　NGOの社会的認知が高まり、多額の資金が投入されるようになるとともに、

その事業内容を客観的に評価し、財政面の透明性を高めることが求められるようになった。シェアも1995年以来「レビュー・ミーティング」という形で、カンボジアの活動を振り返ってきたが、1998年6月のプロジェクト終了に向け、クサイカンダールの活動の総決算と言うべき「カンボジア評価」を行なうことになった。このような事業全体を振り返る本格的な評価はシェアにとって初めての試みで、作業グループは1年前から実施要綱づくりを行なった。

　所期の目標を達成することができたのか、事業運営の分析・評価、新プロジェクトへの提言、現プロジェクト終了後の提言などが含まれていた。マネージメントに関する評価は、組織として発展途上だった当時のシェアにとってあまり触れてほしくない部分であったが、不得意な分野にもあえて踏み込んで、次の活動につなげたいという意見に従った。

　評価チームは大橋正明（シャプラニール運営委員）、蓮尾慶治（民際交流センター事務局長：当時）、カンボジアで地域活動の経験がある大泉樹（医師、どさんこ海外保健協力会）の3人で、1997年12月、1週間かけて現地調査が行なわれた。調査は、関係者へのインタビュー、関連資料の閲覧、現地の病院、保健センター、村の視察などに基づいて行なわれた。

　プロジェクト開始時にはこのような評価を想定していなかったので、日常的なデータの積み重ねが不十分で、病院や保健・医療関係の評価は難しかった。評価チームはミーティングの議事録などを参考に数値を組み立て、プロジェクトが目的としていた「郡の医療関係スタッフの意欲と知識向上」、「妊産婦や乳幼児、母親への保健サービスの提供」の成果を認めた。しかし、「地域保健グループの保健に関する自己解決能力の発展」に関しては、成果はほとんど見られないというものだった。また、カンボジアに派遣されたスタッフの資質やスタッフ間のコミュニケーションの問題、東京のマネージメント不足も指摘された。財政面においても、助成財団に偏りがあり、業務方法の改善の余地が大きいことなどが明らかになった。

　代表の本田が「評価される側にとって、まだまだ冷静さと客観性を持って受け入れることが困難な『出来事』」というように、その内容は東京本部やカンボジア事務所の代表にとって厳しいものだった。結果を踏まえ、本田は本部事務局の人事刷新と強化、3〜5年の中期活動計画に基づく年次事業の実施、自己

財源強化による財政基盤の改善を課題とした。

　一方で、当事者たちはクサイカンダールの活動をどう見ていたのだろうか。1991年、カンボジア・プロジェクトの調査に参加し、カンボジア担当だった浜野敏子は、自信を持って後輩の指導に当たる保健スタッフの姿に感動を覚えた。

　「地域住民への関わりに成果が見られなかったという評価だったが、病院を基盤にして保健スタッフを育成し、彼らを通して住民の自立を促すという所期の目的を考えれば、今後の住民活動への道を切り開いたと言えるのではないか」と述べている。

　1992年から1993年まで1年4ヵ月赴任していた木村眞人は、少し違った角度からプロジェクトを見ていた。彼はどんなプロジェクトも活動する人々の生活が成り立たなければ長続きしないと言う。保健センターのスタッフのまじめさは驚くほどだったが、家族を養えないような給料のため、彼らはアルバイトをしなければならなかった。また、病人が出れば多額の借金をしなければならないカンボジアでは、病気予防の大切さを説くより経済的損失を説くほうが有効ではないかと思ったという。

　6年間カンボジアの代表を務めた石松義弘は「信頼関係を築いたことが成果」と言う。1998年6月25日、カンダール県保健委員会、クサイカンダール郡病院、各保健センタースタッフとシェアスタッフでプロジェクト終了パーティーが開かれた。これまで、このような場が設けられることはカンボジアではなかったので、石松たちを驚かせた。出席したペン・リム医師は「今日は終わる日ではなく、お互い新しい道を独自に歩み始めるおめでたい日」と述べた。この言葉に、石松は彼らのペースでこれからも活動が継続されていくことを確信した。

　クサイカンダールの活動はカンボジアの保健スタッフとシェアの共同作業だった。「ノー」といっても壊れない人間関係を作れたから、お互いの意見が異なっても納得いくまで話し合うことができた。引き継ぎも、だからこそうまくできたと石松は思った。

3. カンボジア、スレイセントーでの新プロジェクト

　97年、クサイカンダールでの活動と並行して次期のプロジェクトの準備が進められていた。その役割を担ったのが地域保健担当の功能聡子であった。功能らは周到な情報収集と訪問調査を行ない、活動地をしぼり込んで、東京に提案して来た。6月と7月には、東京で代表や元海外スタッフにカンボジアの活動をサポートするメンバーを交え、現場からの説明と対案を受けて集中的な検討を行なった。その結果、コンポンチャム県スレイセントー・コーンミア保健行政区で新プロジェクトを開始する方向で合意が得られた。

　先のクサイカンダールにおける活動評価で、村レベルでの住民を対象とした活動については十分できていなかったことが指摘され、住民の健康状態がどれだけ改善したかを客観的に示す指標が出せていなかったことがあげられた。その教訓をもとに、スレイセントーではベースライン・サーベイ（基礎調査）をしっかり行なうことになった。98年2月に外部からの専門家を加えたチームによりチバール集合村クシャオン村で調査が行なわれ、村のニーズと優先課題が把握された。

　新プロジェクトの目的は、
　①地域住民の健康問題の解決と地域に根ざした住民主体の活動の推進
　②エイズを含む予防教育
　となった。

　1998年7月、石松に代わって新代表となった功能を中心に村長、村建設委員会、寺委員会、母親グループと話し合いが続けられ、村の母親を対象にした保健教育を行なうことになった。郡病院、郡保健委員会スタッフと共にワークショップを実施し、郡内の保健状況の問題点、優先課題、将来像を共有した。また、郡内の小、中、高校でも保健教育を行なうことになった。

　保健教育を始めたころ、母親たちは村長に言われ仕方なく来ていたのが、毎回趣向を凝らし、短時間で終わるようにした結果、自ら進んで来るようになった。彼女たちは80年代に集会に動員させられたことがあり、ミーティングに拒否反応を示す人もいるが、何回か回を重ねるうちに楽しみになり、ミーティ

スレイセントー郡での保健教育——コンドームの使い方の実習

ングのあとも母親たちは残っておしゃべりをするようになった。カンボジアは内戦でコミュニティが破壊され、人々はお互いの信頼関係を失っていた。功能はこの活動を地域再生のステップとしたいと思った。また、母子保健の取り組みとして伝統的産婆（TBA）へのトレーニングも行なった。

　新プロジェクトのもう1つの柱がエイズだった。1998年のカンボジアのHIV感染者は推定18万人と言われた。セックスワーカーや軍人、警察官の感染者が多く、性産業の普及で感染者数の増大が心配されたが、カンボジアの保健システムにはそれに対応する準備ができていなかった。スレイセントー郡では1997年に2人、98年に4人のエイズ患者が報告され、99年7月からの半年間、保健スタッフの月例会で21人のケースが報告された。患者たちは受け入れ先もお金もなく、自宅療養するしかなかった。病院には十分な薬がなく、抗体検査もできず、保健スタッフはケアの知識も技術も持っていなかった。功能はこれまでやってきた予防活動だけでなく、ケア・プログラムの必要性を感じた。

　まず、99年から保健スタッフのトレーニングにとりかかり、2001年12月に地域のボランティアを主体としたコミュニティケア・プログラムが始まった。地

域で選ばれたケア・ボランティアをトレーニングし、その地域で暮らす患者の家を訪問する。体を拭いたり、薬を飲ませたり、患者の家族から悩みを聞いた。HIV陽性者や家族は、病気だけでなく、経済的、精神的困難に直面していた。ボランティアは無償だったが、シェアは技術面や情報の提供で彼らを支えた。

4. タイ──感染者自身の活動

　エイズのタイ社会への広がりが指摘され、特別な病気ではなくなったにもかかわらず、差別を恐れた村人たちはエイズであることを公表するのを拒んだ。ジャラン村に住み込んだタイ人スタッフのサラウット・ラオサイは、何回も足を運ぶことで彼らにやっと受け入れてもらうことができたという。シェアは陽性者自身が助け合い、村の中で生きていけるように陽性者のグループ活動に力を入れた。
　アムナートチャルーン郡病院の陽性者の母親グループは看護師のピムを中心にワークショップやミーティングを重ね、次第に自分たちのことを人前で話せるようになっていた。中学生の保健教育プログラムで体験を話した母親の1人はこう述べている。
　「…すべてを話し終えた時、強い衝撃を覚えました。私は喜びを感じたのです。生徒たちは私に『いつ感染したのか』を尋ね、私が『6〜7年前』と答えると、私が感染後も元気で、外見も感染していない人と変わらないことに驚いたようでしたが、私を励ましてくれました。
　そのことは私に、これからもHIV感染と闘っていくための強い力を与えてくれました。この活動に参加してよかったと思います。そして機会があればもっとたくさんのことを生徒たちに伝えたいと思っています」
　もう1人の母親は、96年からグループ活動に参加していたが最初は打ち解けることができず、おしゃべりが楽しくなったのは97年ごろだと語った。彼女は98年には体験談を人前で語れるようになった。母親たちは、自分たちが苦しみを話すことによって感染拡大を防止したいと思えるようにまでなっていた。
　これには後日談がある。2000年1月、東京のタイ担当に決まった西山美希は

現地研修でこの2人の母親に出会った。彼女たちは姉妹だった。小学6年生が参加する性とエイズ教育キャンプに、陽性者の2人がボランティアとして参加していたのだ。このキャンプは、子どもたちが卒業して町に働きに行く前に学校に泊まり込んでゲームや劇でエイズの正しい知識を身につけようというものであった。2人が子どもたちの前で発言し、タンバリンを片手に持って歌う姿は自信に満ちあふれていたという。

しかし、こんなこともあった。主婦対象の家庭看護のトレーニングが行なわれた時のこと、姉妹の1人が手伝いに来てくれた。この村でシェアは活動を始めたばかりだったが、参加予定者の一部が彼女の作る食事は食べたくないと言ったのだ。

西山は「それを聞いてとても傷ついたはずだが、彼女は自然に振る舞い、当日もちゃんと来てくれた。彼女のように前向きに生きる陽性者は稀だ。差別を乗り越えながら精神的に強くなっていったのだろう」と言う。エイズに対する差別の根深さを改めて感じた。そして、「彼女たちのように強く生きるHIV陽性者の姿を1人でも多く見るために、シェアはHIV陽性者を支援する活動を行なう意義があるのだと思います」と述べている。[『ボン・パルタージュ』93号]

タイ政府が行なったエイズ予防キャンペーンがエイズに対する恐怖心を植えつけたため、結果としてエイズ患者への差別を招いた。陽性者たちはエイズを発症しても病院に行こうとしなかった。そこで政府は"Living with AIDS"（エイズとの共生）という政策を打ち出し、エイズ患者が地域で差別されることなく暮らせるように奨励した。エイズの進行を抑える薬は開発されていたが、とても高価なためタイの農村の人々にとっては手に入れることは不可能で、政府も家庭看護に頼らざるを得なかったのだ。

1998年、ウボンラーチャターニー県のワリン郡病院でも感染者のグループ活動が始まった。「サダオワーン」という白い花の咲く薬草をグループ名にした。毎月第4金曜日にミーティングを開き、仲間作りを行なっていた。99年に赴任したヘルス・コーディネーターの大村令恵は、将来的にはお互いが家庭訪問し、仲間や家族のケアができるようになることを期待していた。しかし実際に家庭訪問してみると、そのようにのんびりしてはいられなかった。最初に訪問した陽性者はその1週間前に亡くなっており、次の家では、妻に出ていかれた陽性

第3章　飯田橋事務所時代　組織体制整う

HIV感染者ワークショップで薬草の説明を行なうシェア・スタッフ

者を老いた母親が看病していた。長い間水浴びをしていなかったのか、彼の体を洗うと垢がぽろぽろといつまでも出てきた。数日たって大村は、彼が母親に感謝しながら亡くなったことを聞いた。「間に合わないのではないか」大村は大きな焦りを感じた。

　2000年、家庭訪問を始めて1年が過ぎ、サダオワーンのメンバーは30人になっていた。はじめは訪問もシェアから提案しなければならず、途切れがちだった。ほとんどのメンバーは時計を持っていなかったため、継続して訪問を続けるために家庭訪問を行なうメンバーの家に出かけて、「次は誰のところに行ったらいいかしら。あの人はこの前のミーティングに来ていなかったけれど、健康状態は大丈夫か知っていますか？」などと働きかけていた。

　それが次第にシェアのスタッフに促されなくても、エイズに関する自分の経験をぜひ仲間に紹介したいと、自発的に家庭訪問を行なうメンバーが出てくるようになった。また、家庭訪問の積み重ねによりメンバー同士の絆が育ち、家庭訪問以外のグループ活動にも熱心に取り組むリーダーたちも生まれた。

　しかし、感染者グループのほとんどのメンバーは自分の居住地域ではHIV

陽性であることを公にしていなかった。サダオワーンのメンバーも自分が陽性者であることを公にしているのは2人だけだった。その1人が11月、村人に対するエイズ教育トレーニングの場で自分の経験を語り、エイズに対する意識を変えてくれるように促した。彼女は夫と共に農業を営む2人の男の子の母親だった。国を挙げてエイズに取り組んでいるタイでも、エイズを公表することは容易ではない。大村は「シェアのエイズ・プロジェクト全体の歩みの中で、素晴らしく心強いこと」と言う。

　感染を公にしなくても、配偶者を亡くしたり、体に症状が現れれば、隠し続けることはできない。差別や偏見から免れることは難しい。感染者が村で自信を持って生きていけるように、シェアは感染者を励ましつつ、村人への働きかけを粘り強く行なった。"Living with AIDS"（エイズと共に生きる）は、感染者にとっても、村人にとっても、取り組まねばならない課題であった。

5. エイズ治療の進展と課題

　タイ政府は2002年「エイズ対策5ヵ年計画」を発表した。これはタイ政府が2002年から2006年までエイズ問題に取り組むための指標となる。タイのHIV陽性者・エイズ患者は2002年あたりから増加傾向に歯止めがかかり、毎月出していたウボンラーチャターニー保健局の県内統計報告も3ヵ月に1回になった。

　5ヵ年計画では、「それぞれの地域で、HIV陽性者・エイズ患者が自宅を中心とした精神的・身体的介護と社会的・経済的援助を受けられるものとする」という方針が掲げられ、個人や家族、地域の自主的なエイズ問題の解決への動きが期待された。

　しかし実際の動きとしては、陽性者の子どもたち5人が学校に通うことを村中で拒否され、親戚が村の中にいるにもかかわらず孤児施設へ送られるという事件が東北タイで起きた。中央政府の方針が地方の保健行政に反映されているとは言えず、地域のリーダーとなるべき病院関係者や教師、議員などへのエイズ知識の普及が明らかに不足していた。

　むしろこの指針はシェアがこれまで取り組んできたことと重なっていた。こ

「エイズはどこに」を考えるワークショップ参加者

れを更に推し進めるため、若者グループ、主婦グループなどのメンバーが地域のファシリテーター役となって活動を継続していくことが望まれた。

　このころのエイズに関わるもう1つの動きは、エイズ・ウィルスの働きを抑える抗HIV薬（ARV）の特許を巡る問題である。先進国の製薬会社は知的所有権を優先し、価格の安い薬の提供を拒んでいたため、開発途上国のHIV陽性者がその薬を飲み続けることは不可能だった。そのような中、ブラジルはエイズを国家の緊急事態としてコピー薬の製造に踏み切り、続いてタイもこの薬の無料配布を決めた。

　タイでは2001年に始まった30バーツ保険制度によって保険料が払えない低所得者でも医療を受けられるようになり、日和見感染症治療薬[1]が配布されていたが、2004年からはHIV陽性者・エイズ患者への抗HIV薬の投薬も30バーツ保険が適用されることが決まった。

---

[1] 日和見感染症とは免疫力が低下することにより、本来ならば自分の力で抑えることのできるような弱い病原体によって出現する感染症。カリニ肺炎、カンジダ症、サイトメガロウイルス感染症などがある。

しかし、ここには問題があった。日和見感染症治療薬配布の現場では、
①医療者の日和見感染症治療に対する知識・技術の習得の遅れ
②薬剤の副作用などで専門医の診療が必要な場合や、逆に症状が改善して地域病院に戻る際の医療施設間の連携が不備であること
③HIV陽性者・エイズ患者自身の病気や治療に関する知識の不足
④HIV陽性者・エイズ患者が地域の医療機関で治療を受けるために必要な周辺社会のエイズ問題に対する理解が十分でない

などが、陽性者やNGOから指摘されていた。抗HIV薬の配布についても同様の問題が心配された。シェアの役割は、HIV陽性者・エイズ患者に対し、治療・予防に関する知識・技術を得る機会を作り、彼らの居住地域へのエイズ問題の理解と協力の輪を広げていくことと確認した。

ヘルス・コーディネーターの李祥任は、十分な説明がないので治療への期待を失い、亡くなった陽性者の女性の例をあげている。彼女は採血しただけで薬をもらえなかったことに腹を立て、治療を拒否してしまったのだ。採血は抗HIV薬の投与を開始すべきかどうか判断するためのものだった。李は「HIVの治療薬も進歩してきているが、受診時に十分な説明や話し合いがなければ、治療薬の進歩は何の意味も持たなくなる。診療に対する誤解や、医療従事者から十分な知識や情報が得られないために闘病をあきらめ、希望をなくす人々がいる」と述べている〔『ボン・パルタージュ』13号〕。

またこんな例もあった。あるエイズ患者の男性は病気の進行が進み、全身が重症の皮膚病で覆われていた。これまで適切な治療が受けられず、緊急入院を要する重体に陥っていたのである。しかし本人は入院を拒み、両親もそれに同意した。病院への不満も漏らした。そこで、李たちは人間関係作りから始めることにした。陽性者グループのリーダーと家庭訪問を繰り返し、彼や介護する母親の話を聞いた。次第に彼の気持ちが変化し、「病院に連れていってほしい」と言ったが、夜間病院に移送する車がなかった。そこで保健センターに連絡を取り、緊急に車を出してくれるよう依頼した。シェアが保健センターに患者の移送を頼んだのは初めてだった。陽性者は郡レベル以上の病院で診療を受けており、地元の保健センターや郡病院との連携は弱かった。李は保健センターとの関わりの重要性を感じた。男性は直ちに病院に移送され、輸血が必要な状態

だと判明した。

李は「シェアが永続的に一定の地域だけでHIV感染者への支援をすべて引き受けるのはベストではない。地元のあらゆる可能な資源や人材が支援に取り組む必要性に気づき、持続的な活動につなげられることが重要である」と言う。

しかし、陽性者グループのリーダーは「日本人が依頼しなかったら保健センターのスタッフは協力してくれなかっただろう」とつぶやいた。これも現実だった。取り組むべき新たな課題だった。

6. ウガンダ調査

高塚政生はシェアの初期のころからの会員で、1995年8月からエイズ孤児のための学校建設のため「かにた婦人の村後援会」の駐在員としてウガンダに1年半滞在していた。ウガンダは20年にわたる内戦で人々は疲弊していた上に、1650万人の人口のうち150万人がHIVの感染者と言われ、エイズ孤児も50万人を超えていた。

また主食のキャッサバも不作で人々の栄養状態は悪く、マラリア、チフス、赤痢、ポリオ、コレラなどであっけなく亡くなった。ほとんどの村に診療所はなく、村人は遠くの病院に行く現金を持っていなかった。

ウガンダで医療保健のプロジェクトをぜひ開始してほしいとの高塚の訴えを受け、事務局長の本橋は現地の情報を送ってくれるよう高塚に依頼した。ウガンダに関心を持った助産師の峰野美智子と川口みどりもボランティアとして高塚に合流し、定期的にウガンダ情報を送ってきた。そして、1997年の会員総会でウガンダで活動するための調査を行なうかどうかが話し合われ、シェアが直接関わるのではなく、現地のNGOやコミュニティの活動を支援できる可能性がないかを探ることが決まった。

またこれを機会に、高塚たちを支援するグループとして「ウガンダ・ミーティング」も生まれた。8月、公募により調査員として手林佳正と江波戸美智子が決まり、この2人とボランティアの柴田忠彦、森口岳、それに高塚の5人で、10月下旬から12月にかけてウガンダ調査を実施した。調査内容は現地NGO、

国際NGOの聞き取り調査、農村の保健衛生状況の調査、首都カンパラのスラム地区における問題解決のための宗教的アプローチ調査などであった。

　NGOを調査した江波戸によれば、国内のほとんどのNGOが国際NGOや国際援助団体から資金を得ており、活動内容、組織運営の助言や研修を受けている、ということだった。パートナー選びにも十分な時間をかけているようだった。また、セーブ・ザ・チルドレン・ファンドのスタッフに「現地のNGOを支援するのには予想以上の時間と資金と人材が必要だ」と言われ、シェアにその準備はあるのかと江波戸は問うている。報告書では保健教育や村のコミュニティ・ヘルス・ワーカーの養成が必要であることは認めたが、具体的な活動を提示することはできなかった。将来に向けて基盤を整えることが求められた。

　一方でウガンダ・ミーティングはウガンダに関する勉強会やニュースレターの発行などの活動を継続した。やがてウガンダ・ミーティングの中心メンバーが「エラッデ・ウガンダ」という新グループを結成、2000年からシェアとは別に活動を始めた。

7. 東ティモール・プロジェクト始まる

　東ティモールは旧ポルトガル植民地で、インドネシアとパプアニューギニアに囲まれたティモール島の東半分を占める。1975年のポルトガルからの独立直後にインドネシア軍が侵攻・併合して以来、20年以上独立運動を続け、ようやく1999年8月、独立の可否を問う直接選挙がUNAMET（国連東ティモール・ミッション）管理下で行なわれた。独立反対派による一般住民への殺傷行為は以前からあったが、選挙の結果「独立」が圧倒的住民の意思だと判明すると、インドネシア軍の支援を受けた民兵による全土を焼き尽くす焦土作戦や住民を根こそぎインドネシア領・西ティモールに拉致するなど非人道的な行為が行なわれ、選挙監視団も国外に退去した。9月になってオーストラリア軍を中心とする多国籍軍が入り、避難民への食糧配給や医療活動のため、国連や国際NGOが救援に入ることができた。

　日本でも東ティモールへの関心が高まり、10月末、シェアは東ティモール

第3章　飯田橋事務所時代　組織体制整う　　103

焼け落ちた家。東ティモール（1999年）

　市民平和救援プロジェクト（PPRP）を通じて代表の本田徹と助産師の川口みどりを派遣した。実は、数ヵ月前からシェアでは、エチオピア緊急救援のメンバーだった荻野美智子から「なぜシェアは緊急救援をしなくなったのか」との問いかけを受け、機関誌上で議論を交わしていたところだった。これから緊急救援にどう取り組むべきか考えていこうとした時に、東ティモールのニュースが飛び込んできたのだ。これまでシェアはタイやカンボジアでプライマリ・ヘルス・ケアの実績を積み重ねてきたが、ピナトゥボ救援、ルワンダ救援の経験もある。東ティモールでもシェアの今の力でできることがあるかもしれない。とにかく現場の状況を知りたかった。
　2人はオーストラリアのNGO、Timor Aid（ティモールエイド）の協力を得て、首都ディリのバイロピテ診療所で診療活動を手伝いながら調査を行なった。当時人口80万人の東ティモールに医師は32人しかおらず、バイロピテ診療所はアメリカ人のダニエル・マーフィ医師（ダン医師）と東ティモール人のフェルナンド医師で毎日300人の患者を診ていた。ダン医師はベトナム反戦運動、モザンビークでの医療活動の経験があり、東ティモールではインドネシア軍や民兵

巡回診療を行なう川口みどり助産師

に脅かされながら医療活動を行なってきたという筋金入りの医師だった。

　本田は「小さなNGOこそがやれて大きな国際NGOや世界銀行がなかなかできないことは、村の人々との直接のつながりや対話を持ちながら活動していくことだ」というダン医師の言葉に励まされた。

　東ティモールは全土で破壊行為が行なわれ、あちこちに焼け焦げた診療所や学校が廃墟のように残っていた。川口は診療所の1つを実質的に運営するシスター・ルデスと南部の農村を回ってみることにした。そこでは、農機具が破壊されたり、奪われたことから、収穫できない水田が広がっていた。また出会った村人は、住民投票後インドネシア軍や民兵から逃れるため山に逃げ込み、やっと戻ってきたところだった。3000家族もの人々が森の中に潜んでいたという。巡回診療に来た妊娠5ヵ月の妊婦に何を食べたか聞いてみると、朝食はとらず、昼食にパパイヤの葉と野菜を入れたとうもろこしの粥、夕食に米飯とゆでた水菜というメニューだった。全体的に絶対量が不足し、人々はたんぱく質をほとんどとっていなかった。これは緊急事態のためだったのか。慢性的な栄養失調や皮膚病などは、ここ2ヵ月の問題だけではないように見受けられた。

長期的視野に立って関わる必要性が感じられた。

　本田と川口はいったん帰国し、理事会で話し合った結果、翌年の3月までバイロピテ診療所で医療ボランティアの派遣、医薬品の提供、巡回診療支援を行なうことが決まった。東ティモールに長期に関わることはシェアにとって冒険でもあり、理事の中にはシェアの力量を心配する声もあったが、新しい活動でシェアが力をつけていくことに賛同の声が集まった。また、現地の状況が伝えられるにつれ、会員から東ティモールでの医療活動への支持が広がった。

　最終的に4月以降も活動を継続することを決め、シェア独自の活動として地方での診療所の再建、診療活動および保健活動にあたることにした。東ティモールはシェアにとってタイ、カンボジアに続く3番目の活動地になった。

　川口が2000年1月から再び東ティモールに入り、2月には山形の桑山紀彦医師を派遣、休暇中だった工藤芙美子や福村州馬など、エチオピア緊急救援の経験者も新プロジェクトの準備に加わった。同時に3月以降派遣される医師、看護師、現地調整員、東京の東ティモール担当の公募が行なわれ、派遣看護師に加藤奈津子、徳田栄子、調整員には蜂須賀真由美、東京担当には青木美由紀が決まった。しかし長期に派遣できる医師はすぐには見つからず、当面多国籍軍のケニア軍医師がボランティアで診療してくれることになった。

　現場経験が豊かな工藤が最初に参加したことでプロジェクトの方向付けができたとのちに青木は語っている。自分たちの力量でできるプロジェクトは何か、どのようにプロジェクトを組み立てるのかを限られた時間で判断できるのは工藤しかいなかった。タイから空軍機で薬品を運び、ケニア軍に医師の派遣を依頼したのも工藤だった。

8. 東ティモール──村の活動の失敗と教訓

　シェアは東ティモールで活動するNGOとしてUNTAET（国連暫定行政機構）から認可を受け、エルメラ県ライラコ郡、エルメラ郡で活動することが決まった。エルメラ県は首都のディリから車で約2時間、標高600〜1200mの山岳地帯で、夏でも夜になると冷え込む。2つの郡には19の村があった。

3月、村々を訪問し、村のリーダーへの挨拶から活動が始まった。村人のインタビューで村の生活を調査し、小学校では健康チェックを行なった。すべての村を訪問し終えたのは6月下旬だった。その間、焼け残ったライラコ保健センターの修復を終え、4月から保健センターでの診療活動と現地スタッフのトレーニングを開始した。UNTAETから6人の外国人スタッフが公務員として派遣された。

　東ティモールでは、保健センターは、保健教育と予防接種、身体測定の3つを合わせてインドネシア語で「ポシアンドゥ」と呼ばれる保健活動の拠点ともなっている。そして、シェアも7月から村々を回り、村人を対象に結核や衛生に関する保健教育を始めた。

　その後、修復の終わったライラコ保健センターは現地NGOに引き渡し、9月、シェアはエルメラ郡保健センターをポルトガルのNGO、AMIから引き継いだ。

　12月末、2人のコミュニティ・ワーカーを雇用し、草の根保健活動の準備のため母親グループに病気や医療に関するインタビューを行なった。村人自身が村の健康の担い手になっていくことが目的だった。コミュニティ・ワーカーはファシリテーターとして村人のニーズを引き出し、村の活動をサポートする役目を担っていた。2人を中心に活動内容を検討した結果、村にヘルスプロモーション・グループを組織し、解決にあたることにした。

　保健活動の必要性と村人のやる気などを考慮し、活動地としてミルトトゥ村とライメルヘイ村の2つの村が選ばれた。第1回目の会合には村人全員に参加してもらい、村ではどんな病気があるのか、それを改善するにはどうしたらいいのかを尋ねた。その後、いっしょに問題解決していくようにグループ作りを呼びかけ、メンバーとして登録してもらった。

　第2回目の会合で村での疾患をあげてもらい、それ以降はその解決にどんな活動をするかをあげてもらったところ、村人からの物質的要求が次第に多くなってしまった。そこでコミュニティ・ワーカーとヘルスプロモーション・グループのメンバーで家庭訪問からやり直し、その結果決まったのは、ミルトトゥ村は「歯磨き」と「水浴び」、ライメルヘイ村は「トイレ作り」だった。ところが、「自分たちで問題解決を図る」ということが、村人やヘルスプロモーション・グループのメンバーになかなか理解されなかった。歯磨き粉や歯ブラシを提供

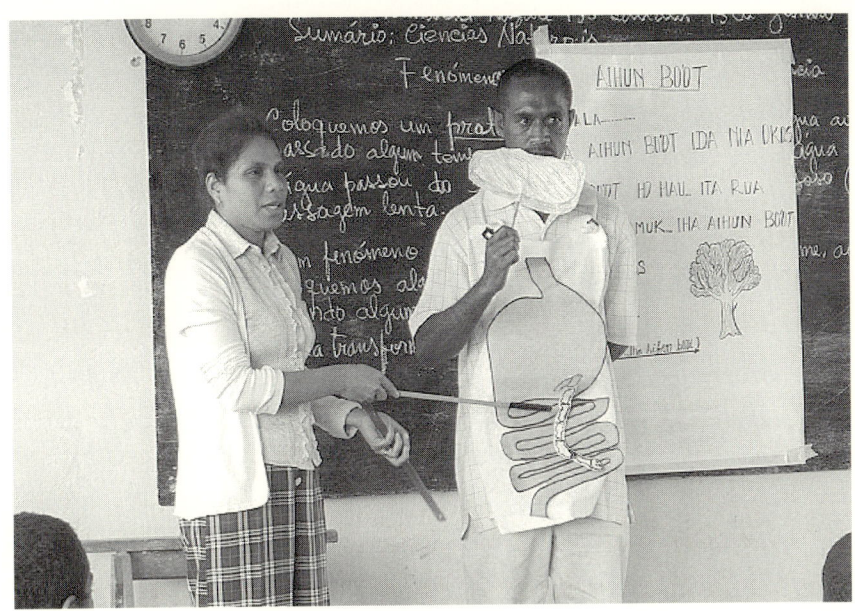

第3章　飯田橋事務所時代　組織体制整う

寄生虫予防の寸劇

し歯磨き講習会をやっても1回で中止になり、公衆トイレ作りのためセメントなど村で手に入らないものはシェアが提供すると言っても、彼らの同意を得ることができなかった。そして、2001年12月、2つの村のグループは解散、村での保健活動の試みは失敗に終わった。

　これにはさまざまな原因が考えられた。コミュニティ・ワーカーたちは次のように分析した。

①具体的な活動に入る前に話し合いが多く、ヘルスプロモーション・グループのメンバーが飽き始めてきた。
②グループのメンバーも物が配布されることを期待していた。
③住民に家庭訪問の意図が十分理解されていなかった。
④コミュニティ・ワーカーが保健従事者でないのに健康問題を扱うことに住民が不満を持っていた。

　一方、日本人スタッフの分析は次のようなものであった。

①住民にとっては他の組織から保健サービスが提供されることが先で、健康に関して自分たちで何をすべきか考える余裕がない。

②まだ正式に村長が選出されないなど、コミュニティが政治・社会的に未成熟な状況にある。
③外国の組織は豊富な資金を提供するものとの誤解がある。
④憲法制定議会議員選挙を控え、住民は多種多様な組織の参加型教育・トレーニングプログラムに駆り出されて忙しい。
⑤住民がディスカッションや自主的な活動に慣れていない。
⑥1年間という期限付き助成金の枠組みの中で日本人スタッフがコミュニティ・ワーカーを十分に指導できなかった。

その後2002年4月から草の根保健活動は「エルメラ県健康教育・健康啓発プロジェクト」として再出発した。エルメラ県の保健スタッフや地域リーダー、小学校教師などを対象に、保健教育のできる人材の育成を目指すことになった。

9. 東ティモール、あのころのこと

東ティモールの状況は2000年に入ると落ち着いてきたが、建物や仕組みすべてが破壊され、文字通りゼロあるいはマイナスからの出発だった。そのころ東ティモール担当になった青木美由紀は、2000年から2002年までが一番つらい時期だったと言う。

2000年の初めからJICAの資金（草の根開発福祉支援事業）を得るのは確実と言われながら、実際に決まったのは2000年12月で、最初の入金は2001年4月になってからだった。これは4月以降のプロジェクトにしか使えなかったので、それ以前の活動はシェアの持ち出しとなった。シェアのような資金力のないNGOにとってこの誤算は大きな負担となった。

「プロジェクト費の長期見通しが立たないので、人の派遣で苦労しました。人が途切れないように、ボランティアで行ってくれる人を探しました。日程さえ合えば、他の条件は目をつぶったほどです」

現場からは活動の長期計画が立てられないという苦情が出た。大勢の人が短期で交代するので、信頼関係を作るのも難しかった。いずれも医療専門家だったが、専門分野も経験も異なり、時として意見がぶつかり合った。

また、言葉の問題もあった。ローカルスタッフとのコミュニケーションにインドネシア語が必須だったが、派遣された日本人で理解できる人は少なく、ポルトガル語ができる人、現地語のテトゥン語ができる人が入り混じって会議が行なわれた。

　2001年8月、母子保健の専門家でインドネシア語ができる樋口倫代医師が加わってようやく全体を見通せるようになった。8月に憲法制定議会議員選挙があり、東ティモールが国として形作られる時期とも重なった。これまでUNTAETや社会省、MSF（国境なき医師団）のようなリーディングNGO（各県の活動の中心となるNGO）がこの国の保健行政を担ってきたが、9月の臨時内閣の組閣では保健省ができ、国家としての体裁も整いつつあった。樋口は診療所の保健スタッフと共に診療活動を行ないながら、村のリーダー、小学校教師、保健スタッフが健康教育を村人にするという保健教育トレーニングの流れを作った。

　東ティモールは2002年5月20日に独立（主権回復）し、そのころからようやくシェアの活動資金も安定してプロジェクトも順調に動くようになった。

　国家として東ティモールが生まれ変わる場に立ち会えたことは、青木にとって2度とできない経験だった。国連や国際NGOの動きとじかに接し、国際協力の陣取り合戦にもまれながらも、踏ん張ってきたので、今があるという。やがて東ティモール人スタッフは力をつけ、計画会議にも参加するようになっていた。青木は1年に数回現地を訪れては、日本人スタッフが現地スタッフに厳しいことを言うと「そんなに言わなくてもいいじゃない」と、現地スタッフに味方するようになった。プロジェクトが安定してくるにしたがって、プロジェクトに愛着が沸き、まるで遠くに住むおばあちゃんのように、東ティモール人スタッフの成長を見守るようになったという。

10. NPO法人取得と事務局の強化

　1998年3月、民間非営利団体（NPO）が法人格を得られる特定非営利活動促進法（NPO法）が成立、施行された。これまで任意団体として活動してきた多くのNGOは、法人格を取得することで社会的に信用度が増すと思われた。ま

た、2000年から介護保険の導入が決まり、これを機会に介護事業に参入するNPOも増加していた。シェアの事務局も関心はあったものの手続きのための事務量が増大することが懸念され、すぐには対応することはなかった。それが1999年総会で会員の栗野鳳から法人化に向けて事務局にその意思があるのか問われ、理事会の検討事項となった。

　シェアは2000年以降も東ティモールで活動することが決まり、団体として大きな節目を迎えていた。これまではスタッフのボランティア精神で組織を維持してきたが、法人として責任を持ってスタッフの雇用に当たることが求められるようになった。

　現場だけでなく事務局にも専門性が必要とされ、その強化が課題となっていた。1999年1月、長年事務局を支えてきた本橋栄が退職し、代わりに企業人からNGOに転身した川口善行が事務局長になった。川口は半年ほどで辞め、JVCの元スタッフでシェアがJVCに間借りしていた時からよく知っている前川昌代が急遽事務局長代行になった。

　そのような中、シェアはNPO法人化に向けてスタートした。シェアの理事で、自分の関わっているいくつかの団体で既にNPO法人格を取得し、手続きに精通していた大河内秀人が中心になり具体的な作業が進められた。

　2000年3月の総会でNPO法人準備委員会の設置が承認された。5月の準備委員会で設立趣意書案、定款が検討され、6月、理事会でこれを討議、翌年3月の定期総会時に法人設立総会をすることが決まった。申請書類の作成は3月から非常勤の事務局長になった沢田貴志に代わって、シェアの事務を担ってきた本間久子が行なった。

　そして、2001年3月10日、特定非営利活動促進法人シェア＝国際保健協力市民の会の設立総会が開かれた。会員はこれまで正会員と賛助会員で構成され、会費も違っていたが、それを運営会員と支持会員とし、会費も一律1万円となった。またこの総会で、4月からJVCスタッフの山口誠史を事務局長に迎えることが承認された。5月15日、都庁へNPO法人の申請書を提出。9月14日、法人として成立した。

　山口はJVCスタッフとしてソマリア、カンボジアなどの現地経験が長かったが、組織運営や経理、資金獲得などの経験も豊富で、人材不足、資金不足に

悩むシェアにとって頼りになる存在だった。彼は、
　①意思決定システムの明確化
　②現場と東京のコミュニケーションの改善
　③資金獲得、財務体質の改善
　④経験の蓄積
　⑤スタッフの待遇改善
を目標に掲げた。カンボジアの評価で指摘されたことを多く含んでいた。更に、慢性的な資金不足を解消し、補助金や助成金に頼らず自己資金を高めるため、シェア設立20周年にあたる2003年「シェア国際保健基金」を設立し、インターンを採用することで事務を手助けしてもらいながら、将来のNGOスタッフを希望する者に学習と活動の場を提供した。

第4章
上野事務所時代 広がるネットワーク

山口誠史

1. 上野御徒町への事務所移転

　常勤職員の人数が増えるにつれ飯田橋の事務所は狭くなり、仕事の効率も悪くなった。スタッフは全員壁に向かって机を並べており、振り向けば真ん中で打ち合わせがすぐにできるという点は長所だったが、ミーティングのために人数が集まると酸欠状態で息苦しくなり、また書類やバザー品などが室内にあふれて、職場環境としては劣悪だった。

　再び事務所の移転について議論されるようになったが、問題はお金がないこと。広いスペースを得ようと思えば当然家賃も高くなる。都心から離れて郊外、更には地方に引っ越すと言う選択肢もあったが、通勤を考えると現実的でない中で、耳寄りな話が入ってきた。シェアの生みの親であるJVCが入居している御徒町駅に近い東上野の丸幸ビルに空き部屋が出たというのである。

　丸幸ビルは、ごく普通の古い雑居ビルで元々企業ばかりが入居していたが、1992年にJVCが事務所を構えて以来、企業が出ていくたびに、その空き部屋にNGOが入居してきた。建物の古さとビルオーナーの理解により、周囲と比べても安い家賃で入居ができたのがその理由だった。家賃の安さに加えて、JVCを始めとした多くのNGOが同じビルに入っていることは、NGO間の連携という点でメリットがある。特に、JVCと将来共同プロジェクトを行なう場

NGOまつり。シェア事務所への訪問者とスタッフ

合にやりやすくなる。一方で、JVCの影響力の大きさにシェアが飲み込まれてしまうのではないかという懸念も一部にはあったが、月々の家賃支払いがそれほど変わらないのに広さは倍近いという好条件が優先され、2004年3月、シェアは事務所を上野に移転した。

　この移転によって、スタッフはゆったりとしたスペースで働くことができるようになり、ストレスが軽減された。また、会議スペースが確保でき、理事会のたびに事務所隣の神社の集会所を借りる必要がなくなり、15名程度のミーティングは楽に行なえるようになった。また、会議スペースは通常は作業スペースとして利用でき、ボランティアが気軽に来て、事務作業を手伝うことも可能になった。

　JVCとの協力関係が強化され、それが南アフリカでの共同プロジェクトに発展したことも、引っ越しの大きな成果であった。それに加えて、丸幸ビルに入居しているNGO間のネットワークも重要であった。丸幸ビルには、プロジェクト実施型のNGOであるシェア、JVCのほかに、アフリカ日本協議会（AJF）や日本インドネシアNGOネットワーク（JANNI）などネットワーク型、オック

スファム・ジャパンやメコン・ウォッチなどアドボカシー（政策提言）型のNGOが多数入居していた。それぞれ特徴あるNGOが各分野で活躍しているのだが、残念ながら日常的に情報交換をしたり、共同事業を行なったりということはあまりなかった。

そこで、シェアが提案して、この年の秋に「NGOまつりin上野」が開催されることになった。ある日曜日の朝から晩まで各NGOの事務所をオープンにして、NGOに興味がある人が誰でも気軽に事務所を訪ねて、活動内容を聞いたり展示を見たりすることができるというイベントである。NGO側では、ただ来場者を待つのではなく、それぞれが展示を工夫したり、ワークショップを行なったり、また共同で小シンポジウムを行なったりして、NGOのいろいろな面を一般の人に見てもらう機会を提供するようにした。共同企画では、「貧困削減のためにNGOは何ができるか〜MDGs達成のために〜」、「私がこのNGOに関わっているわけ　スタッフ編、ボランティア・インターン編」など、工夫を凝らしたテーマで実施された。この「NGOまつりin上野」によって、丸幸ビルはNGOビルとして有名になった。

2. 再びアフリカへ

シェアの英文名称は、Services for the Health in Asian & African Regions（SHARE）であり、当初からアジアだけでなくアフリカでのプロジェクト実施を意識していたが、初めての海外プロジェクトであるエチオピア緊急医療救援（1985年）以来、シェアは本格的なプロジェクトをアフリカでは実施してこなかった。

1994年以降、シェアはHIV・エイズを活動の柱の1つとして、タイ、カンボジア、そして日本国内で取り組んできた。それらの国々で一定の成果は得られたが、世界のエイズ問題を考えた場合、最もエイズが深刻な地域はサハラ砂漠以南のアフリカ諸国である。世界のHIV陽性者・エイズ患者の70％がサハラ以南のアフリカ諸国に住んでおり、特に南部アフリカでは成人のHIV感染率が20〜30％であると言われている。アジアで培ってきたエイズ・プロジェクトの経験を生かしながら、HIV・エイズによって地域社会全体が深刻な影響を受けている南部アフリカに取り組みたいという気持ちが出てきたことは、自然

なことだった。

　2003年12月23日に行なわれた第10回理事会において、事務局からアフリカ事業立ち上げの提案が出され、議論の末に承認された。計画では、まず南部アフリカ諸国を文献調査し、調査対象国を3ヵ国程度に絞り込み、2004年前半に調査チームを派遣する。そこで実施国を決定し、夏にプロジェクト形成のための調査を実施して、2005年から実施するというものであった。

　調査は、当時のシェアタイ現地代表で、ジンバブエの現地NGOでインターンとしてエイズ・プロジェクトに関わった経験がある芦田崇が中心となり、保健専門家として大西真由美（現・長崎大学大学院教授）が協力する形で、2004年5月から6月にかけて1ヵ月間行なわれた。

　エイズの状況が深刻である、活動がしやすい英語圏である、日本からのアクセスがしやすい、などの理由から南アフリカ、ジンバブエ、ザンビアの3ヵ国が選ばれた。次に、各国に在住しているコンタクトパーソンを探した。幸いなことに、南アフリカはJVCの津山直子、ジンバブエは元シェアカンボジア現地代表の大岩豊、ザンビアはシェア会員でUNICEFザンビアでJPO（Junior Proffessional Officer）として働く佐藤みどりがそれぞれ調査に全面的に協力し、訪問先のアレンジからアテンドまでしてもらうことになった。

　第1次調査の結果、南アフリカは保健サービスが整っていること、ザンビアには日本のODA（政府開発援助）を含めて各国の援助が大量に入り、現地の人々が援助慣れしていること、一方でジンバブエはインフラが整っておらずニーズが高いことなどがわかり、議論の末、ジンバブエを第1のプロジェクト実施の候補に選んだ。

　10月からの第2次調査は、カウンターパートとなる現地NGOを探して具体的な協力内容を協議すること、NGO登録に必要な情報を得ることが主たる目的であった。

　アジアに比べてアフリカではより大きなコストがかかるため、複数の日本人を派遣したり、現地人スタッフを大勢雇うことは効率が悪いことなどから、現地のNGOの活動を支援することに決めていた。そのため、調査の主たる目的は、いっしょにエイズ・プロジェクトを実施する現地NGOを探すことであった。その際には、シェアの方針やアプローチと一致していること、シェアをパ

ザンビア調査でボランティアたちと意見交換

ートナーとして受け入れてくれること、規模が大きすぎてシェアからの支援がその団体にとって小さすぎないことなどが選択基準としてあらかじめ考えられていた。

　ジンバブエでの2回目の調査を進めた芦田は、改めてジンバブエが支援のニーズが高い国であることを実感した。特に地方に行くと行政サービスがほとんど届いていない。ところが、この調査のもう1つの目的であるNGO登録の可能性で大きくつまずくことになった。

　2004年当時、ジンバブエ政府は白人農場の強制接収を行なったり政府の汚職が激しく、欧米諸国は政府への援助ではなく、NGOを通じた援助にシフトしていた。これに反発したジンバブエ政府は外国のNGOの活動を制限し、既に登録しているNGOにも国外退去を求めるといった状況で、シェアとしてはジンバブエでのプロジェクト実施を諦めざるをえなかった。もしもシェアに潤沢な自己資金があれば、NGO登録をせずにプロジェクトを実施するということも不可能ではなかった。しかし、シェアはアフリカで新たな活動を開始できるほどの自己資金はないため、JICAや外務省などの資金を得て活動を行なわけ

ればならず、それには、NGO登録は不可欠だったのである。このような事情から、ジンバブエでのプロジェクトは諦め、第2候補国である南アフリカの調査に向かった。

3. 南アフリカプロジェクトの開始

　JVCは当時南アフリカで、農村地域における持続的農業と都市の旧黒人居住区における障害児施設の支援プロジェクトを実施していたが、深刻の度を深めるエイズ問題に本格的に取り組むことを決定し、プロジェクトの立案を行なっていた。

　ジンバブエでの独自プロジェクトを諦めたシェアは、JVCが計画中のエイズプロジェクトに協力して、共同でプロジェクトを行なうことを提案した。シェアにとっても20年ぶりのアフリカでの本格的なプロジェクトであり、ゼロから立ち上げるよりも南アフリカで長い経験を持つJVCと協働する方がリスクが少ないこと、シェアの持つエイズの専門性とJVCが持つ家庭菜園や地域開発の専門性が相乗効果をもたらすことなどが期待された。共同プロジェクトの内容は、JVCが既に支援を決定していたTVAAP (Tivoneleni Vavasati AIDS Awareness Project) という現地NGOを通じて、HIV・エイズの感染予防と家庭訪問介護を行なうという内容だった。財源はJICA草の根技術協力事業で、JVCが主契約団体となり、JVC南アフリカ事務所が全体を統括し、シェアからはプロジェクトマネージャーを派遣するという形態であった。

　2005年8月、シェアは青木美由紀を派遣し、プロジェクトが開始された。まず最初に青木はリンポポ州における訪問介護 (Home-Based Care) の実態調査を行なった。南アでは、HIV陽性者に対するケア活動の主要な担い手としてCBO (Community Based Organization: 地域当事者団体) を積極的に活用しており、ガイドラインに従って実施されるトレーニングを受けたケア・ボランティアに対しては、手当てが出るというシステムであった。そのため、多くのCBOが設立されて、実際にHIV陽性者の家庭を訪問し、日常の世話をしたり、家族に対してケアの仕方を教えたりしていた。しかし、まだCBOの組織運営やプロジェクト運営能

給食が提供され、放課後を過ごす施設（ドロップインセンター）で

力があまり高くないため、充分な効果を上げているとは言い難かった。

　JVC・シェアがカウンターパートとしたTVAAPは、リンポポ州マカド地区で長くリーダー的NGOとして地域開発を中心とした活動をしてきたAKANANIから独立したHIVに特化したNGOで、1993年から活動の実績があり、欧米のドナーからも評価が高かった。

　プロジェクトマネージャーの青木は、TVAAPの事務所と同じ敷地内に住み、毎日TVAAPの事務所に出勤してスタッフと共に働いた。このプロジェクトでは、JVC・シェア独自のスタッフはおらず、青木が単独で現地NGOであるTVAAPにアドバイザーとして参加し、プロジェクトはTVAAPが実施するというものであった。

　プロジェクトは5つの活動に分かれている。第1がボランティアによる在宅介護で、トレーニングを受けたボランティアが、担当する村の慢性疾患患者・障害者を含むHIV陽性者・エイズ患者の家を週に2回以上訪問し、介護をする家族へのアドバイスやサポートを行なう。

　第2がボランティアによる予防啓発活動で、村のマーケットや白人農場で劇

や歌を用いた予防啓発を行ない、コンドームや資料を配ってHIV・エイズの正しい知識を伝える。

第3がエイズに影響を受けた子どもたちへの支援で、ボランティアによるカウンセリング、キャンプなどの課外活動、食料配給、学校へ行けない子どもの復学支援などを行なう。

第4がHIV陽性者自身によるサポートグループ活動で、当事者同士が治療に必要な情報交換やトレーニング、悩みを相談できる場とする。

第5が家庭菜園で、HIV陽性者やエイズに影響を受けた子どもたちの栄養改善を目的に、自然農業の手法を使って家の周囲で野菜を育てるためのトレーニングを行なう。

青木は、ボランティアたちと協力しながら村々を回ってHIV陽性者を訪ね、TVAAPのスタッフと共にトレーニングのアレンジを行なった。しかし、南アフリカのエイズを取り巻く状況は深刻で、つい2週間前まで元気だった陽性者を訪問したところ既に亡くなっていることもあり、死が日常生活と隣り合わせの毎日であった。

両親を相次いでエイズで亡くし、自身もわずか12歳までしか生きられなかった少年プリビリッジの死に際し、青木はこう記している。

「お母さんやお父さんががもう少し早くHIV検査を受けていたら。もっと早くエイズ治療薬がこの地域に導入されていたら。HIV・エイズのことを語りたがらない村人たちの強い偏見とスティグマ（社会から受ける差別的な烙印）をどう解消していくか。経済的な負担を背負わされているおばあさんたちのつぶやき。遺児支援に関しては、『公平性』や『持続性』が時として対象をひとくくりにしてしまい、1人1人の命を見過ごしてしまいかねないこと。そして、『エイズ』は言葉どおり『音のない戦争』であること」［『ボン・パルタージュ』127号］

4. 会計不正事件と教訓

現地NGOを支援するカウンターパート方式は、プロジェクトを終了する時にプロジェクトの引き継ぎ先が決まっているという面でメリットがある。その

一方で、プロジェクトの決定権や人事権などはすべて相手のNGOが持っていて支援側はあくまでアドバイスに留まるという限界もあった。

　もどかしさを抱えつつプロジェクトを実施していく中で、青木はTVAAPの不正な会計処理を発見する。ボランティアたちに対して、しばしば手当てが支払われなかったり、遅配することがあったが、ほとんどは南ア政府からの支払いが遅れることが原因であった。ところが、ある時TVAAPから提出されたボランティア手当ての領収書をチェックしていた青木は、筆跡が同じサインの領収書が複数あることを発見する。不思議に思って、村に行った機会にボランティアに尋ねてみると、手当ては払われていなかった。TVAAPのスタッフが領収書を偽造して、手当てを懐に入れていたのであった。不正を発見した青木は、それをどう処理すべきか悩んだ。表面上はHIV陽性者のために自分たちは活動をしているという善人のような顔をして、実はHIV陽性者を利用してお金集めをし、更に一番大変な仕事をしているボランティアたちの手当てを横領するということが許せず、ヨハネスブルグ在任のJVC南アフリカ代表の津山やJVC・シェアの東京本部と相談して、TVAAPの理事会に告発することにした。

　理事会が不正に対して前向きに取り組んだ結果、全スタッフが解雇され、警察への告発へと発展していった。JVC・シェアの被害額は10万円ほどだったが、事実を調べていく過程で、会計不正は長年にわたって行なわれており、その金額は累計で数千万円に上ることがわかった。今まで、TVAAPではドナー向けの会計報告が作られていたが、1つのプロジェクトに対して複数のドナーから資金を得て、それぞれに会計報告を行ない、重複して受け取った資金をスタッフ間で分けていたのだった。個々のドナーからすると、自分たちに対してはきちんと会計報告が行なわれており、活動もちゃんとできているので、優秀なNGOと映ったわけである。

　警察に告発してわかったことは、このような不正事件は南ア国内の各地で起こっており、TVAAPの事件は氷山の一角に過ぎないようだった。もちろん質の高い優れたNGOもたくさんあるが、一方で公共サービスの不備をNGOが埋めている途上国においては、未成熟な団体や、大きな資金が内外から下りてくるNGOやCBOが集金マシーンになっているという側面も否定できない。

　この事件の教訓から、カウンターパートを選ぶには、活動の質もさることな

がら、その団体の会計の透明性や組織運営の公正さなど、いわゆるアカウンタビリティ（説明責任）が重要であることが再認識された。このため、2007年1月から2月にかけて行なわれた新カウンターパート探しの調査においては、アカウンタビリティが重要な選択の基準となった。

調査の結果、同じリンポポ州のカプリコーン郡レペレ・ンクンピ地区で活動するPoloshong Home Based Careを新たな協働団体として選び、2007年4月から訪問介護、エイズ遺児のための給食センターの運営、家庭菜園、青年活動などを組み合わせたプロジェクトが開始された。

5. 新潟県中越地震被災者支援活動

2004年10月23日、新潟県中越地方で大規模な地震が発生した。地震発生直後に事務局と代表理事で対応を協議した結果、シェアとしても救援活動を実施すべきとの意見が大勢を占めた。被害状況や現地におけるコンタクト先の情報収集を行なう過程で、シェアの関係者で新潟県に関係が深い数人から、独自に現地入りするとの連絡があった。

在日外国人健康相談会を支えるボランティアチーム（在日ボランティアチーム）の主要メンバーである医師の冨田茂は、新潟大学医学部出身で現地に知り合いの医療関係者がいることもあり、週末にかけて空路現地入りすることを決めていた。同じく在日ボランティアチームの保健師である武笠亜企子（訪問看護ステーションコスモス所属）は、被害が大きかった長岡市に近い三条市の出身で、同ボランティア仲間の中久木康一（歯科医師）と週末に車で現地に行くことにしていた。

関係者によるミーティングとメールでのやり取りを重ねる中で、調査チームとして武笠、中久木と共に、医師の仲佐保、事務局の山口誠史が、医薬品と寝袋などを車2台に積み込んで現地入りすることになった。最短距離を結ぶ関越自動車道は、越後湯沢・長岡間の道路が破損して不通であったため、上信越道から北陸自動車道を経由して長岡入りするルートを選んだ。チームは先に現地に入っていた冨田と長岡の赤十字病院で合流し、全体的な被害状況と対応を聞

第4章　上野事務所時代　広がるネットワーク

山通りの柿小学校に避難した人たち

いた。次に医療ボランティアの調整などを行なっていた長岡市保健センターを訪ね、支援がまだ十分でないいくつかの避難所を紹介してもらった。

　初日は長岡市内、2日目は最大の被害を受けた小千谷市の複数の避難所を視察した。大規模な避難所には既に日本赤十字社や自治体派遣の医療チームが組織的に入っており、シェアのような小規模なNGOが独自に活動する余地はなかったが、長岡市内でシェアからの支援提案を快く受け入れてくれた山通り避難所で救援活動を実施することが決まった。避難所センター長の大野肇からは、コミュニティーセンターの図書室を臨時の健康相談室兼シェア派遣ボランティアの宿泊場所として提供してもらうことになり、11月30日まで、約1ヵ月間におよぶ支援活動が始まった。

　健康相談室には看護師が常駐し、避難所で暮らす人々の健康相談や風邪予防などの保健教育を行なった。避難所の人々にとって、24時間体制で身体の不調や精神的な不安を相談できる健康相談室の存在は貴重であった。

　看護師の貴堂理恵（コスモス所属）はこう記している。

　「夕方には、保育園や学校から帰ってきた子どもたちが廊下を走りまわり、中

山通りコミュニティセンターの図書館を健康相談室に

にはお年寄りにぶつかる子もいて危険な場面が見られた。子どもたちの抑えきれない元気さの裏には、震災によるストレスもあると思われた。実際に、『震災前はおとなしかった子どもが、震災後から落ち着きがなくなってしまった』と話す母親もいた。サロンでシェアスタッフが子どもたちと過ごす時間をつくることによって、寝るまでの数時間、家族が休める時間がとれたという声も聞かれた。このような経過の中、私たちは、寝る前に子どもたちを落ち着かせようと、絵本の読み聞かせを行ないたいと考えた。実際に、シェアスタッフが絵本を朗読する前まで興奮し駆けずり回っていた子どもたちが、驚くほどおとなしくなってシェアスタッフのまわりを取り巻くように座り、夢中になって聞き入っていた。そのあとは歯磨きなどの寝る前の準備に素直に従ってくれた。

　9時消灯後には、廊下で勉強する高校生や中学生の姿があった。彼らには健康相談室を開放して夜間勉強ができる環境を提供した。健康相談室を開放したことにより、多くの避難生活者に健康相談室や私たちの活動を知ってもらえたと思う」［『新潟中越地震　保健支援活動報告書』］。

　また、健康相談室では、風邪の予防や栄養などに関する壁新聞を毎日作り、廊下に張り出した。シェアが途上国で行なっている保健教育が、日本の災害被災地でも実施できたわけである。

　約1ヵ月間に及ぶ支援活動は、多くのボランティアによって支えられた。その主要なメンバーは、訪問看護ステーションコスモスの看護師と在日ボランティアチームに参加する医師、看護師、栄養士たちであった。支援活動の共同実施団体であるコスモスからは1週間単位で看護師が派遣され、ほぼ全期間コス

モスの看護師がカバーしてくれた。また、在日ボランティアチームは、頻繁にシェア東京事務所で行なわれた中越地震支援ミーティングの中心となって、現地の状況の分析とシェアの対応などを話し合った。緊急救援活動が滞りなく実施できたのは、山谷の野宿者への支援活動を続けるコスモスとの連携と共に、在日外国人健康相談会など地道に取り組んできた国内保健活動の経験とそれを支えるボランティアチームの存在があったからだ。

　この緊急支援活動は医療メンバーだけで行なわれたわけではもちろんない。現地には、看護師を中心とした医療職メンバーと共に、事務を担うメンバーもいっしょに派遣された。その中には青木美由紀など事務局スタッフもいたが、ホームページやメーリングリストの呼びかけに応じて参加したメンバーもいた。また、3日から1週間程度のボランティアを切れ目なく派遣するために、募集から日程調整、現地との連絡、最後の報告書作りまでの裏方の仕事を担った合田佳代の存在も大きかった。

6. スマトラ沖地震被災者支援

　1ヵ月間にわたる新潟県中越地震の被災者支援活動が終わって、日常業務に戻りつつあった2004年12月26日、インドネシアのスマトラ島沖で大地震が発生した。地震直後に発生した巨大津波は、インドネシア、タイ、スリランカなど南太平洋とインド洋の島々や大陸の海岸線に襲いかかり、多くの犠牲者が出た。次第に被害の深刻さが明らかになる中、シェアとしての対応が事務局内で協議された。シェアの活動国の1つであるタイも津波の被害を受けた国ではあったが、活動地のウボンラーチャターニーと被災地は距離が離れすぎていること、現在必要とされている救急救命医療を実施する力はシェアタイにはないことなどにより、一度は救援活動は行なわないことが決まった。だが、12月31日にシェアタイを立ち上げた工藤芙美子がロンドンから代表の本田に国際電話をかけてきて、これほど大きな災害に対してシェアも何らかの取り組みをすべきではないか、少なくともタイ南部の被害状況を調査したほうがよいと提案した。

　年が明けた1月3日の夜、ロンドンから急遽帰国した工藤、本田、山口が本

ミャンマー人住民への巡回保健活動

田宅に集まり、電話参加の沢田を交えて再検討を行なった。その結果、工藤自らが1月5日から2週間程度調査に行き状況を視察するとともに、適切な現地NGOがあればそこを支援することで救援活動を行なうことが決まった。

この調査には、シェアタイから看護師のシリワン・アサスリ（通称チェリー）が同行し、パンガー県を中心に津波被災地を調べて回った。調査の結果、既にタイ政府が大規模な救援チームを派遣しており、十分な対応がなされていることが確認できた。しかし、外国人観光客とタイ人住民には支援の手が届いているが、国境を接するミャンマーからの移住労働者に関しては、多くが正式な滞在許可なしで生活していることもあり、支援の網の目からはまったく漏れており、ミャンマー人自身による同胞支援活動が細々と続けられているだけだった。工藤はこれらミャンマー人被災者への支援を行なうことが必要だと感じた。

そうしたミャンマー人主体のNGOの1つHREIB（Human Rights Education Institute of Burma）は、ミャンマー人医師および看護師を中心に、被災したミャンマー人の避難所を対象に巡回診療や保健教育を行なっていた。シェアが実践してきた保健教育のノウハウが提供できることもあり、シェアはスマトラ沖地震被災

者支援としてHREIBを通じた保健医療支援を実施することを決定した。
　こうしてマラリアの予防教育、HIV・エイズを含む感染症予防や家族計画、栄養改善の教育など、ボランティアによる保健教育活動をシェアは支援した。今まで光が当たっていなかったこの地域のミャンマー人たちの状況が、津波被災者の支援活動を通じて明らかになった。多くの支援を受けて始まったミャンマー人被災者支援プロジェクトは、その後2年間続いたが、直接的な津波による影響が改善されたことにより、2007年4月をもって終了した。

7. 国内活動の充実

7.1. 国内保健活動──初めての専従スタッフ

　シェアは、在日外国人無料健康相談会をはじめとした国内保健活動を実施してきたが、計画から運営にいたるまで、医師、歯科医師、看護師、栄養士など医療者が中心の在日ボランティアチームによって運営され、事務局に専任のスタッフはいなかった。ところが、2003年ごろから資格外滞在者への取り締まりが強化されるなど、在日外国人を取り巻く環境が厳しくなり、専従スタッフを配置し国内保健活動を強化する方針が打ち出された。
　これまで専従スタッフを置けなかったのは、財政的な理由が主な原因だったが、2005年に青年海外協力隊エイズ隊員技術補完研修事業と東京都の外国人結核患者療養支援事業をシェアが請け負うことになり、人件費のめどがつくことになった。ちょうどそのころ、シェアタイで働いていた看護師の李祥任が任期を終え、帰国することになった。李はタイに派遣される前、ボランティアチームの一員として健康相談会に関わっていた経験もあり、国内保健担当にうってつけの人材であった。
　新たに始まった外国人結核患者療養支援事業は、東京都結核予防会からの受託事業で、日本語でのコミュニケーションが不自由な外国人結核患者の治療・服薬の際に、通訳(支援員)を派遣して確実に治療が完治することを目指すものである。
　支援員は、結核に関する基礎知識のほか、医療通訳としての心得を研修で学

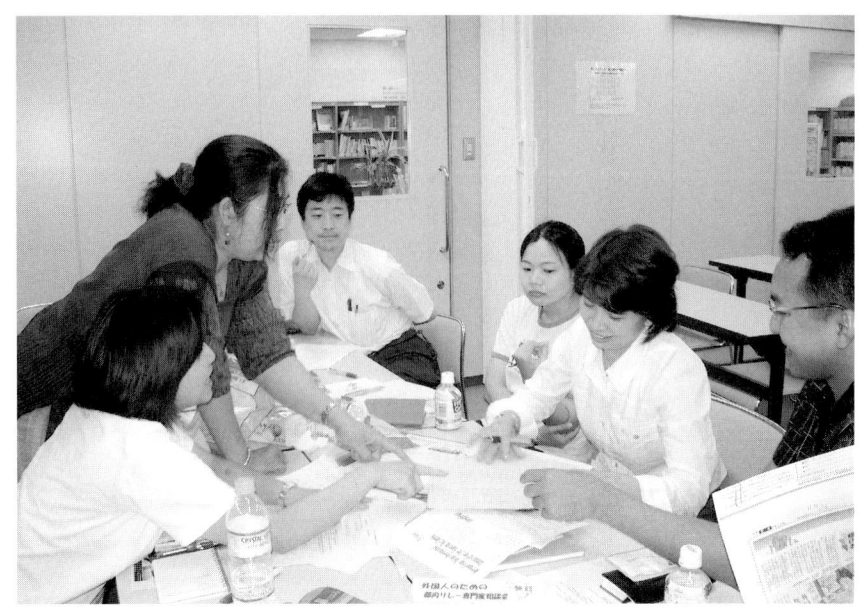

TAWANの定例ミーティング

ぶ。中国語、タイ語、韓国語、フィリピノ語で出発したこの通訳派遣事業は、英語、スペイン語、ポルトガル語、ミャンマー語、ネパール語、インドネシア語が加わり、2008年4月現在、10言語で32人の支援体制になっている。

　また、アーユス仏教国際協力ネットワークなど他のNGOと在日外国人支援ネットワークを組み、シェアは医療分野での電話相談を行なってきた。1994年以来タイ語によるエイズ電話相談を継続してきたが、2001年にはタイ語のエイズパンフレットを作成し、タイレストランなどタイ人が立ち寄りそうな場所に配布した。更に、2006年からは、在日のタイ人のボランティアグループであるTAWAN（タイ語で太陽）が結成され、エイズ患者のためのタイ語の通訳やエイズ啓発活動を行なっている。

7.2. エイズ教育——タイの経験を日本で生かす

　タイで行なっている村人を対象にした参加型のエイズ教育は、ゲームや道具を使ってわかりやすくエイズの基礎知識を教え、差別偏見の軽減を目指している。2000年当時タイ事業担当だった西山美希は、タイで実践していたそれら

の手法を日本国内でのエイズ教育に応用することを思いついた。こうして海外での経験に国内での開発教育手法を組み合わせて、シェア独自のエイズ教育手法を編み出し、それを学校やイベントなどで、若者を中心にした市民対象に行なった。

このエイズ教育は今では年間20回くらい実施されている。特に筑波大学付属高校では毎年保健体育の時間に1、2年生を対象に、6日間にわたってエイズ教育の授業を行なっている。

そのエイズ教育の中心を担うのが、HAATASのメンバーである。HAATASとは、シェアに集まる若者たちが、日本国内でエイズ教育を自分たちで行なっていこうと2002年10月に作ったボランティアチームで、HIV／AIDS Action Team At SHAREの頭文字をとって名づけた。

また、市民向けのエイズ教育を発展させたものが、独立行政法人国際協力機構（JICA）から受託している青年海外協力隊エイズ隊員の技術補完研修である。2005年以来、1回8日間の研修を年4回程度実施している。内容は、各分野の専門家による講義、ワークショップなどで、単にHIV・エイズの知識を得るだけでなく、途上国の現場でエイズと向き合うための心構えや実践的ノウハウを学べるように工夫している。

7.3. 広報の充実を目指す

山口誠史はシェアの事務局長を引き受けた時から、海外事業とともに国内のサポート体制を整えることを目指していた。国内での支援者の拡大は頭打ちだった。シェアは専門性が高いと見られる一方で、国際保健NGOという活動について一般の広汎な理解を得るのはむずかしかった。そのため、山口を中心にシェアのイメージチェンジが検討されたが、そこに強力な助っ人が現れた。大手広告代理店に勤める横尾嘉信は、知り合いの紹介からシェアの会員になり、自分の専門性を生かした協力ができないかと考えていた。横尾の目から見ると、シェアは専門性を備えた清廉な団体であるが、自己アピール力が弱い。自分がシェアをもっと人々に知ってもらうようにプロデュースしようと考えた。

2004年、会員総会で報告を聞いていた横尾は、エイズをシェアのイメージ戦略の中心に置こうと考えた。そして、絡み合っている耳がレッドリボンを象

徴するウサギのキャラクターを考案した。この耳は人々の声に耳を傾けるというシェアの姿勢も表していた。2匹のウサギ「シェーちゃん、アーちゃん」は事務局スタッフや若いボランティアに受け入れられ、その年からシェアの新しい顔になった。

広報の柱である機関誌『ボン・パルタージュ(フランス語で公正な分配という意味)』の編集やホームページは、長い間海外事業スタッフが兼任したり、非常勤の編集スタッフやボランティアによって製作されてきた。しかし、シェアの支援者を増やし、発信力を高めていく上で、広報を強化する必要性を誰もが感じていた。

2004年からの機関誌の編集に参加してきた飯沢幸世は、もともとデザイン関係の仕事をしており、機関誌編集とウェブ制作の両方ができる貴重な存在だった。数ヵ月間ボランティアとパートタイムで働いたのち、シェアにとって初めての広報担当スタッフとなった。

8. シェアを担う人々

8.1. 事務局

シェアが誕生した当初は全員がボランティアだったが、その後有給スタッフが少しずつ増えていった。2008年1月現在、国内7人、海外6人の日本人有給スタッフが働いている。NGOはやりがいがある仕事であるが、低い給料で長時間労働、雑用を含めて1人が多岐にわたる業務をこなさなければならず、多くのNGOで忙しさと厳しい待遇の間でスタッフが燃え尽きてしまい、2、3年で辞めていくということが起こっている。必要最低限の待遇が保証されない限り、スタッフは長期間働きつづけることはできない。

シェアでも専従を置いた時から少しずつ待遇が見直されてきたが、山口が事務局長になってから全員、社会保険に加入し、能力開発のための研修に参加を奨励するようになった。給与水準はまだ低いが、それでも多くのスタッフがやりがいを感じながらそれぞれの現場で働いている。5年以上働き続けるスタッフも出てきた。

8.2. ボランティア

シェアの活動は有給スタッフが増えた現在も、多くのボランティアによって支えられている。彼らは空いた時間に事務所を訪ねてきて、宛名書きやコピー、新聞切抜きなど、その時々の細かな仕事をスタッフからの依頼によって黙々とこなす。看護師の河野和弘もその1人で、夜勤明けの眠い目を擦りながらパソコンへデータ入力をしている。

機関誌や募金依頼の発送作業、バザーなどのイベントでもボランティアは大きな存在だ。JVCに間借りしていた時からシェアの応援団だった栗野美代子、谷沢一江、関田鶴子は事務局を長年にわたって支えてきた。石毛ひかりは江戸川区在住だが、シェアが上野に越してからもバザーを中心に手伝っている。更に、シェアには在日健康相談会の企画運営を担う在日ボランティアチームという医療関係者の強力なボランティア集団や、エイズ教育を行なう若者グループのHAATASがある。

8.3. インターン

また、2001年からは、週2回のペースで1年間シェアの事務所に通い、会員サービスや広報、イベントなどの役割を責任持って担うというインターン制度が始まった。スタッフの指示やサポートを受けつつ、それぞれの分担業務に関して自主的に取り組むことは、責任も伴い、かなり大変である。交通費の補助は出るが、基本的に無給であり、また就職が約束されているわけでもない。それでも、毎年学生を中心に多くの応募者があり、書類選考および面接により、2～5人のインターンが決まる。インターン終了後は青年海外協力隊で途上国に行ったり、他のNGOのスタッフになったり、看護師になったりと、シェアでの経験を生かして次のステップに進んでいる。

8.4. 新しい出会い

2005年9月、銀行員として42年間勤め上げて定年を迎え、悠悠自適の生活を享受していた松村純雄は、所属していた銀行OBのボランティア組織から、NPOでボランティアとして働かないかとの打診を受けた。しばらく考え、週2日、1日4時間経理の手伝いをするボランティアならば自分にもできるので

はないかと、元上司と共にシェアの事務所を訪問した。そこは、若者たちが熱い思いを持って働く、それまで松村が働いていた企業社会とはまったく異なる世界だった。

松村は企業で培った事務能力によって経理の補佐を着々とこなし、それが数ヵ月続いた後、週3日間の労務と経理のパートタイムスタッフになった。後に、同じ組織から認定NPOの申請作業を手伝うボランティアとして星英也が参加し、シェアの戦力となった。

9. 資金獲得の苦労

初期の段階のシェアはボランティアが活動の中心を担い、事業費も少なくて寄付金や民間助成金で何とか賄ってきたが、徐々に活動が拡大するとともに、有給スタッフが増えて、事業規模も大きくなった。活動を維持するための資金獲得は、多くのNGOにとって頭の痛い問題であるが、シェアもご多分に漏れず、いつもお金で苦労をしてきた。必要な資金が足りずに活動を延期したり、車が買えずに壊れかかった車をだましだまし使ったり、お金にまつわるエピソードは枚挙にいとまがない。またスタッフの給料が安くて、長期間続けることが難しいということも、NGO界全体に通じることではあるが、資金不足の結果である。

会費や募金などのいわゆる自己資金の拡大は、シェアにとっていつも大きな問題であった。自己資金が多ければ、自らが必要と思う活動に自由に資金を使って柔軟な活動を実施することができる。夏の「天の川募金」と冬の「年末募金」では、長年にわたってシェアを支えてくれる会員や寄付者が多く、振込用紙に書いていただく「がんばって」などの一言が事務局スタッフにとっては元気の源だ。また、2003年8月から始めた「マンスリーサポーター」は、銀行口座から毎月寄付金を振替えさせていただくものだが、毎月の金額が1000円、2000円と小さくても、多くの方に継続していただくことにより、安定した財源となってくる。更に、設立20周年を記念して呼びかけた「シェア国際保健基金」には、66名もの方が合計1200万円の寄付金、預託金を寄せてくださり、

その基金によって南部アフリカ調査や新潟中越地震の初動資金、東ティモールの緊急救援などを実施することができた。

　複数の国に日本人スタッフを派遣してプロジェクトを実施している現状では、自己資金だけでは事業費を賄えず、政府や国連などの補助金や民間助成金、JICAなどからの委託金は、事業を実施していくために必要不可欠なものである。また、公的資金を受けていることは、団体の信用度を高めることにも貢献している。ただし、細かい費目が指定されていて、その通りに資金を使わなければならず、計画通りに進まない場合に状況の変化に柔軟に対応しづらくなる。また、申請書や報告書の作成など事務作業も煩雑である。更に、事業を受託したために委託先の安全基準に従わなければならず、活動が制限されるという事態も発生した。本来、市民社会を基盤に草の根の活動を実施するNGOとして、公的資金を受けるとしても総事業費に占める割合が一定の比率を超えないなど、財政的な自立性が不可欠であり、シェアも今後改善していかなければならない。

　そのような公的資金依存からの脱却のため、カンボジア事業担当を長く勤め、出産、育児休業を機に会員・支援者担当に転じた森本由布子が中心となって、新しい資金獲得の試みとして、労働組合および企業との連携が始まっている。労働組合は、社会的な不公正の是正や貧困の削減に対していっしょに戦うパートナーとして重要である。企業については、近年CSR（Corporate Social Responsibility: 企業の社会的責任）を重視する立場から、NGOとの連携を模索する企業が増えてきている。シェアも単に寄付を依頼するだけでなく、社員の研修やボランティア受け入れなど、企業のCSR実現のためにシェアが持つ専門性を生かした連携を提案している。

10. タイ ── 現地化への道

　2007年12月、田中博はタイに向けて出発した。田中には、これまでタイに派遣された日本人とは異なる役割が期待されていた。田中の職務タイトルは「組織運営アドバイザー」。今まで派遣された日本人は、現地調整員として会計

や関係機関との交渉、プロジェクトの運営を行なったり、看護師などの医療職がヘルスアドバイザーとしてプロジェクトの技術的な面でアドバイスを行なうなど、実際にフィールドに出てタイ人スタッフといっしょにプロジェクトを実施した。しかし田中はタイ人が主導するプロジェクトや組織運営に対して、組織マネージメントをサポートすることが主たる役割であった。

シェアタイの現地化については、長い議論の歴史がある。最初に現地化が真剣に議論されたのは1995年頃で、その後もタイ人スタッフが力をつけてきているのでタイ人主導で運営すべきだ、タイが中進国となったのでシェアはタイから撤退してもっと厳しい国で活動を始めるべきだ、といった意見が理事会や事務局、あるいは代表者会議（海外事務所の代表と東京事務局、理事による2年に1度の会議）で何度も議論された。話し合いを重ねる中で、現地化に向けた他団体の事例研究、現地化の条件の検討、現地化スケジュール作りなどが行なわれた。

現地化といっても、単に日本人スタッフがいなくなって現地人スタッフだけになれば達成できるわけではない。タイの場合、プロジェクトの運営自体は既にタイ人中心で十分に行なわれていた。しかし、人事や会計、資金獲得を含めた組織運営に関しては、今までシェア本部および派遣された日本人スタッフが大半を担ってきており、そういった組織運営をすぐにタイ人が引き継ぐことは困難であった。国際NGOの現地化についてタイ国内の事例を調査した結果でも、財政的に自立して継続している例は、非常に少なかった。

現地化のイメージについても、東京側とタイ側ではギャップがあった。東京本部では、徐々に支援を減らしていき、その一方でシェアタイが独自に資金集めを行なって財政的にも独立していってほしい、その場合はシェアの名前がなくなってもいいと考えていた。一方、タイ側は日本人なしでタイ人だけで運営することはいいけれど、資金に関しては継続してシェア本部から一定程度支援してほしい、財政的自立は困難というのが一般的な考えであった。

そんな議論が続く中、2003年8月、シェアタイにソンバット・ムーンタがプログラムオフィサーとして参加した。ソンバットは、参加当初プロジェクトそのものへの関わりが中心で、組織運営に関しては現地代表の代田香苗に任せっきりであった。しかし、なかなか進まない現地化プロセスに対して、シェアとして本気で取り組むことが決定し、2008年1月末の代田の離任に合わせて、シ

ェアとして初めてのタイ人代表が誕生した。田中のサポートを受けて、現在ソンバットを中心に、タイ人による独立した組織運営に向けて取り組みを続けている。

11. シェアの新しい方向性

　2007年5月下旬に行なわれた第4回代表者会議で、シェアの組織としての分析を行ない、今後取り組むべき重点課題を話し合った。その議論をもとにシェアの今後5年間の中期計画を策定することが決まり、タスクフォースが編成され、今後シェアが果たすべき役割について議論された。

　2008年3月にまとまったドラフトでは、まずシェアの理念、使命、価値を確認し、次にシェアを取り巻く環境とシェア自身の組織の分析を行なった。その上で、5年間で取り組むべき重点テーマとして①HIV・エイズ、②母子保健、③移住労働者の支援強化をあげ、一方で重点課題を推進するために、①理念を実現するためのネットワーク強化、②経験の蓄積と活用、③プロジェクト運営能力の強化、④自己資金の拡大の4つの組織的取り組みを強化することを決めた。

　シェアはその発足当初から、途上国および国内で、健康が脅かされている人々の中に入り支援活動を行なってきた。事業における海外と国内の比率は、9対1くらいの割合だった。しかし、近年グローバル化が進行する中で、各国間の格差が広がり、また1つの国の中でも貧富の差が拡大している。本来、「医療は万人に対して平等であるべき」なのに、経済的に貧しい人々が本来受けられるはずの医療サービスを受けられていない状況がある。それは、途上国でも、また日本社会でも、顕著になってきている。

　シェアは、それらの課題に対して、従来地道な現場での取り組みによって解決を模索してきた。その姿勢が評価されて、2008年1月には第22回東京弁護士会人権賞、8月には毎日国際交流賞を受賞した。しかし、地域に入っていけばいくほど、制度や大きな力によって歪められた格差の構造に直面せざるを得ない。そのような壁に対して、私たちはどのように取り組んでいけばよいのだろうか。

解決の1つのヒントとして、ネットワーキングやアドボカシーがある。単独のNGOではできない制度の変更や大きな力への対抗を、他のNGOや住民組織、そして市民との連携を強化することにより達成できる可能性がある。2008年7月に日本で開催された先進国首脳会議（G8サミット）に向けて、環境、開発、人権・平和に携わるNGOが、初めて共同でNGOフォーラムを立ち上げて提言をまとめ、各国政府、国際機関、市民に向けてキャンペーン活動を行なった。シェアは貧困・開発ユニットの保健ワーキンググループのメンバーとして、保健分野の提言作りに協力した。

　とはいえ、シェアはアドボカシーやネットワーキングを専門に行なうNGOになる必要はない。現場に深く切り込んでいく姿勢と、そこで得た経験や情報、何よりも人々の声に耳を傾け、その声を代弁して社会に発信していくことが、今後シェアに求められる役割になるだろう。

　人々の命をつなげていく取り組みが、新たな段階に入ろうとしている。

第2部
国際保健NGOとして取り組んだ課題と学び

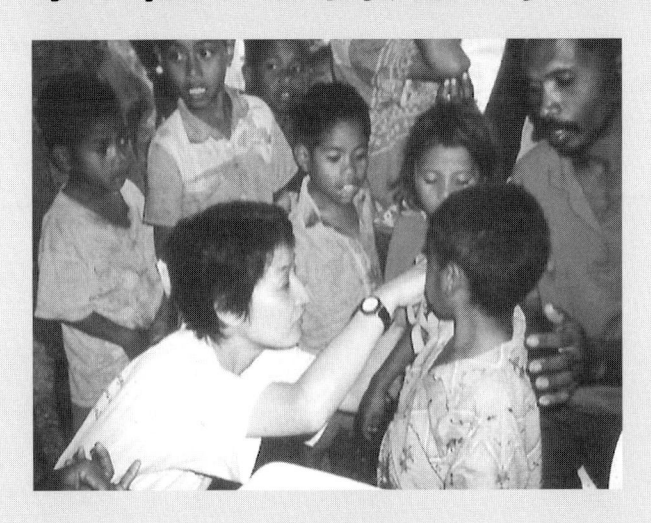

　救援で初めて東ティモールを訪ねた1999年11月初旬、夕刻の降りしきるスコールと稲光の中、ディリ市郊外ダレの坂道をあえぐように登った真っ暗闇の林の中に、シスター・ルデスの寄宿学校が建っていた。そこでは大勢の子どもたちが6畳ほどの狭い部屋にすし詰めになって、アッテンボロー監督の映画「ガンジー」に真剣に見入っていた。「誇りを持ち、自立した東ティモール人に育ってほしいのです」というルデスさんの言葉は、その後のシェアの歩みを方向づけた。　　　　　　　　　　（本田徹）

第5章
プライマリ・ヘルス・ケア
シェアがタイで学んだこと

本田 徹／工藤芙美子

1. プライマリ・ヘルス・ケアってなんだろう？ （本田 徹）

　プライマリ・ヘルス・ケア（Primary Health Care: PHC）という言葉を聞いたことがおありだろうか？　この言葉が正式に世界中で使われ始めたのは1978年、もう30年も昔のことだが、適当な訳語がなかったため、日本ではカタカナ名がそのまま用いられてきた。カタカナのため内容がすぐにイメージしにくい言葉だったことのほかに、もう1つ大事な理由があって、この用語は日本では、広く流通するに至らず、人々の生活に定着しなかった。もしくは、「市民権」を得られなかったのだ。その〈理由〉というのは、この章の最後にご説明したい。
　しかし、多くの開発途上国や、プライマリ・ヘルス・ケアが重視されてきたヨーロッパ、オーストラリア、カナダなどの国々では、日々の医療や生活に関係の深い、かなりポピュラーな言葉であると言ってよい。
　プライマリ・ヘルス・ケアは、ひとことで言えば、「身近で基本的な病気や健康問題に対処する、公的な保健・医療サービスや住民自身による行動」のことである。たとえば私は、風邪を引いた時、レモンと砂糖を混ぜた熱いお湯とか「たまご酒」を飲んで体を中から温め、早めに床につき、汗で濡れた下着はすぐ着替えるなどの養生法を守るよう、小さいころから母親によく言い聞かされてきた。また普段から風邪を寄せ付けないように、散歩や種々の体操を習慣

づけ、乾布摩擦を続けている年配の方々もいる。それらが、経験的に裏付けられたものであり、科学的にも正しいものなら、自分自身のため、家族のためにするプライマリ・ヘルス・ケアということになる。

　そうしたセルフ・ケアで良くならない時は、薬局に行って相談の上、感冒薬を買って飲んだり、それでもだめなら、近くの医者にかかって治療してもらう。これもプライマリ・ヘルス・ケアだ。更に、さまざまな生活習慣病を予防するための食生活上の注意・工夫、栄養士さんによる食事指導、運動療法による体重コントロールや健康管理も、プライマリ・ヘルス・ケアの部類に入る。職場や学校や地域で行なわれる定期健診とか、人間ドックなどの予防活動も、プライマリ・ヘルス・ケアの仲間と言ってよい。

　つまり、私たちが住み、働く地域で日常行なわれる、自分自身、家族、友人、恋人らによるセルフ・ケア、身近な看護師、助産師、保健師、医師、薬剤師、ヘルパー、理学療法士など「ヘルスに関わるプロ」による基本的な治療、ケア、健康管理、予防活動、リハビリテーション、カウンセリングなどを、総称して、プライマリ・ヘルス・ケアと呼んでいる。プライマリ・ヘルス・ケアでなにより大切なのは、どのような保健サービスや手段を使うかについての、私たち自身の知恵と主体性ということになる。

　住民によるこうした自主的な予防・健康増進（ヘルス・プロモーション）活動、初期ケアの重要性が強調される一方、プライマリ・ヘルス・ケアは、それぞれの国や自治体が、達成・継続可能な医療制度の中で、基本的な医療サービスへのアクセスを、すべての人々に対して、貧富の差や国籍・人種・文化・宗教などの違いを超えて、普遍的な人権として保障していくことを求めている点にも留意しておきたい。

2. アルマ・アタ宣言――プライマリ・ヘルス・ケアの原点　　　（本田　徹）

　「プライマリ・ヘルス・ケア」という言葉や考え方が広く世界に向けて発信されたのは、1978年旧ソ連邦のカザフ共和国の首都アルマ・アタ（当時）に、WHO（世界保健機関）とUNICEFの主導で、143ヵ国に及ぶ国・地域の代表が

集まり、採択されたアルマ・アタ宣言によってだ。この歴史的宣言によれば、「プライマリ・ヘルス・ケアとは、実践的で、科学的に有効で、社会に受容されうる手段と技術に基づいた、欠くことのできない保健活動のことである。プライマリ・ヘルス・ケアは国家の保健システムの中心的機能と主要な部分を構成するが、保健システムだけではなく、地域社会の全体的な社会経済開発の一部でもある。プライマリ・ヘルス・ケアは、国家保健システムと個人、家族、地域社会とが最初に接するレベルであって、人々が生活し労働する場所になるべく近接して保健サービスを提供する、継続的な保健活動の過程の第一段階を構成する」(高木史江訳)。

アルマ・アタ宣言は、世界の各地域で1960〜70年代にかけて行なわれてきた、さまざまな保健医療活動の成功事例が基礎になっている。最もよく知られた例は、中国の「はだしの医者」と呼ばれる、膨大な数の「農村保健ボランティア」の活躍だが、そのほか、アフリカのタンザニア、ニジェール、アジアのイラン、インド、インドネシア、中米のキューバ、グアテマラ、南米のベネズエラなどの国々での地域保健活動が、学びとして報告・集積された。それらをもとにWHOが分析した結果、政府による基礎的医療保健改善のための関与・支援、保健ボランテイアの養成や末端レベルの医療施設の整備、基本的な医薬品の供給、現場に合った適正技術の使用などが、人々の健康改善に成功するための重要な条件として、浮かび上がってきた。

それらはプライマリ・ヘルス・ケアの原則としてまとめられているが、重要な5つを以下にまとめてみよう。

①地域保健活動は住民のニーズに基づくべきこと
②住民の主体的な参加が必要なこと
③地域で入手や利用の可能な適正技術、人的・物的資源を最大限利用すること
④教育や農業など他分野との協調・包括性を重視すること
⑤既存の医療制度との調和

1つ特筆しておきたいのは、直接アルマ・アタ宣言の形成に影響したとは言えないが、日本でも戦後、無医村などの医療状況や住民の健康意識を改善する

ための、さまざまな地域での取り組みが行なわれ、立派にプライマリ・ヘルス・ケアのモデルと言えるような事例も生まれていたことだ。最も有名な実践例は、長野県の佐久総合病院を率いて、農民の健康改善のため予防・治療が一体となった運動を展開してきた、若月俊一医師らの働きである。

3. プライマリ・ヘルス・ケアの源流と発展してきた道　　（本田 徹）

　プライマリ・ヘルス・ケアは、20世紀後半の世界的な保健思想の集大成と言えるものだが、それが生まれ発展してくる過程では、人類が歴史的に営々と築いてきた、さまざまな思想・価値観、経験や知恵が合流し、影響しあってきた。プライマリ・ヘルス・ケアを形成してきた、それらの大切な要素として、以下の4つのことを取り上げたい。

3.1. 人権思想として

　まずなによりも、プライマリ・ヘルス・ケアは、1人1人の人間の「いのち」を大切にする考え方、人権思想と言える。たとえば第2次世界大戦後間もない1948年に出された有名な「世界人権宣言」には、「すべての人には、自身と家族の健康と幸福のためにふさわしい生活水準が、人権として認められ、その中には食料、衣類、住居、医療的なケア、そして必要な社会的サービスが含まれる」（25条1項）と書かれている。

　年代が下って、1966年に国連の社会文化権規約（いわゆるA規約）が出されるが、ここでも、健康は普遍的な人権と位置づけられ、そのため具体的に次の4つのものが、達成されることを求めている。①子どもの死亡を減らし、その健やかな発達を保障すること、②環境・産業衛生の改善、③さまざまな病気の予防、治療、公衆衛生策、④医療的なサービス、インフラの整備。（第12条「健康を享受する権利」）

　こうした「人権としてのヘルス」という考え方が、プライマリ・ヘルス・ケアにとって最も基本的な支えとなってきたことは間違いない。よく知られているように、日本国憲法も独自の社会権規定を持っており、特に第25条は「生

存権」として、プライマリ・ヘルス・ケアに通じる考え方を謳っている。「すべて国民は、健康で文化的な最低限度の生活を営む権利を有する。2. 国は、すべての生活部面について、社会福祉、社会保障及び公衆衛生の向上及び増進に努めなければならない」

3.2. 開発論として

　2つ目として、プライマリ・ヘルス・ケアには、開発思想の中から生まれてきたという側面がある。開発途上国と言われる、アジア、アフリカ、ラテンアメリカの広大な地域と国々は、1950～60年代に次々と独立を遂げていったが、長年、植民地主義支配による隷属状態に置かれていたこともあり、発展が遅れ、国民の生活程度も低く、医療や教育のサービスも行き届いていなかった。そうした状態を抜け出すため、独立後どのように途上国の開発を進めるべきかという、さまざまな政策や援助の理論が、政治家、経済学者、開発専門家らによって提唱されてきた。

　その中で、1960年代の後半から70年代の初頭に有力になってきた考え方に、すべての人々にとって大切な、衣食住、教育・医療の基本ニーズ（Basic Human Needs: BHN）を充足し、貧富の差を減らし、社会的公正の実現を目標とすべきだという開発論があった。プライマリ・ヘルス・ケアは明らかに、こうした「人間中心の開発思想」の流れを汲むという面を持っている。

3.3. 地域リハビリテーションとのつながりとして

　プライマリ・ヘルス・ケアに少し遅れ、あるいはほとんど軌を一にして、世界のさまざまな国・地域で発展してきたのが「地域リハビリテーション」（Community-based Rehabilitation: CBR）の運動である。1960～70年代はまだポリオが猛威を振るっていた時代で、途上国・先進国を問わず、何十万という数の子どもたちがこの病気に冒され、死を免れたとしても、四肢の麻痺といった重い後遺症を抱えて生きていかねばならなかった。そのほか、モータリゼーション（車社会化）とともに増えてきた交通事故による脊髄損傷患者、戦争や地雷被害で生まれた障害者、先天性・新生児期の疾患による障害者も多い。

　この人たちが、残された身体機能を改善し、自立して地域社会で生きていく

ためには、リハビリテーションが必要だが、大きな都市の病院にある専門施設でなければ、そうしたサービスを受けられないという、アクセスの困難が立ちはだかっていた。この問題を解決するために、地域において、住民がプライマリ・ヘルス・ケアのサービスが受けられるのと同様に、障害者が地域リハビリテーションのサービスを享受するのは当然の権利ではないか、という当事者を中心とする要求・運動が1970年代から沸き起こった。これが、各地での先駆的な取り組みにつながり、WHOや各国政府の支援を受けて世界的な流れとなっていく。

　ここで大切なのは、プライマリ・ヘルス・ケアと地域リハビリテーションがお互いに励ましあい、協力しあい、時には統合された形で発展してきたことである。両者は交流することで、より大きなヴィジョンを獲得していったと言ってよいだろう。

3.4. 参加型教育として

　プライマリ・ヘルス・ケアを実際に地域で実践していく場合、どのように、患者さんや住民に、自分たちの健康をみずからの手で守っていくための知識や行動を身につけてもらうかという、教育の課題が欠かせない。いかにして、共に学び、伝え、人々の自覚を高めて、行動変容を起こし、病気を減らし、健康な地域づくりを実現していくか。この課題に取り組むため、「参加型教育」という考え方、実践が、1970年代以降積極的に世界各地で試みられるようになった。

　この考え方の1つの先駆的なモデルになったのは、ブラジルの哲学者・教育学者パウロ・フレイレで、成人の識字教育のための彼の優れた理論は、途上国のプライマリ・ヘルス・ケアの現場で役立つこととなった。また、イギリスのサセックス大学に拠って研究・実践活動を各地で重ねてきた、ロバート・チェンバースらの参加型農村調査法 (Participatory Rural Appraisal: PRA) や参加型学習法 (Participatory Learning and Action: PLA) も、豊富な実践例により、大きな影響と啓発を地域住民やNGOに与えてきた。

　最後に、メキシコの山間僻地で長年にわたり住民主体の保健活動支援を続け、*Where There Is No Doctor* (医者のいないところで) という、広範な途上国の草の根保健・医療の現場で活用されてきた名著の作者で、地域リハビリテーションにも

貢献するところの大きかったデビッド・ワーナーを忘れることはできない。彼は高校の生物学の先生出身ということもあり、絵画による動物や人間の観察・描写にすぐれ、保健活動の実際を、わかりやすく楽しい視覚表現として伝えることで、革命的な役割を果たした。彼の仕事は、世界中のプライマリ・ヘルス・ケアの現場で、いまも大きな影響を与え続けている。

　次項以下では、プライマリ・ヘルス・ケアの具体的な活動について、工藤芙美子に述べてもらう。

4. シェアにとってのプライマリ・ヘルス・ケアの実践
　　——タイの経験を中心に　　　　　　　　　　　　　　　　（工藤芙美子）

　シェアにとって初めての海外での実践経験となった1985年エチオピアでの緊急医療救援では、栄養不良、不衛生、寒さといった基本的な条件の悪さが原因で多くの人たちが下痢や呼吸器の病気に感染し、1年間に500人以上の人々がシェアの仮設の病院で死亡した（第1章・第10章参照）。この緊急状態の中で多くのことを学んだシェアは、1990年JVCから独立して初めてのプロジェクトをタイで開始した。

　タイではWHOのアルマ・アタ宣言が出された1978年以前から、マラリア・ボランティアの養成など、プライマリ・ヘルス・ケアを北部の県などでパイロット的に実施していた。当時タイでは、85％の保健医療予算が10％の人々の病院治療のために使われ、残りの15％の保健予算のみがプライマリ・ヘルス・ケアとして90％の人々へのサービス提供に充てられるという状況であった。そうした状況を全国レベルで改善することが、タイのプライマリ・ヘルス・ケアにとって急務となっていた。

　この背景の中でシェアは、東北タイの農村において、健康の改善と維持のために人々の健康への意識、病気のケアと予防に焦点を置いた下痢予防の活動を1年半行ない、更に住民健診、乳幼児健診と栄養の改善、エイズのプロジェクトへと活動を展開していった。

　タイのシケウ村のある家でトイレに2つの水入れを見た時だった。水が入っ

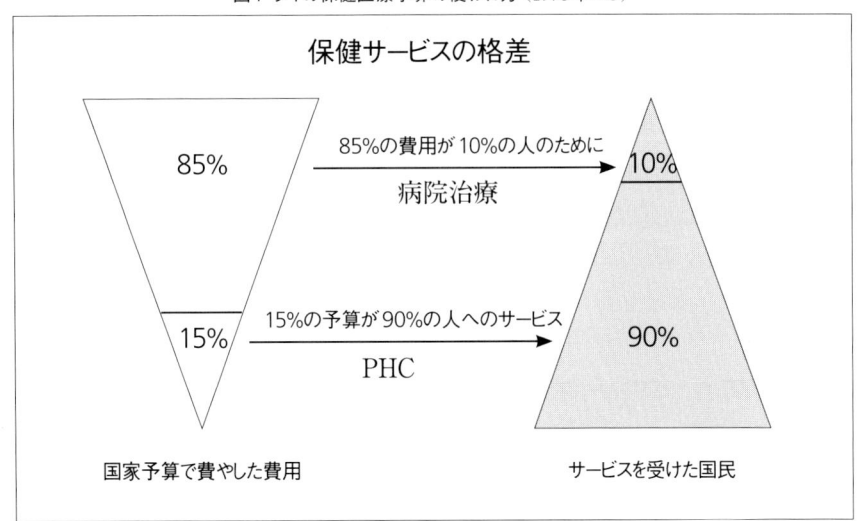

図1 タイの保健医療予算の使われ方（1978年ごろ）

保健サービスの格差

- 85%：85%の費用が10%の人のために　病院治療　→ 10%
- 15%：15%の予算が90%の人へのサービス　PHC　→ 90%

国家予算で費やした費用　／　サービスを受けた国民

た素焼きの瓶にはアルミの蓋がしてあった。もう1つはセメントで作られた四角い水槽で、その中には小さな魚が泳いでいた。最初この魚を大きく育てて食べるのだろうと思ったが、家の奥さんに聞いてみると、「素焼きの水がめは体を洗うためのもので、セメントの水はトイレを流すための水。蚊が水の中で繁殖するので、素焼きの瓶には蓋をして蚊が入らないようにした。セメントの水は魚を入れると蚊が産卵しても、蚊に成長しないうちに魚が食べてくれるから繁殖を予防することができる」と言った。その時「これが地域の資源を生かした適正技術なのだ」と気がついた。プライマリ・ヘルス・ケアは人々の生活の知恵の中で生まれ、伝統文化の中で受け継がれていた。

シェアの東北タイ農村での活動では、住民自身が問題解決のための方法を計画実施していったが、村の保健ボランティアもまたその過程で「なぜ村人が下痢をするのか」を、自分の問題のように人々と共に考え、多くのことを学んでいった。シェアはファシリテーターとしての役割を果たしながら、保健ボランティアとの協働により住民参加、適正技術、資源の有効活用などを実践していくことができ、プライマリ・ヘルス・ケアはまさに村の中にあることを学んだ。

4.1. 下痢予防のプロジェクト（1990～1992年）

　シェアは東北タイのウボンラーチャターニー県に事務所を置き、6つの県を管轄する伝染病コントロール局（CDC7）（当時）とヤソートーン県保健所による下痢予防のプロジェクトに参加した。CDC7と県保健局は、①下痢対策システムの改善、②スタッフの質の向上、③罹患率、死亡率の減少、④病気のコントロールと予防、をプロジェクトの目的とした。CDC7はウボンラーチャターニーに隣接するヤソートーン県から下痢罹患率の高い村と低い村の各2村を選び、シェアは罹患率の高いシケウ村を活動対象地とした。

　シケウ村は人口4000人で、保健センターには、高校卒業後2年間教育を受けた助産師と公衆衛生士の2人のスタッフがいる。助産師は1日15～40人の患者の治療にあたり、衛生士は管理や予防活動、村の保健ボランティアの指導などを行なっている。

　タイの公的機関で当時行なわれていた保健プロジェクトは、多くの途上国でそうであったように、保健省から県保健局へ、県保健局から保健センターへ、そして保健ボランティアへと、上から下へおろされ、タイのプライマリ・ヘルス・ケア本来のアプローチである住民参加が実践されていなかった。そのことの反省に立ち、ヤソートーン県の下痢プロジェクトは、保健センターのスタッフ独自のアイデアと保健ボランティアの活動がプロジェクトの大きな役割を担うように工夫した。ボランティアももちろん住民の1人であることに間違いないが、トップダウンの形の中では教えられたことを伝えるだけで、主体性や連帯感に欠けてしまうのが現実である。

　CDC7と県保健所は、保健ボランティアの知識の調査を行ない、彼らのトレーニングからスタートした。シケウ村の衛生士は、独自のレポート方法として、「2つに切れるチケット」を発案した。下痢をした人が近くの保健ボランティアに報告すると、ボランティアは経口補水液（Oral Rehydration Solution: ORS）を作る粉のパックといっしょにチケットを渡す。チケットの半券は保健センターに報告する患者記録として毎週報告し、もう片方は患者に渡すもので「手を洗う」、「水は沸かして飲む」など保健教育の項目が書かれてあった。

4.2. 保健ボランティア

　タイのプライマリ・ヘルス・ケアの活動の中で最も重要な役割を果たし、「プライマリ・ヘルス・ケアの心」とも言われているのが、村で選ばれた保健ボランティアである。保健ボランティアは国のシステムの中に確立され、10軒に1人のボランティアが住民によって選ばれ、地域住民の健康改善の活動を行なう。彼らには金銭的な報酬はないが、ボランティアとその家族が病気になった時に無料で治療が受けられる。基本的なトレーニングを受けたあと、ボランティアの身分証明書と必須薬品の入った救急箱が渡される。

　「ボランティアの心構え」として以下の6項目が掲げられ、トレーニングや祝典の時、皆で合唱した。

　①住民の健康に関する間違った迷信を改善する
　②健康に関する正しい情報を普及する
　③住民に病気の予防方法や健康問題についての指導をする
　④住民のモデルとなる
　⑤住民を尊重する
　⑥保健センターと協力して活動を行なう

　1990年の時点では、ボランティアは住民の投票によって選ばれるのではなく、村で募集があって応募した人はそのまま選ばれていた。しかし活動に興味を持たず脱落していく人も多かった。最も活動的なボランティアは、極貧ではないが中間の貧しい人たちであり、自分たちでなんとか地域を改善したいと考えていた。

4.3. 小さなきれいな村——バーン・ノーイ・サアート

　シケウ村では下痢にかかる人が多く、その数は毎年増えていた。保健スタッフは村の人たちに手を洗うこと、生水は飲まないことなどを徹底しようとしていたが、それは役所から村の人たちへの一方的な呼びかけだったために、多くの人は下痢を自分たちの問題として考えるには至っていなかった。村の人たちが考えることによって、自分たち自身で下痢の問題に気づき、村人自身の知恵

と力とで解決していくことができると考えた。

　シケウ村は4つの村に区分されているが、村の中で一番下痢が頻発するため、住民参加型の下痢予防プロジェクトを開始すべく選んだ地区は、「シケウ村のスラム」と呼ばれる、村のはずれの一角に他の村や県から移り住んでできた小さな集落であった。村には54人が住む15軒の家があるが、家は掘っ立て小屋で小さく粗末で、家族5人が住めるとは考えられないようなものであった。ほとんどが土地を持たず、地主の手伝いをしながら、日当で暮らしている貧しい人ばかりだった。村にある水源は、青いコケのはえた水溜まりのような、そばに立つと土がばらばらと崩れ落ちていく井戸が1基あるきりだった。村には電気も水がめもなく、子どもたちは汚れ、村の店で塩45％を入れて作るナムプラー（魚醬）の中の小魚を、大きなもち米のおにぎりに入れて食べていた。そしてこの魚醬にはうじが湧いていた。この村は賭博の開かれる場所になっていて、近隣から毎日賭け事をするために多くの人が集まり、村人は日当のほとんどをすっていた。

　人々が下痢を予防する方法を自分たちで考え、評価していく話し合いを進めていくために、2人の保健ボランティアを選び、2人の保健スタッフと共に下痢予防プロジェクトを開始したが、月ごとにこの活動に参加するボランティアが増え、また中学校の教師も参加して、通りがかりの村人も見ていくようになった。

　活動は、①下痢の問題を持つ村人で話し合い、生活改善のために村人自身でできることを考え実践評価する、②下痢の原因を考える機会を作ることによって、人々の健康に対する意識を高める、③人々が協力することを学ぶ、④保健ボランティアと保健スタッフが住民の問題を把握し、問題を分析するようになる、の4つを目的とした。毎月1回の話し合いのリーダーとして選んだのは、人の話がよく聞ける保健ボランティアのランシンで、プロジェクトを進行する上で以下の点を注意してもらった。

①話し合いの目的は村人の意見を聞くことである
②参加者全員から等しく意見を聞く
③どんな意見でも正確に記録する
④自分の意見としてではなく参加者全員の意見として整理する

図2 下痢の問題分析

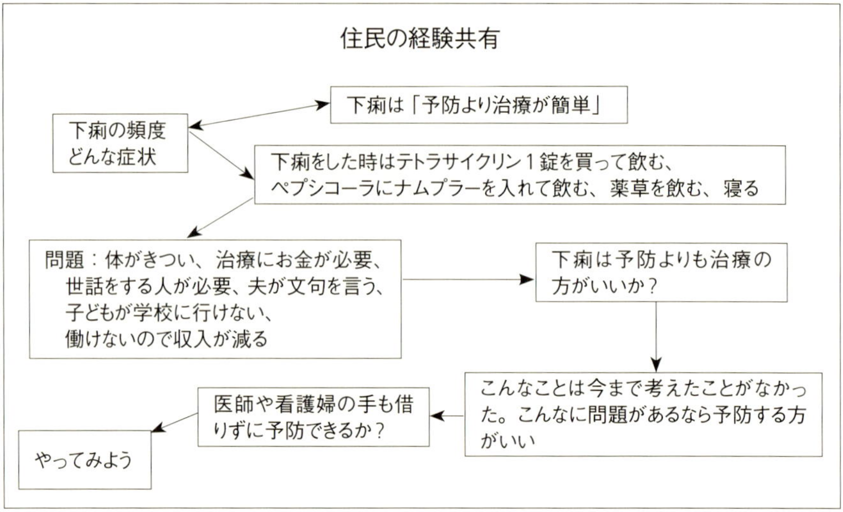

```
住民の経験共有

下痢の頻度          →  下痢は「予防より治療が簡単」
どんな症状
                    下痢をした時はテトラサイクリン1錠を買って飲む、
                    ペプシコーラにナムプラーを入れて飲む、薬草を飲む、寝る

問題：体がきつい、治療にお金が必要、    →  下痢は予防よりも治療の
     世話をする人が必要、夫が文句を言う、     方がいいか？
     子どもが学校に行けない、
     働けないので収入が減る
                                            ↓
                                        こんなことは今まで考えたことがなかっ
      医師や看護婦の手も借  ←           た。こんなに問題があるなら予防する方
      りずに予防できるか？              がいい
やってみよう
```

4.4. 村人との話し合い

　村の人たちを集めての最初のミーティングの日は、下痢がどのように起こっているのか、それぞれの家庭ではどんな治療をしているのかなど、人々の経験を話し合った。下痢発生の時期と頻度や症状、下痢をした時どうしているかを聞くと、保健センターに行って経口補水塩（Oral Rehydration Salt: ORS）のパックをもらって飲むと答えた人もいたが、ペプシコーラにナムプラー（魚醬）を入れて飲む（「コカコーラよりペプシのほうが効く」と村人は信じていた）という習慣もわかった。またテトラサイクリン（1錠30円）を1錠ずつ買って、良くなるまで飲むという対処法の問題も把握できた。

　下痢の原因に関しては、トイレがない（全戸トイレなし）、市場で買う食べ物がきれいでない、井戸水をそのまま飲む、手を洗わない、ハエが多いなど、人々は下痢の原因を彼らなりに知っていた。

　下痢が体や生活におよぼす影響について聞くと、倦怠感、腹痛、痩せるなど身体的な問題のほかに、病人の世話をする人が必要、働けないので日雇い仕事の賃金が入らない、妻が下痢ばかりして世話をしないといけないので仕事に行けず収入が減る、夫が文句を言う、治療に行くのに時間がかかりお金もかかる、

など生活上の問題が出てきた。

　こうして村人の経験を出し合い、彼らの持つ問題点を引き出すと、最初は「下痢は治療をする方が良い、予防は面倒だ」と言っていた人々が、「今まで下痢をしてこんなに生活に影響すると考えたことがなかった」、「それなら下痢は予防した方が良い」と言い出した。この話し合いの結果、医師や看護師に頼らず自分たちで下痢を減らす予防を考え、実施することになった。

4.5. 下痢に関する意識が高まり、生活改善で下痢がなくなった

シケウ村で簡易井戸掘りに従事する村人とボランティア

　毎月の村人との話し合いは、彼らの住む村で夕食の終わった時間に行ない、15家族全部が参加するようになった。下痢をした人の情報収集、前月に立てた計画の実施状態とその結果の評価を行ない、ロール・プレイ（寸劇）で村の問題を話し合ったり、家庭で作る経口補水液の作り方や薬草の勉強をした。

　「手を洗っても下痢をした」、「家が汚いからだ」、「水がきれいでない」、「ポンプ式の井戸が必要。でもお金がない」という意見が出て、お金をかけなくても自分たちでできることは何かを考えて実施していった。「先月、下痢をした人は」と聞くと8人もが同時に手を上げる時もあった。最初の2ヵ月は「下痢をしたからしたんだよ」と答えていた人たちが、下痢をした時にその原因を考えるようになり、同じ原因で下痢を繰り返すことがなくなった。

　村人が手洗いを始め、ボランティアの助けで井戸を掘り、薬草園を作った。更に知らないうちに、1軒に1個の竹製のごみ箱、ココナッツの殻で作ったひしゃくが、ボランティアの指導のもと、バーン・ノーイ・サアートの主婦たちによって作られていた。いつも道が悪く困っていた道が、そこを通って畑に行

一休さんやドラえもんが登場する保健教育用ポスターを製作するボランティア

く人30人に協力してもらい、1日がかりで白く続く新しい道に変わっていたのには驚かされた。村全体がきれいになり、女性たちの表情も明るくなり、洪水でだめになった薬草園も、数日後ボランティアのリーダーたちがやってきて、新しい土地に薬草園を耕していった。人々は家に電気を引き、水がめも購入した。人々の健康に使うお金の優先度が高くなった。

　活動を開始して1年がたった11月、保健ボランティアのランシンが下痢とトイレの問題をテーマにロール・プレイの内容を書いた。米とキャッサバの収穫で1年に1回大きな収入のあるこの時期は、村人にトイレ作りを勧める良い機会だという。材料に黒いビニール袋と籠を使い、ハエの顔は模造紙で作り、村人も配役に巻き込んでいった。

目的：①トイレを持っていること、持っていないことの意味を考える
　　　②下痢の原因とトイレとの関係を明らかにする
　　　③お金があってもトイレを作りたくない人、お金はないがトイレが欲しい人のどちらもがトイレを持つようにするにはどうするかを考える

第5章　プライマリ・ヘルス・ケア——シェアがタイで学んだこと

あらすじ：ギャンブルに熱中しすぎてハエのたかった食べ物に手をつけた男たちが、おなかをこわしてヤブに駆け込む。下痢の上に今度は蛇にお尻を咬まれてさんざん…

配　役：　ハエ2匹：保健センターのスタッフと保健ボランティア

　　　　　患者1人：保健ボランティア

　　　　　ギャンブル、食事をしている村人：保健ボランティアと保健センターのスタッフと村人

　　　　　記録係

重要なポイント：ギャンブル、食事の前に手を洗わない、食物とハエ、トイレがない

劇終了後の質問：①今日は何の劇？

　　　　　　　　②なぜ下痢をするのか？

　　　　　　　　③なぜ蛇にかまれたのか？

　　　　　　　　④食べ物がない、トイレを作るお金がないのはなぜか？

　　　　　　　　⑤なぜギャンブルをするのか？

　劇のあと、下痢についての話し合いを行ない、司会のランシンがみんなに質問した。

　「今日の劇は、どんな話でしたか？」。村の人が「下痢の話」とみんなで答えた。

　「どうして男は下痢したんだと思いますか？」

　「トイレがないからハエがきて、それでハエにばい菌をうつされたんだよ」

　「じゃあ、なぜトイレを作れないんだろう？」

　「貧しくてお金がないからだよ」

　「なぜお金がないのか？」

　「お金がないから、ないんだよ」と村人が繰り返していると、突然、小学生の男の子が立って、「ギャンブルやってるから、お金ないんだよ」と言った。

　その言葉に大人たちはあわてて、「やってない、やってない。もうギャンブルなんかやってない」、「この村はバーン・ノーイ・サアート（小さなきれいな村）になったんだから、ギャンブルなんかやらないよ」

　1年前の初めてのミーティングでこのグループに名前をつけることを提案し

タイ式トイレ作りに勤しむ保健ボランティア

た。村人によって「バーン・ノーイ・サアート」と命名され、いつの間にかこれがこの村の名前になり、愛着を持って呼ばれるようになった。しかし、村人がこの名前をつけた時、これほどこの名前が彼らにとって大きな意味を持つことになるとは思わなかった。

　このミーティングの翌日に、村で最年長の女性がお金を持って保健センターにやってきた。「トイレを作りたいのだけど、どこで材料を買っていいのか、どうやって作っていいのかわからない」と言う。さっそく保健センターのスタッフは町に材料を注文に行き、村の保健ボランティアたちが協力して村で初めてのトイレができた。この時、村人もトイレ作りを手伝いながらトイレ作りを学び、その後毎週1つずつトイレが増えていき、やがてすべての家にトイレができた。

　その次の月には、ボランティアが、せっかく作ったのに使われていないごみ箱をテーマにロール・プレイを作成した。子どもを登場させ、ごみをどこにでも捨てる母親に、「どうしてごみ箱を使わないの？」と聞くと、母親は、「食べ物はどうせ犬が食べるからいいのよ」、「ビニールは風で飛んでいくからいいの

第5章　プライマリ・ヘルス・ケア――シェアがタイで学んだこと　　155

図3　行動変容

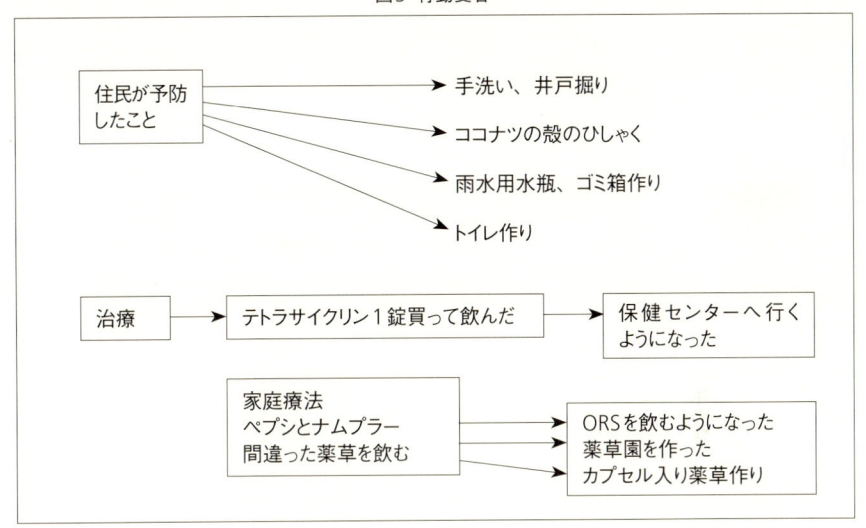

```
住民が予防 ──→ 手洗い、井戸掘り
したこと    ──→ ココナツの殻のひしゃく
            ──→ 雨水用水瓶、ゴミ箱作り
            ──→ トイレ作り

治療 ──→ テトラサイクリン1錠買って飲んだ ──→ 保健センターへ行く
                                              ようになった
         家庭療法                      ──→ ORSを飲むようになった
         ペプシとナムプラー             ──→ 薬草園を作った
         間違った薬草を飲む             ──→ カプセル入り薬草作り
```

よ」と答える。そういう母親に、子どもがごみ箱を使うことの意味を教えるというストーリーだった。ローカル色のある、私たちにはとうてい思いつかない内容だった。

　村人の下痢に対する意識が向上し、さまざまな予防方法を実践し、その結果、人々の生活習慣が変わり生活が改善し、1年2ヵ月後にはこの村から下痢がなくなった。

4.6. シケウ村の下痢データ分析

　シケウ村の下痢のデータをグラフにしてみると、1年のうち下痢の患者数が非常に増えていた日が数日あった。保健ボランティアと保健スタッフに聞いてみると、これらの日には必ず法事、結婚式、葬式、新築祝いなどの行事があったという。またほとんどが下痢日数1日だけ、経口補水液で回復している。患者も30～50歳の男性に多いことがわかった。

　こうした行事の時の状況をよく観察すると、下痢の原因が水の扱い方にあると考えられた。村人は水を入れた大きな素焼きのジャーからガラスやプラスティックのコップで汚れた指を突っ込んで水を汲み、コップは土とほこりだらけ

の床の上に置かれる。皆がこれを繰り返すために水は当然汚染される。

　そこで、ボランティアたちにココナツ椰子の殻で、昔ながらのひしゃくを作ってもらい、次の新築祝いのある日に持っていって村人に使ってもらった。その結果、この日には下痢にかかった人が1人も出なかった。ボランティアたちは下痢の感染経路を理解し、その後バーン・ノーイ・サアートの主婦たちにひしゃく作りを教えて作らせたのだった。

4.7. 県保健所が認めた、保健センターのスタッフと保健ボランティアの学び

　県保健所によるプロジェクトの中間評価があり、保健ボランティアのランシンがバーン・ノーイ・サアートの活動報告をした。いまだかつて、ボランティアが県の保健関係者の前で活動報告をするという前例がなく、これはランシンにとっても村全体にとっても大きな出来事となり、すべてのボランティアの誇りとなった。

　保健センターのスタッフは、ボランティアといっしょに行なった下痢の多い日の原因調査結果を発表、データを分析することの重要性を強調し、県保健所にもインパクトを与えた。こののち、県では毎月の保健センターが提出する下痢のレポートの様式を変えた。更に、村別の毎日の患者数を報告する用紙も作成された。

　保健教育は、病気や予防についての話をすることだけではなく、受益者といっしょに考えることによって人々の持っているものを引き出すことだと思う。この活動を通じて再発見する村人の生活の知恵の中に、適正技術、資源の有効活用の実践の鍵がある。6県の保健ボランティアのリーダー研修が行なわれた時、参加者たちに「村人を指導することは難しいですか」と質問すると、「難しくない。指導内容を知っているし、私も同じ村人だからみんなの問題を知っているから」と答えた。同じ質問をシケウ村のランシンにしてみた。彼は「難しい。私は以前は村人の問題を知っていると思っていた。でも本当はよく知らなかったことに気づいたから」と答えた。保健ボランティアにとっても、シェアにとっても、バーン・ノーイ・サアートの活動は大きな収穫となった。

　前年の初めてのミーティングのあと、ボランティアのランシンが「今までこの人たちの話を聞いてくれる人がいなかったので今日は嬉しそうだった」と言

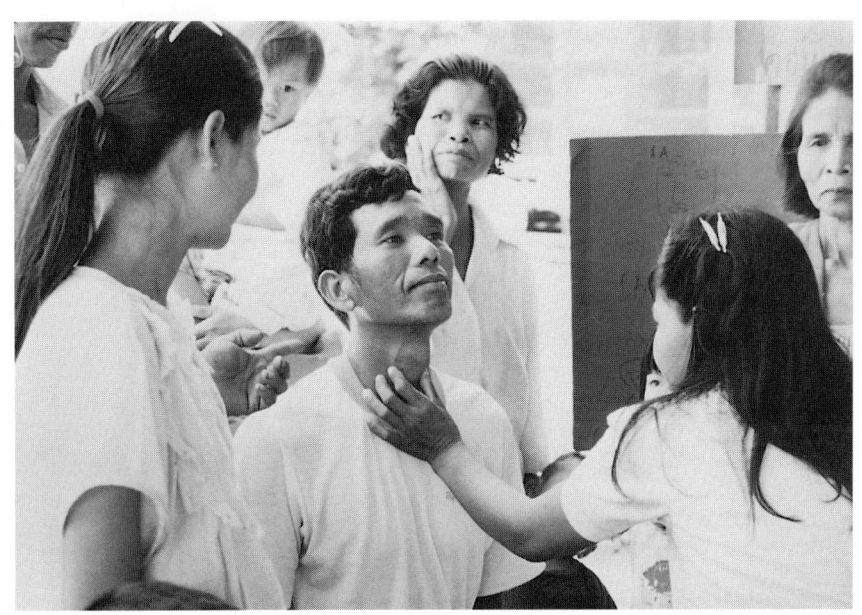

ヘルスチェックで甲状腺の触診の仕方を学ぶカンボジアからの研修生

った。振り返ってみると、この言葉がすべてを語っていると思う。なぜ下痢が改善されないのか、栄養不良の子がいるのか、発見されない結核患者や途中で治療を中断していく人がいるのか、なぜ貧しいのか。保健スタッフは、これらの解決に基礎教育の重要性を強調する。しかし、それとは別に、無視されることからくる無力感、また関わりたくない、あるいは始めから無駄だと決めつけ、問題を直視させない保健スタッフの姿勢も、その解決を不可能なものにしているのではないだろうか。

あるミーティングで、お酒を飲んだ村人がやってきた。結核にかかっている奥さんは子どもたちといっしょに畑の小屋に住んでいた。持っていた袋の中には、酒瓶、たばこ、油。田んぼは持たず、日当で入る収入が月950バーツ、お米を買うと400バーツ、おかずに200バーツ、お酒に100バーツ（もっと？）、たばこに40バーツのお金を使うと言う。「お酒を減らして奥さんにおかずを買ったら」と言うと、「土地もないし、酒でも飲まないとやっていけないと」としんみり話した。

ミーティングはとっくに終わっているのに、村人はいっこうに家に帰ろうと

しなかった。「プライマリ・ヘルス・ケアとは革命である。なぜ貧しい人が病気をするのか、なぜ自分たちは貧しいのかと考えるようになること」と言ったサムルーン医師の言葉を思い出した。

　この活動を通して、人々の問題意識の向上が問題解決につながることを目の当たりにし、「気づきの醸成（Awareness Raising）」の重要性を認識するとともに、この手法が今後の活動方法の基本となった。また、村の活動を見に訪れた藤田雅美医師の指摘でシケウ村での活動方法が参加型調査法（Participatory Rural Appraisal: PRA）であることを知った。

　村人との活動を通して関わった保健ボランティアと保健センターのスタッフが、村人と話し合うことの大切さを理解した。保健ボランティアが育ち、保健センターのスタッフと村人のコミュニケーションが向上し、信頼関係が築かれた。

　シェアの初めてのプロジェクト「バーン・ノーイ・サアート」で、多くのことを学んだ。

4.8. メコン川のほとりで健康教育（1992〜94年）

　栄養士の小泉昭子はメコン川沿いにある小さな村に住み、乳幼児健診に保健ボランティアを巻き込んで教材を作り、おかゆを作って母親たちに栄養指導をした。毎回、具を変えて作り、子ども1人につき1バーツ（当時約4円）ずつ母親に払ってもらってどんぶり1杯のおかゆを渡していた。それでも多くの母親たちが子どもを連れてやってきたが、田植えの忙しい月になると参加数が減った。

　ある日、小泉は子どもを連れてきた母親の伸びた指に真っ赤なマニキュアが塗ってあるのを見て、爪は短く切らなければ手が汚れると心配した。しかし、田植えが始まると彼女は爪を短く切り、マニキュアを取っていた。畑仕事のない1ヵ月ほどは、女性たちがおしゃれを楽しむことができるほんの少しの期間だった。

　小泉はこの村にある小さな小学校で健康教育を始めた。病気、病人を常に念頭に置いたシェアの保健医療集団とは違い、健康な子どもを対象にした健康という切り口から始めた関わりは新鮮で、子どもたちの興味を誘った。

　「指は何本ありますか？」

「この指は何のためにありますか？」

「爪は何のために？」

「歯は何本？　何のために？　いつ生えかわる？」

彼女はこうした質問から健康教育を始めていった。

子どもたちといっしょに村の丘に登って自分たちの村を見下ろし、現在の村と10年後の村を描いてもらった。

家にある最も古いものを持ってきてもらい、家族に聞いた話を教室でみんなに話してもらった。遠出をして、町にある郵便局や動物園の見学にも行った。学校で野菜を作りながら観察日記をつけた。

どれも、子どもたちが自ら学ぶ場作りだった。そうして健康についての学びを、子どもから家族、村、地域へと伝えて、子どもたちの夢を広げていった。

村で行なったマラリアなど感染予防のキャンペーンには、村の僧侶、教師、保健スタッフとボランティア、子どもたちが中心になって教材を作り、村を行進して回り、劇もやった。

2年弱の任期が終わって村を離れる時、子どもたちみんなが大泣きして見送り、村のまっすぐな1本の道には鍬を担いで仕事に向かう村人が立ち止まり、両腕をぴったりと体につけて頭を90度下げて最敬礼した。まるで、昔の映画「二十四の瞳」を見るような感動的な姿に、村人と小泉との深いつながりを強く感じた。ここでも、子どもたちと教師、僧侶という「人」と「人」がつながりながら、村の歴史に学び、野菜などの地域資源を利用して、プライマリ・ヘルス・ケアの増進に努めていた。

5. シェアの経験を生かしたJICAでの活動経験
　　――ネガティブからポジティブへ　　　　　　　　　　　（工藤芙美子）

タイでの学び・経験を生かし、私はその後、保健専門家としてJICAのプロジェクトにも関わるようになった。JICAのプロジェクトにおいては、「草の根」より上位の、県保健所や病院などのスタッフと活動することが多い。そうした場所に働く協力相手（カウンターパート）が、どの国でも異口同音に言うのが、「物

がないからできない」、「予算がないからできない」、「人員が足りないからできない」、「やる気がないからできない」といったことである。とかく、自分たちを取り巻くネガティブな状況を、活動やその改善ができない理由としてあげることが多い。しかし、プライマリ・ヘルス・ケアに根ざした次のようなアプローチを取り入れることにより、彼らがポジティブな発想を持ち、その地域の状況にあった問題解決を図っていくことができる。彼らの持っている能力を引き出し、活動を可能なものしていくための手法——人材育成を基盤としたアプローチである。

　①事実に基づく共通の問題認識の確立
　②参加型の調査・分析・評価活動とエンパワーメント（能力強化）
　③統合と協力による効果的な活動

①**共通の問題認識の確立**
　カウンターパートの問題に対する認識・理解（Perception）が違うため、活動計画に一貫性がない。これは、保健問題として取り上げることに真の裏付けがないため、みんなが共通の問題認識を持てないからである。適正な問題解決を図ることを目指した計画立案のために、まず調査を行ない、あるいは既存のデータを分析し、共通の問題認識に立った上で、皆が同じ方向性を持って活動を展開していくことができるようになる。

②**参加型調査法とエンパワーメント**（能力強化）
　この章のはじめでも紹介した参加型農村調査法は、適切にプロジェクトに取り入れ、利用すれば、カウンターパートたちが問題の分析、活動、評価をする過程をエンパワーすることができる。このエンパワーメントによって、やがて彼ら自身が、経験やアイデアを共有し、計画立案、活動実施、モニター評価ができるようになっていく。

③**統合と協力による効果的な活動**
　地域保健事務所（県）レベルのカウンターパートたちは、それぞれの分野を1

～2名の限られた人材で担当しており、他分野との協力やコーディネーションが不足している場合が多い。関連した多分野のカウンターパートが業務を統合し、互いに協力することにより、より効果的で持続的な活動を目指すことができる。末端の保健施設のスタッフも巻き込み、各レベル間の違った視点やアイデアを共有すれば、より適正な活動ができる。

6. 具体例から　　　　　　　　　　　　　　　　　　　（工藤芙美子）

6.1. パキスタンの母性保健 (リプロダクティブ・ヘルス) (1996～99年)
　　　――分析と問題意識、モティベーション

　首都の総合医療センターでは妊産婦への保健教育が始まって2ヵ月たっていた。しかし、教材もなく字の読めない妊婦を対象に文字だけを見せて保健教育を行なっていた助産婦たちには主体性がなく、日本人に言われたままに行動していた。

　そこでまず、このプロジェクトで行なわれた妊産婦死亡の調査結果をいっしょに検討することにした。その結果、助産師たちが問題意識を持ち、「妊産婦死亡の減少」という目的を共有するようになり、効果的な保健教育に向けて各自が担うべき役割が話し合われた。

　手作りの教材で字の読めない女性たちにも理解されやすくなり、妊婦からの質問と看護師の回答を毎回記録し、1～2週間ごとにその内容を分析することによって、「栄養」という妊婦のニーズや助産師たちの知識の問題が明確になった。助産師たちの学習へのモティベーションが高まり、また妊産婦死亡減少のための活動を計画する助産師、医師、看護教師、看護学生、栄養士のインテグレーション（一体化・統合化）によるグループが組織され、回を重ねるごとに参加者が増えていった。問題の分析をすることによって、スタッフが共通の問題意識と活動の目標を明確にし、モティベーションを高めたのである。

6.2. 北タイのエイズ・プロジェクト（1997年より開始。工藤の派遣は1999年8月から5ヵ月間）
──資源の有効活用とインテグレーションによる問題解決

　院内感染コントロールのために、郡病院で看護師、清掃員たちと、全スタッフの知識の調査と事故の調査、ゴミ箱のマッピング（地図作り）を行なった。それによって、院内患者のHIV感染者数が増えているのとは反対に、スタッフの感染へのおそれは低下し、HIV感染や肝炎などに関しての自分たちの知識の不足、看護師たちの「どこにでも針を捨てる」という針刺し事故の問題の原因などが明確になった。予防の必要性への意識が向上し、病院スタッフ間の協力体制で感染予防の活動と各自の役割分担が計画された。

　まず、使用後の針を廃棄する容器を安易に購入せずに、病院内にある容器で作ることにした。大きさが適当で針が突き抜けず、しかも燃やせる硬さの容器を探してみると、薬局の薬容器と総務にある洗剤容器と消毒容器が使えそうであった。毎月80個出るこれらの容器を使用済み針の回収容器にする作業は、地域の資源を活用し、スタッフの手によって簡単に作れる「適正技術」と言えた。

　薬局の人たちは空になった容器を大きな籠に集めた。清掃員たちは集められた容器をきれいにして、逆三角の切り口を入れる仕事を率先して申し出た。最も事故の多い清掃員が、自分たちの事故を防止するには看護師の協力が必要であることを学び、学歴に関係なく意見を出すようになった。

　総務課は調査によって赤いごみ袋が感染用で黒い袋が非感染用であることを十分に理解し、不足することのないように購入することを約束した。不要な薬容器という病院にある資源の有効活用は、毎月必要な数の容器が入手可能であるということで、更にスタッフの協力で感染コントロールの解決を可能にした。彼らはこの活動報告を県保健所で発表し、保健所所長からこの工夫を県内のすべての保健施設に広げていくように指示が出た。

6.3. ホンジュラスのリプロダクティブ・ヘルス（2000〜04年。工藤の派遣は2000年から2年間）
──インテグレーション（一体化）で新しい活動への可能性を開く

　JICAのこのプロジェクトは、「情報提供・教育・対話」（Information, Education, Communication：IEC）、カウンセリング、母子保健という3つの部署のスタッフが一体となり、リプロダクティブ・ヘルス・ケアの質の向上という共通の目標

を掲げて開始された。

　ホンジュラスではHIV、青少年、家族計画、家庭内暴力など、縦割り、テーマ別にカウンセラーをトレーニングしているため、各分野に対応できる人員が少なく、カウンセリングを受けられる人も限られていた。専門分化がカウンセラーから柔軟な対応能力を発揮する機会を奪ってきたのである。一方、調査結果から、「カウンセラーたちは、カウンセリングとは教育することだと思っている」ということが明らかになった。そこで、県保健事務所では、カウンセラーが知識と技術さえ向上させればどのような状況や問題にも幅広く対応できるような「カウンセリングの基礎技術」を強化する訓練計画を自主的に立てた。講義の導入として行なわれた「劇」にはスタッフの持ち味が生かされ、参加者の興味を引いた。更に病院のカウンセラーが中心になって、毎月のモニタリングを実施し、養成された地域のカウンセラーをサポートし、その技術を改善していった。

　母性ケアや保健教育のトレーニングでも、挿絵を入れたシンプルでわかりやすい教材を作成し、いろいろな保健教育方法を使った実習を取り入れた。彼らが実施した初めてのトレーニングは大きな自信につながり、チームの信頼関係を築いた。

　インテグレーション（一体化）は、人手不足の現状の中、共通の目標を持った人たちがそれぞれの分野の枠を取り外し、協力することによって、個々の特性を生かし、新しい活動への可能性を開くことができる。

6.4. グアテマラの小児保健（2000～09年。工藤の派遣は2005年3月の調査から2008年4月まで）——分析と基礎ケアで保健スタッフの意識を変える

　このプロジェクトは、乳児死亡を減少するために、保健サービスの改善と母親たちのケアの知識の向上を目指した地域保健活動である。地域の乳児死亡原因の半分以上は呼吸器感染で、続いて下痢の有病率が約14％。つまり、治療も予防も可能な原因で死亡しているのである。しかし保健スタッフは、国の最優先活動である「予防注射」の実施率アップに全力を注ぎ、乳幼児健診も実施せず、担当地域の乳児死亡数さえも知らなかった。

　そこで毎月死亡した乳幼児を調査し、「なぜ子どもが重症になったのか」につ

いて、その要因の分析を開始した。スタッフが死亡数を把握し、2年たった今では、子どもの死に対して「今月は2人も死亡した」、「家を何回も訪問して病院に行くように勧めたのに」と残念がり、ケアを重視し重症児や栄養不良児へのフォローアップをするようになった。

　保健センターに来ないままに死亡した子どもは依然多い。男尊女卑、舅姑の問題、宗教上の問題などの解決は難しいが、保健センターで患児の母親が味わった嫌な体験も信頼をそこね、回復するには長い時間がかかる。そこで保健スタッフの態度の改善のために、コミュニケーション技術を取り入れた。

　これまで保健サービスは「治療と予防注射」が中心だった。しかし、保健スタッフたちが「5つの基礎ケア」を学ぶことで、「ケア」の重要性を認識し、患者や家族への保健教育を実施するようになった。「5つの基礎ケア」とは、①栄養・良い食べ物、②清潔な飲み水（脱水予防）、③衛生的環境、④体温管理（発熱・低体温対策）、⑤休養、である。

　「予防する」ことの重要性を知っていながらも、予防注射をするだけに精いっぱいだったスタッフたちが、ケアと予防が背中合わせであることを理解し、予防の重要性を口にするようになった。「基礎」という適正技術が、保健スタッフの「ケアすることは予防にもなる」ことに気づかせたのだ。現在、乳児死亡数は減少傾向にある。

6.5. 東ティモール（2000年〜。工藤の派遣期間は2000年、2002年、2008年にそれぞれ数ヵ月間）──多様な人材の活用と現地人スタッフの能力向上

　これは2000年にJICAの開発福祉支援（現・草の根技術協力事業）を受けてシェアが開始したプロジェクトだが、その事前調査を進めていくと、県保健局からすぐに診療活動を開始するよう要請があった。当時、騒乱が収束したばかりの極度に制約や限界のある状況の中で、村での診療のための人材はケニア軍の医師に協力を要請し、薬はタイで入手してタイ軍の定期便で輸送してもらい、活動に必要な地域の地図はパキスタン軍から入手することによって、すぐに診療活動を開始することができた。

　シェアのスタッフへのトレーニングではまずコミュニティ調査と分析を行なった。そのプロセスの中でスタッフたちが学びながら地域の保健状況を把握し、

予防を中心とした保健教育の活動計画を立てていった。そして、シェアの東ティモール人スタッフたちが保健省で調査結果の報告と計画立案のプレゼンテーションを行なった。初めての、しかも保健省の副大臣やUNICEFなど国際機関の人たちの前でのプレゼンテーション体験だったが、まだどこの団体も実施していなかった調査とその結果に基づいた計画立案は高く評価された。スタッフたちのモティベーションは大いに向上し、自信につながった。

　保健センターで働くスタッフを対象とした保健教育のトレーニングの時には、地域の外国人医師に講師を、現地の言葉に通じたアメリカの平和部隊（Peace Corps）のボランティアに英語からテトゥン語への通訳をお願いした。地域にいる「人」という資源を生かした保健スタッフたちへのトレーニングは、シェアの東ティモール人スタッフが緊張した初めての体験であったが、彼らはそのことで地力をつけていった。（第8章参照）

6.6. モティベーション（やる気）の形成

　ボランティアも住民も保健スタッフの場合も、モティベーションが活動の原動力となっている。モティベーションを高めるきっかけとなるのが問題に対する認識で、調査やデータ分析にスタッフたちを巻き込むことによって気づきが生まれる。共通した目標のもとに自分たちの役割を認識し、主体的な活動を実践する上で重要になってくる。更に、活動に関する知識、技術、評価などのプロセスを共有することによって活動者が自信を持ち、モティベーションの向上につながる。管理者が日ごろ目を向けていない末端の保健施設で働くスタッフたちには、よりいっそうのサポートが必要である。

　しかし、トップダウンの傾向の強い国では国の業務が最優先されるため、県保健局の管理者が活動の改善を目の当たりにしても、またその重要性を理解しても、彼らにイニシアティブと活動の持続性を求めるのは難しいことが多い。活動の成果が見え、多くの関係者がその成果に注目するようになると、管理者も自分のことのように宣伝し始める。その時がNGOが県や国のシステムに関わっていくチャンスである。中身のないあるいは機能しないシステムを作らないためにも、活動に関わる人をサポートしていくことは基盤作りにおいて大切である。

モティベーションは、ファシリテートする人と活動を実施する人たちの信頼関係の中で発生する。そこには相互の学びあいがあり、人が育ち、「教えることは学ぶこと」であることを認識させられる。

まとめとして──21世紀のプライマリ・ヘルス・ケア　　　（本田　徹）

　この章のはじめで私は、残念ながら日本では、プライマリ・ヘルス・ケアは、言葉としても実態としても、これまでのところ十分に定着しなかった、「市民権」を得られなかったと記した。その背景や原因として考えられるのは、以下のことだ。

　1970年代末以降、プライマリ・ヘルス・ケアという「輸入された概念」がこの国で本当に根付き、普及するために必要だった、コペルニクス的な発想やアプローチの転換が、日本医師会や厚生省（当時）や医学界に起きなかったことがなんと言っても大きい。プライマリ・ヘルス・ケアの実現には、住民の参加を促すとともに、医師の権限や役割を看護師や保健師に大幅に委譲し、地域医療・保健の中での両者の役割分担を決めていくことが必要だった。しかし、プライマリ・ヘルス・ケアが初めて日本に移入された当時、これは途上国医療・保健のための考え方だという受け止め方が一般的であったとともに、当時武見太郎氏の率いていた日本医師会が、医療における医師の裁量権を聖域として、「ヘルス」という言葉を忌避したため、これを除いた「プライマリ・ケア」という言葉が日本では流布するようになった。これにより、プライマリ・ケアは、主として診療所レベルが提供する医療を意味する一次医療とか第一線医療と訳され、二次医療（一般病院）、三次医療（専門病院・センター病院）という医療サービス提供者の階層秩序を示す言葉に置き換えられてしまい、本来プライマリ・ヘルス・ケアが持っていた革命的な意味合いは失われることとなった。

　日本の看護職を縛る法律、「保健師助産師看護師法」が戦前からの古色蒼然たる定義、「この法律において看護師とは、厚生労働大臣の免許を受けて、傷病者もしくは褥婦（じょくふ）に対する療養上の世話または診療の補助を行なうことを業とする者」をいまだに引きずり、看護師が医師の「小間使い」的な役割、今日の高

図4 デビッド・ワーナー画：国際障害者の日（12月3日）の共通標語
「Nothing about Us without Us」（私たちに関わることを勝手に決めないで）——当事者主権のマニフェスト

い水準の看護業務からはかけ離れた、低い地位と職務に貶められたままになっていることも、プライマリ・ヘルス・ケアの受容における悲劇の歴史をそのままに物語るものと言える。これについては、オスラー博士の講演「医師と看護婦」を訳された聖路加国際病院の日野原重明先生も、日本の看護行政の立ち遅れという視点から鋭い批判を加えておられる。

しかし、2000年になって、日本に介護保険制度が導入されたことは、ある意味でプライマリ・ヘルス・ケアの復興・見直しにつながる動きとなったことは否定できない。建前からのスタートだったとはいえ、介護サービス利用者ないしクライアントが保険料を負担するとともに、受けるサービスの選択について自由や自己決定権を持つことが明記され、プライマリ・ヘルス・ケア的な考え方は、自然と、患者・介護サービス利用者・家族の中に定着せざるを得ない流れとなってきている。すなわち当事者意識、「当事者主権」（中西正司氏の言葉）の発生である。これはまさにプライマリ・ヘルス・ケアにおける住民参加にほかならない。

プライマリ・ヘルス・ケア自体も、途上国やヨーロッパ諸国などで、2000年以降さかんに再評価が行なわれ、途上国世界では地域の人的資源の養成など

が、HIV・エイズ対策をはじめ「ミレニアム開発目標」(p.175参照) の要として見直され、先進国では開業看護師の権限拡大などの動きにもつながっている。

　また、2006年12月に国連総会で承認された、障害者権利条約も日本の障害者福祉や自立・社会参加の現状について、真剣な反省と見直しを迫り、介護保険制度との関連で、日本型プライマリ・ヘルス・ケアの改善のために光を投げかける。

　最後に、ホームレス者や移住労働者・難民が日本で置かれている、明らかに「人権としての医療」という世界標準の価値観から外れた、非人道的な政策・現実も改善されていかねばならないだろう。21世紀の日本が、本当の開かれた市民社会 (Civil Society) としての活力と成熟を達成するために、市民ひとりひとりがもっと立ち上がり、民主的な当事者としての声をあげていかねばならない時代が来ていることを、プライマリ・ヘルス・ケアの理想は告げ、呼びかけているように思う。

【参考・引用文献】
デイヴィッド・ワーナー他 (池住義憲・若井晋監訳). 1998.『いのち・開発・NGO』新評論.
中西正司他. 2003.『当事者主権』岩波新書.
パウロ・フレイレ (小沢有作訳). 1979.『被抑圧者の教育学』亜紀書房.
ロバート・チェンバース (野田直人他訳). 2000.『参加型開発と国際協力——変わるのはわたしたち』明石書店.
若月俊一. 1971.『村で病気とたたかう』岩波新書.
David Werner. 1977. *Where There Is No Doctor: A Village Health Care Handbook*. TALC.

第6章
母子保健
カンボジアの活動とアフガニスタンの今を通して考える

佐藤真理

はじめに

　あなたが誕生した時にお母さんが抱いた気持ちがどんなだったかを、機会があったらぜひ聞いてみて下さい。産声をあげた時の喜び、出産の時の痛み、そして子育ての大変さを聞くと、自分はかけがえのない存在であることを理解できると思う。

　私は現在、助産師としてアフガニスタンで仕事をしている。日本と違って、この国で出産は「いのち」をかけた大仕事である。産前に健診を受ける母親の数が少ないので、問題があっても気づかないままに出産になり、病院に担ぎこまれたりする。施設での出産はまだ少なく、自分の家で家族の助けを借りてという母親が多い。家族は出産介助の知識に乏しかったり、不衛生な道具を使ったりするために、母子に問題が起きたりもする。しかし、出産への期待と不安、生まれた子どもと対面した時の穏やかな空気、家族が増えたことに対する喜びは日本と同じように見える。1998年から約2年半、シェアの保健医療のコーディネーターとして活動したカンボジアでも、新しいいのちの誕生とその健やかな成長は、母親をはじめ家族が大切にしていることだった。

　生まれた子どもと母親の健康を守る母子保健とは何か。日本の母子保健の歩みと世界の流れを見てから、カンボジアでのシェアの活動とアフガニスタンに

おける課題から考えてみる。

1. 母子保健について

　母親が安心して妊娠、出産、子育てができるように、必要な環境を整えて提供していくことは、国や社会が担っている責任と役割である。「子どもを生み、育てる性としての『母性』と、生まれてきた子どもたちの健康の保持増進を図り、母子の生活の質の向上を目指す必要がある」［海野信也・渡辺浩 2003］。つまり、出産前から母親の健康を守り、出産後は母親と子どもが健康に生活できるような環境を作り、みんなが安心して子育てできる社会とならなくてはならない。

　母子保健は、母性を尊びそして守り、子どもの健康を保持しその増進を図り、そのための社会や環境を作ることを目的とした保健活動と言うことができる。母親や乳児、幼児を守るためには、児童福祉法などの法律、専門の職種（医師、保健師、助産師など）による保健指導やサービス、ボランティア活動、そして地域の人々や家族のサポートなどが必要であり、それらを整えていくことが活動になる。

　WHO（世界保健機関）は「『母性』とは、現に子どもを生み育てている者のほかに、将来子どもを生み育てるべき存在、および過去においてその役割を果たしたもの」と定義している。日本の母子保健法第2条では、「母性は、すべての児童がすこやかに生まれ、かつ、育てられるべき存在、および過去においてその役割を果たしたもの」と定めている。

　女性は母性意識（生まれながらにして持っている思いやり、温かさ、やさしさ）を持っている、と言われている。しかし、この母性意識は、その女性が赤ちゃんだったころからの家庭環境や文化的・経済的状況などの社会的条件によって変化する。母子の健康もまた、彼らが生活している地域での家庭環境、文化的・社会的・経済要因によって大きな影響を受けるのだ。このことは次の項で述べる乳児死亡率や妊産婦死亡率などの数字に反映されることになる。

　「『母性』という言葉には『生物としての母性』、『個人としての母性』、『社会の中の存在としての母性』という三つの意味が含まれている」［同上］。母性の健

康は、妊娠中・出産・産後の女性だけを意味するものではなく、女性の一生を通しての身体と心の健康であり、社会的に認められる存在でいることなのである。家族の中で母親の占める役割はとても重要で、母親が病気になると子どもや父親にも影響がある。母性の健康を守ることは、家族や社会の幸福の基礎になると言える。

2. 日本の母子保健の歩み

　日本は今、少子化の時代だ。このままでは人口減と高齢社会の危機が同時に進行し、深刻化していく。女性が子どもを産みやすく、育てやすい条件や環境をいかに整えていくかは、政治や社会の大きな責任であり課題でもある。100年ほど前、明治・大正時代は子だくさんであったが、乳児が病気で亡くなったり、母親が出産で命を落としたりするケースが数多く見られた。統計でよく使われる「乳児死亡率」や「妊産婦死亡率」によって、その国の母子保健を取り巻く状況を他の国々と比較して見ることができる。

　乳児死亡率とは、出生数1000人に対して、生後1年未満の乳児の死亡が何件あったかを示したものである。乳児が生存できるか否かは、母親の状態と育つ環境が大きく影響してくる。乳児に母乳をあげるためには、母親自身が健康でなければならない。今の日本では、母乳が足りなければ粉ミルクで補うが、世界には粉ミルクがなかったり、あっても貧しくて購入できなかったりする人たちがほとんどという国が数多くある。仮に粉ミルクを買えたとしても、きれいな水を用いないと乳児は下痢や腸の感染症から栄養失調や死に至る。子どもや母親が病気になった時に、看護師や助産師や医師らのケアや診療を受けられる環境づくりも大切である。乳児死亡率は、その国や地域の衛生や栄養状態、経済や教育、医療を含めた社会の状況を反映する指標の1つと考えられている。

　日本でも明治、大正時代には、乳児死亡率は150〜160と高かった。7人に1人が1歳になる前に亡くなっていたのである。現在は3.0であり、シンガポール、スウェーデンなどと共に乳児の死亡が最も低い国の1つとなっている。アフガニスタンでは165と高く、カンボジアでは98である［UNICEF 2006］。

表1　母子保健に関連する死亡率の比較

	5歳未満児死亡率 （2005年）	乳児（1歳未満）死亡率 （2005年）	妊産婦死亡率 （2000年）調整値
シエラレオネ	282	165	2000
アフガニスタン	257	165	1900
カンボジア	143	98	450
東ティモール	61	52	660
タイ	21	18	44
日本	4	3	10

［UNICEF 2006］

　妊産婦死亡率は、出生10万件に対して、妊娠・出産に関連した原因によって女性が死亡した数で、日本では明治・大正時代には180近くと高かったが、2003年には6.0となっている［厚生統計協会　2006］。アフガニスタンでは1900、カンボジアは450であり（ともに2000年）、現在も多くの妊産婦が亡くなっている。死産とはならなかった場合でも、母親の死は乳児の生存、成長に悪影響する。

　明治・大正時代に、日本でこの2つの死亡率が高かったのには、さまざまな理由がある。教育や経済状況など社会的な背景の他に、女性が数多くの出産をしたこと、女性の重労働、専門技術を持った出産介助者（医師・助産師）が少なかったこと、栄養が不十分だったこと、衛生環境が整っていなかったことなどがあげられる。また、この時代の最大の健康問題は、乳幼児や青年層の結核による死亡やその他の感染症で、日本政府はその対応に追われ、母子保健は後回しにされていた。特に農村部では、家族や親戚、近所の人たちの助けを借りて出産が行なわれていた。そして、出産は不浄なこととする慣習が根強く残る地域もあり、不衛生な部屋に藁などを敷いての出産も珍しくはなかった。

　昭和に入り、母子を取り巻く環境が整えられていく。医師のいない村にも保健師が配属され、病気の予防、保健指導を中心とする家庭訪問が行なわれるようになり、乳児の一斉健診が始まった。そして、妊産婦手帳（現在の母子健康手帳）の制度ができ、行政の骨組みができあがっていった。第2次世界大戦が始まると、1人でも多く兵隊を戦地に送り出すために、健康な子どもを産み育てることが奨励された。

　戦後、連合国軍総司令部の指導により、日本の母子保健は次々に整備された。

1947年には厚生省(当時)に母子衛生課が設置され、保健所を中心とした母子保健サービスが本格的に開始された。また「児童福祉法」が制定され、乳幼児の保護者に対する保健指導や乳幼児健康診査などが始まった。1965(昭和40)年には「母子保健法」が公布され、それまでの児童と妊娠・出産から範囲を広げ、「思春期～妊産婦～出産後」、「生後～児童」に至る一貫した、産み育てる存在としての女性の一生に配慮した母子保健対策が実施されるようになった。農村部でも安全な出産ができるように施設が整備され、助産師が立ち会って行なわれるようになっていった。母子健康手帳と名称が替わった制度のもと、妊産婦の健康診断が推進された。

表2 妊産婦死亡率(出産10万対)の推移

	妊産婦死亡率
昭和25年 (1950)	161.2
昭和30年 (1955)	161.7
昭和35年 (1960)	117.5
昭和40年 (1965)	80.4
昭和45年 (1970)	48.7
昭和50年 (1975)	27.3
昭和55年 (1980)	19.5
昭和60年 (1985)	15.1
平成2年 (1990)	8.2
平成7年 (1995)	6.9
平成12年 (2000)	6.3
平成15年 (2003)	6.0

［厚生統計協会 2006］

戦前・戦後を通して助産師の果たした役割も忘れてはならない。まだ「産婆さん」と呼ばれていた1899(明治32)年、規則が制定されて、教育や免許制度が確立し、職業として質の統一が図られた。現在、病院や診療所での出産が99％を占めるが、1960年代には施設での出産がまだ半分で、それ以外は自宅で行なわれていた。助産師は家庭での出産に専門職として関わるだけではなく、計画して妊娠・出産する産間調節、衛生面や子育てに関して指導した。その後、世界のさまざまな国で行なわれている保健ボランティアによる家庭訪問や健康教育といった啓蒙活動、健康診断への協力や地域での活動も活発となった。

このように、日本ではさまざまな法律の整備、専門職の医師・保健師・助産師とボランティアの協力で、母子保健が改善されてきた。それにはまた、教育や生活水準の向上、国民皆保険制度の確立、道路の整備などさまざまな要因も深く関連している。

3. ミレニアム開発目標と母子保健

　明治、大正から、昭和を経て平成の現在、貧困や紛争に苦しむ多くの途上国に比べれば、日本の子どもたちは十分な教育を受けることができるし、食べ物や洋服をはじめ物に不自由なく暮らしているように見える。しかし、世界では約3人に1人の人たちが1日2ドル（200〜300円）以下、7人に1人が満足な食糧がない状況で暮らしている。生きるために最低限必要なもの、食料や日常品、燃料などを得ることができない人たちがいる。

　1990年頃から社会の豊かさや進歩を図る「人間開発」という新しい考え方が打ち出され、経済の成長、教育、保健医療の充実という人間が基本的に必要とするものを満たし、人間を中心に捉えた開発を考えていくことに焦点が置かれ始めた。また、貧困を減らすことを目的とした、経済の成長と保健医療・教育への投資という援助が形成されていく。

　2000年9月にニューヨークで開かれた国連ミレニアム・サミットに参加した189の加盟国代表は、21世紀の国際社会の目標として「国連ミレニアム宣言」を定めた。この宣言は、平和と安全、開発と貧困、環境、人権と「良い統治（グッド・ガバナンス）」、アフリカの特別な必要性などを課題として掲げ、21世紀の国連の役割を明確に方向づけた。そして、最も国際社会の支援を必要とする緊急の課題である開発と貧困撲滅を「ミレニアム開発目標」として、「2015年という達成期限」と「具体的な数値目標──8つの目標、18のターゲット、48の指標」を定め、それらを実現することを世界に約束した。

　「ミレニアム開発目標」の母子保健分野としては、目標4の「乳幼児死亡率の削減：2015年までに5歳未満児死亡率を3分の2減少させる」、目標5の「妊産婦の健康の改善：2015年までに妊産婦死亡率を4分の3減少させる」の2つがある。

　目標4の乳幼児死亡率の削減では、3つの指標が定められている。1つ目に5歳未満児死亡率（1000人の子どものうち、5回目の誕生日を迎える前に死んでしまう子どもが何人であるか）、2つ目に乳児死亡率、そして3つ目がはしかの予防接種を受けた1歳児の割合である。5歳未満児の死亡原因の第1位は、「出産前後」に起

表3　ミレニアム開発目標（MDGs）

目標	ターゲット
1. 極度の貧困と飢餓の撲滅	ターゲット1：2015年までに1日1ドル未満で生活する人口比率を半減させる。
	ターゲット2：2015年までに飢餓に苦しむ人口の割合を半減させる。
2. 普遍的初等教育の達成	ターゲット3：2015年までに、全ての子どもが男女の区別無く初等教育の全課程を修了できるようにする。
3. ジェンダーの平等の推進と女性の地位向上	ターゲット4：初等・中等教育における男女格差の解消を2005年までには達成し、2015年までに全ての教育レベルにおける男女格差を解消する。
4. 乳幼児死亡率の削減	ターゲット5：2015年までに5歳未満児の死亡率を3分の2減少させる。
5. 妊産婦の健康の改善	ターゲット6：2015年までに妊産婦の死亡率を4分の3減少させる。
6. HIV/エイズ、マラリア、その他の疾患の蔓延防止	ターゲット7：HIV/エイズの蔓延を2015年までに阻止し、その後減少させる。
	ターゲット8：マラリアおよびその他の主要な疾病の発生を2015年までに阻止し、その後発生率を下げる。
7. 環境の持続可能性の確保	ターゲット9：持続可能な開発の原則を各国の政策や戦略に反映させ、環境資源の喪失を阻止し、回復を図る。
	ターゲット10：2015年までに、安全な飲料水と基礎的な衛生設備を継続的に利用できない人々の割合を半減する。
	ターゲット11：2020年までに、最低1億人のスラム居住者の生活を大幅に改善する。
8. 開発のためのグローバル・パートナーシップの推進	ターゲット12：開放的で、ルールに基づいた、予測可能でかつ差別のない貿易および金融システムのさらなる構築を推進する。
	ターゲット13：最貧国の特別なニーズに取り組む。
	ターゲット14：内陸国および小島嶼開発途上国の特別なニーズに取り組む。
	ターゲット15：国内および国際的な措置を通じて、開発途上国の債務問題に包括的に取り組み、債務を長期的に持続可能なものとする。
	ターゲット16：開発途上国と協力し、適切で生産性のある仕事を若者に提供するための戦略を策定・実施する。
	ターゲット17：製薬会社と協力し、開発途上国において、人々が安価で必須医薬品を入手・利用できるようにする。
	ターゲット18：民間セクターと協力し、特に情報・通信分野の新技術による利益が得られるようにする。

出典：『人間開発ってなに？』（UNDP東京事務所）

きた問題による。これは、母親の不十分な健康・栄養状態や、「熟練出産介助者（Skilled Birth Attendant: SBA）」の立ち会いのない出産が背景となっている。母親の胎内にいる時から、子どもが栄養などの面で良い環境に育ち、お産の時は、しっかりした知識・技術・経験を持つ者に介助してもらうことがいかに大切かを物語る。第2位は急性呼吸器感染症や下痢が続き、3位にはしかがあげられ

る。これら乳幼児死亡の地域分布を見てみると、サハラ以南のアフリカでの死亡が42％を占める。アフリカで5歳未満児の死亡率を上げているのは、HIV・エイズの影響が大きいと言われているが、イラクやアフガニスタンなどでは軍事紛争や社会不安も死亡率を引き上げる要因になっている。つまり、抵抗力のない子どもたちが、私たち大人の作り出した貧困や不平等や飢餓、紛争や災害の最初の犠牲者になっているのである。

　目標5の妊産婦死亡率の削減では指標が2つある。妊産婦死亡率、そして医師・助産師など熟練出産介助者（SBA）の立ち会いによる出産の割合である。妊産婦の死亡や障害は、「3つの遅れ」が原因と言われている。1つ目は母親の合併症の発見と判断の遅れ、2つ目は医療施設へたどり着くまでの遅れ、そして3つ目は質の良いケアを受けることの遅れである。妊産婦死亡の5件中4件は妊娠と出産によって起こる合併症が原因と言われている。妊娠中または分娩時の多量の出血、産褥熱などの感染症、危険な中絶、難産、妊娠中毒症や子癇などである。また母親自身の小児期の栄養不良（ビタミンAや鉄分、ヨードなどの欠乏）や多産も、妊産婦の健康状態を損なう。2000年の妊産婦死亡は推計で52万9000人、その99％は途上国で起きている。

　2007年は「国連ミレニアム開発目標」の折り返し地点にあたり、国連は中間報告を発表した。それによると、成果は目標やターゲットにより、また国により差異があった。貧困削減の面で、東アジアは大きな成果をあげたが、サハラ以南のアフリカでは、まだ多くの人々が大規模な飢餓や栄養失調に苦しめられ、進歩から取り残されている。これはジェンダーの不平等、無計画な都市化、深刻な水不足と森林伐採、HIV・エイズなどが原因と考えられるが、それ以上に紛争中・紛争後の国の不安定さが状況をより困難にしている。

　母子保健分野を見ると、目標4の乳幼児死亡率削減では、1960年には開発途上国の子どもの5人に1人以上が5歳を迎えることなく死亡していたが、1990年までにこの割合は10人に1人まで低下している。しかし、その後、改善ペースは遅れ、引き続き改善できたのは北アフリカ、ラテンアメリカとカリブ海諸国、東南アジアなどの地域で、経済が成長し、栄養状態が改善し、保健医療の普及が図られた国々である。世界中で予防や治療の可能な病気が原因で死亡した子どもは年間1100万人、1日あたり3万人である。

目標5の妊産婦死亡率削減では、南アジアとサハラ以南のアフリカで妊産婦死亡率が最も高く、分娩時やその前後に熟練出産介助者（SBA）が付き添う割合も、南アジアとサハラ以南アフリカで最も低い。先進国では女性が生涯に妊娠出産を原因とする問題で死亡する危険性が3800人に1人であるのに対し、サハラ以南アフリカでは16人に1人なのだ。

　以下に、ミレニアム（2000年）の2年前に始まった、カンボジアにおけるシェアの活動と、南アジアと中東をつなぐ位置にあるアフガニスタンの状況を通して、具体的な母子保健活動を見てみる。

4. シェア・カンボジアの母子保健活動

　シェアは、1992～98年、カンボジアのカンダール県クサイカンダール郡で母子保健を中心とした地域保健活動と医療支援を行なった後、1998年、コンポンチャム県スレイセントー・コーンミア保健行政区（スレイセントー郡とコーンミア郡の一部）で地域保健活動を開始。保健スタッフや保健ボランテイアの育成を中心に、母子保健と保健システム強化、そしてHIV・エイズの予防とケアに力を入れた。私が参加した初期の2年半を中心に、この地域でのシェアの母子保健活動を振り返ってみる。

4.1. 伝統的産婆（TBA）のトレーニング

　他の多くの開発途上国同様、シェアが活動していたカンボジアのコンポンチャム県では助産師の数が不足していて、出産では伝統的産婆（Traditional Birth Attendant: TBA）たちによる介助が多くを占めていた。WHO（世界保健機関）では「TBAとは地域で出産を手助けする女性のこと。自分の出産、あるいは見習いを通して技術を身につける人」と定義している。TBAは一般的に女性で、その地域に住む、選ばれた母親たちである。熟練出産介助者（SBA）が身近にいなかったり、保健センターまで遠かったりという事情や、風習や文化などの影響で、TBAによる出産介助が実施されている。シェアの活動地では、その半数以上は60～70代であった。

TBAとして働いている女性は村人に信頼され、困った時の相談に乗り、さまざまな村人の健康問題にも助言を与える元気な母親、祖母たちだ。出産の介助をしてもお金を要求することは少なく、貧しい村人にとってはありがたい存在となっている。しかし、多くのTBAは小学校に最後まで通っていないため文字の読み書きができず、母子の健康、妊娠・出産・育児についての教育を1度も受けたことがない人たちがほとんどで、近所や家族といった先輩のTBAから学んだことや自分の経験をもとに介助などを行なっていた。

　1つの村には何人かのTBAがいるが互いに交流はない。お互いを知らない、知っていても話したことがないということが多く、問題が起きても助け合うことは少なかった。保健センターで働いている助産師は、どこの地域にTBAがいるのかは知ってはいたが、TBAを訪問し、さまざまな話を聞いたり指導したりすることは少なかった。そのため、TBAが出産を介助したケースで母親が亡くなっても理由はわからず、むずかしい出産の場合でも、保健センターや病院に運ばれるということはほとんどなかった。

　そのような状況のもとで、シェアは1999年、郡保健行政局母子保健チーム（母子保健長と郡病院の助産師）、保健センターの助産師や医師たちと協力し、TBAトレーニングを計画し実施することにした。母子保健チームの3人の助産師を中心に、なぜTBAトレーニングが必要か、何をどのように教えるか、TBAの理解度をどのように評価するかなどについて1つずつ話し合い、準備を行なった。彼女たちはみんなベテランの助産師たちだが、トレーニングを実施するのは初めてだ。実際にTBAがいることを想定してのデモンストレーションが繰り返し行なわれたが、どのように説明するか、ロール・プレイ（寸劇）を実施するにはどうしたらいいかなどわからずに、とまどってしまうことも度々だった。

　この準備期間を通して、母子保健チームの助産師たちとシェアが良い関係を築けたことは大きな収穫だった。特に、初めて病院を訪問した時には挨拶もしてくれなかった母子保健長とは、どのように付き合って行ったらよいか不安を持っていた。しかし、いっしょに話し合いをして準備を進める中で、シェアが一方的に何かの活動を押し付ける団体ではないと気づき、少しずつ打ち解けていった。また、最初の頃は待ち合わせの時間になっても助産師が誰も来ないので、それぞれの家をバイクで訪問しなければならなかったが、次第に自分たち

第6章　母子保健──カンボジアの活動とアフガニスタンの今を通して考える

段ボールを利用した出産モデル

で次の打ち合わせの日程を設定し、率先して準備するようになった。何をどのように教えるかということを話している中で、実は助産師たち自身が日常の業務を正確に理解していなかったり、その重要な点を見落としていたりしていたことに、みずから気づくようになっていった。

　5日間のTBAトレーニングが始まった。トレーニングでは、字の読めないTBAが多いこと、年齢が高く長時間集中できないことなどを考慮し、ポスターを使った説明やロール・プレイなどさまざまな工夫がされた。正直なTBAたちは、講義が面白くないとその場で横になって寝てしまったり、外に出ていってしまったりする。教える側は嫌でも真剣になり、どうしたらTBAたちが飽きないで過ごせるかを考え、新たな工夫をした。段ボールを利用した出産モデルを使用した実習では、母親役と介助役に扮したTBAたちの熱のこもった演技にしばしば笑いも湧きおこった。

　しかし、TBAたちが最も真剣になったのは、郡保健行政局母子保健チームの助産師たちが話す、異常分娩や危険な分娩を介助した時の経験談だった。特に30年以上、地域で働いてきた母子保健長の話には重みがあり、実際にTBA

と共に体験した例、治安がまだ安定していない頃、夜に病院スタッフと駆けつけた症例などはTBAの心に響いたようだった。それまで「自分は危ないお産を介助したことはない」、「双子の分娩は取り扱っていない」などと言っていたTBAたちが本音を語り出した。「双子を取り上げた時に、2番目の子がなかなか生まれなくて苦労した」、「逆子だったが途中で引っかかり、出てきたらすぐには泣かなかった」。体験を引き出せたことで、そのようなケースでは助産師や病院に搬送が必要なことが、TBAに理解されていった。

　トレーニングは、TBA同士が知り合う良い機会でもあった。遠くからやってくる人たちは病院に泊まり込み、朝から午後までの講習が終了すると、みんなでご飯を作り、家族や近所のこと、TBAとしての経験を話している。場が和やかになると、歌や踊りが始まる。出産やお葬式の劇を演じたりして楽しんでいるグループもいた。毎晩、私もシェアのカンボジア人スタッフとTBAたちを訪問し、日中には聞けない話を聞いたり、太鼓に合わせて踊ったり、楽しい時間を共有した。

　トレーニングの最終日には、TBAたちが住む地域で活動する保健センターの助産師たちが参加し、その地域で協力して母親と子どもの健康を守っていくにはどうしたらよいのか、計画をいっしょに考えた。会議の実施が決まり、危険な兆候を発見した場合に紹介する人や場所を確認し、TBAは地域を担当している助産師について知った。

　研修修了後、毎月1回、TBA会議は保健センターの助産師を中心に開かれ、時には郡保健行政局の母子保健チームも参加した。出産や妊産婦の数の報告があり、問題のあったケースについて話し合われ、トレーニングの復習も行なわれた。このような活動を通して、TBA同士、そしてTBAと保健センターの助産師とのコミュニケーションが良くなり、TBAから保健センターの助産師へ上がってくる情報が多くなった。それを元に保健センターの助産師会議の中で、問題が多いTBAの介助について、改善の話し合いも行なわれた。また、異常分娩や妊娠中に問題のあるケースで、妊婦がTBAの付き添いで病院や保健センターに運ばれてくるようになった。TBAトレーニングについても、郡保健行政局ではなく、保健センターに所属する助産師が行なうようになった。

　TBAたちは、妊婦健診や産間調節の情報を母親たちに伝える保健指導を率

第6章　母子保健——カンボジアの活動とアフガニスタンの今を通して考える

子ども連れで保健教育を受講

先して行なうようになっていった。助産師たちもTBAたちと協力関係を作るように努力し始め、村で実施する予防接種では、呼びかけや人集めにTBAがサポートするようになった。TBAトレーニングは、1999〜2000年に5回実施され、109名が参加した。2000年には、TBAへのフォローアップのトレーニングが行なわれた。

4.2. 母親対象の保健教育と修了後のグループ活動

　もう1つの母子保健活動として、シェアは1998年からコンポンチャム県で、母親たちを対象とした保健教育を7村で実施した。健康面のいろいろな問題に関する情報は、電気がないのでテレビやラジオからは得ることは無理で、読み書きを習ったが忘れているほとんどの母親は、新聞などにも縁がない状況であった。

　テーマとして、衛生を改善するためにはどのようにしたらいいか、下痢の予防、妊娠中気をつけなければならないこと、予防接種やHIV・エイズなど12の問題を取り上げた。寺や家の軒下を会場にして、午後の約1時間、シェアの

スタッフが話をした。ポスターなどを使った説明を、子どもを連れて出席した母親たちはみな楽しそうに聞いていた。その中で最も関心が高かったのは、家族の健康を守る食事を考える栄養についての回だった。夫たちも参加することがあり、バナナを利用してコンドームの使い方を説明したHIV・エイズの回には、さまざまな質問が飛んだ。

村に入る時、太鼓をたたき鍵盤ハーモニカを演奏して講習に来たことを知らせるなど、シェアのスタッフは、保健教育でも楽しいものになるような工夫をした。電話もない村では、他に連絡方法がなかったので、葬式などと重なる日、約束の時間に誰も集まらなかったり、雨季にぬかるんだ道路でバイクが転倒しかけ、泥だらけで村に入ったりと、大変なこともあった。

当初はシェアのカンボジア人スタッフが行なっていた保健教育を、地域の保健センターのスタッフに引き継いだ。講習前の打ち合わせで、シェアのスタッフがポスターの見せ方などを実演してから、保健センターのスタッフに練習してもらった。それまで大勢の前で話したことがなかったため、みな恥ずかしそうで声も小さい。しかし、繰り返し練習するうちに、はっきりと話せるようになり、説明も上達していった。また、郡保健行政局母子保健チームの助産師も時折参加し、妊娠中の注意点、出産、産間調節などを担当した。保健教育は2001年まで実施し、のべ2000人が受講した。

2000年、保健教育を既に実施した村で、研修を終えた母親たちの中から、「キー・マザー」(key mother)と呼ばれる「まとめ役」を選び、母親グループ活動を開始した。その人が中心となって、保健教育の中でわかりにくかったもの、もっと勉強したいものを選び、再度の講習を行なった。また、まとめ役が知識を増やし、リーダーシップを取れるようになるためのトレーニングを実施した。次に、母親ひとりひとり、そして村が抱えている保健や衛生の問題をグループで話し合った。

ある村ではトイレを作りたいという希望が出た。村のほとんどの家にはトイレがなく、みな家のまわりで用を足している。シェアの貸付で7つのトイレが作られた。「トイレができて、若い娘が恥ずかしい思いをしないで用を足せるようになった」、「家の衛生状況が良くなった」などの利点があがった。しかし、作ることができたのは村の中で裕福な層の人たちだけで、近所の人たちにトイ

レを貸す習慣はなかったため、貧しい人たちにとっては得るものはほとんどないことがわかった。貧困層のトイレ設置は課題として残った。

別の村では、子どもや母親、そして父親などがさまざまな知識を得るために本を読みたいということからコミュニティ図書館の案が出た。各グループのまとめ役の自宅に保健に関する本や冊子を設置し、村のミニ図書館がスタートした。学校の授業が終わった子どもたちが図書館で本を借りて、小さい子や字が読めない大人にも読んであげていた。また、村の中に保健に関する掲示板があると便利だという案が出され、7つの村で掲示板を設置しさまざまな保健情報が貼り出された。

しかし、母親たちの話し合いの場で、最も大きな問題と感じていることとして、まずあがるのは「貧しさ」で、健康に関する問題はその後に来る。「自分の田を持っていない」、「定期収入がない」、「家族の中に病人がいて、お金がかかる」。シェアが活動していた地域では、ほとんどの人々が農業を営み、主に米を作っている。田を所有していない人は、近所の人や親戚の田植えや稲刈りを手伝い、米やお金をもらう。

母親たちのニーズに応えるためにどうしたら良いか、シェアのスタッフ間で何度も話し合いが行なわれた。無担保の小額融資（マイクロ・クレジット）を実施している他のNGOに話を聞きに行き、また、豚基金、鶏基金の案もあがった。しかし、保健を切り口に入っているシェアにとって、これらの活動は得意分野ではなく、地域で協力していけるNGOを探すことも難しかった。また、そのような活動において、まとめ役が何を担うかが明確でないことも問題だった。そのうち、まとめ役や母親の中には、子どもを夫に預け、出稼ぎに行く人も増えてきた。具体的な活動が見出せないまま、2004年にグループ活動への協力を終了した。しかしこの間、保健の知識を得た母親たちは、伝統的産婆（TBA）や保健センターの助産師を支えていくようになり、次のシェアの活動となる保健ボランティア育成ではグループのまとめ役から担い手が出た。

4.3. 助産師たちの能力向上

シェアは、伝統的産婆（TBA）を指導し支える病院や保健センターの助産師の能力の向上を目的に、さまざまなトレーニングを行なった。保健センターの

助産師たちには、実際の現場で役立つ知識や技術を中心に、そして病院の助産師は講師として成長できるように、トレーニングを行なう上で必要な知識や技術を指導した。活動を始める前、毎月行なわれる保健センターの助産師会議では、患者数の報告や保健センターの問題が話し合われるだけだったが、シェアは問題となった患者の事例を取り上げることを提案し、定期的に話し合うようにした。それは妊産婦死亡症例を検討する会の実施にもつながった。このような活動を通して、病院―保健センター―TBAの間で連携が深まった。

　2004年末、コンポンチャム県スレイセントー・コーンミア保健行政区でのシェアの地域保健活動は最初の計画の6年間を終えた。この地域での母子の健康に関する問題はまだ多かったが、TBAトレーニング、母親への保健教育、そして助産師の能力向上のそれぞれの活動がつながり、地域での母子保健活動が育ったと言える。

5. アフガニスタンの母子保健の状況

　熟練した出産介助者を増やすことと緊急事態の医療施設への搬送システムの整備で、妊産婦死亡率は削減できる。世界で最も貧しい国の1つ、バングラデシュはこれらに重点的に取り組んだことで、死亡率を大幅に下げることができた。同様な理由で、スリランカでは3年間で半減、マレーシアは20年で4分の1まで減少した。しかし、今も母親や乳児を取り巻く環境が厳しい国がある。なぜ、改善が進まないのであろうか。私が活動しているアフガニスタンを例に考えていきたい。

　アフガニスタンは、前述したように、乳児死亡率や妊産婦死亡率が世界で最悪の国の1つである。政府は2002年に包括的保健サービス計画を立ち上げ、全国的にその政策を推し進めてきた。人口1.5万〜3万人に1ヵ所の基本診療所、人口3万〜6万人に1ヵ所の複合診療所、人口10万〜30万人に1ヵ所の郡病院が設置され、住民の健康を守る仕組みを作っている。また、施設までの道のりが遠く、サービスをなかなか受けられない住民に対しては、100〜150世帯ごとに、男女1組の保健ボランティアが配置されている。彼らは9ヵ月のト

第6章　母子保健——カンボジアの活動とアフガニスタンの今を通して考える

カブール市内の保健センターで診療を待つ女性

レーニングを受け、保健教育をはじめ、疾患の診断と治療、基本薬剤の配布、産間調節指導と妊産婦健診などを行なう。保健スタッフと同じような仕事が任されているが、給料は支払われない。女性のボランティアのほとんどは読み書きができない。

　保健施設の設置は、5年間で飛躍的に進んだ。しかし、利用する地域の住民が少ないのが問題である。それには待ち時間の長さや利用可能な時間帯、施設までの交通費、診療費や薬代、保健センターに関する情報や周知の少なさ（たとえば女性スタッフが勤務しているかどうか）、女性の医師・看護師・助産師の絶対的不足、医療スタッフの態度の悪さなどが理由であると言われている。アフガニスタン・カブール州で私たちが実施した評価でも同様のことがわかり、想定していた夫や家族の無理解や反対が原因ということは少なかった。

　対応する時間を延ばすことによって住民の利用が変わる例を見た。ある郡病院では24時間診療できる体制に変えたところ、それ以前は1ヵ月に2～3件だった出産が100件を超えた。

　アフガニスタンに「Hug of Mother（母の抱擁）」という現地NGOがある。戦

火の時代も含めて10年以上地域社会に入り、家庭での妊産婦や新生児健診を実施してきた。スタッフはみんな資格を持った助産師で、乳児の抱き方、母乳のあげ方、清潔にしておく方法、産間調節など、きめ細かい指導を行なっている。活動している地域では、驚くほどに妊産婦や新生児の死亡が少ない。しかし、アフガニスタンでは、地域での活動はボランティアに任されていて、有資格者との協力した体制というのはまだ少ないのが現状である。また、伝統的産婆（TBA）が活動している地域が多いが、国はTBAを認めていないため研修の機会は乏しく、保健スタッフとの協力体制作りも難しい。

　特に女性が不足している熟練した出産介助者を増やす取り組みとして、現在、アフガニスタンは全国19ヵ所で地域助産師を育成している。彼女たちは1年6ヵ月の教育を受けたあと、自分の村に戻り、その保健センターで母親たちをサポートしていく。彼女たちが各出身地域に定着し、ボランティアと協力して住民へのケアを推し進めていくことが望まれている。

　緊急事態への対応の面では、保健専門職への教育として、アフガニスタンでも産科救急ケア（Emergency Obstetric Care: EOC）の研修が実施されている。しかし、研修修了後の評価は行なわれず、研修で得た知識や技術を自分の職場でどのように利用し、ケアの質を高めていくかということには目を向けてこなかった。また継続ケアという概念、女性の一生を通してのケアの重要性はWHOも認めるところである。戦後、日本が気づき、母子保健法で定めたように、お母さんと赤ちゃんの健康は一時期だけを捉えて解決するわけではない。生涯を通してのケアと保健システムの充実が必要なのである。

　ケアの質は確かな知識と技術とともに「心」の部分が大きい。十分な知識と技術を兼ね備えるのはもちろんのこと、専門職としての意識、患者や家族を人として大切に思いやる気持ちや接遇といったことが大切である。多くの患者が受診するある診療所を訪れた時のことだった。薬も少ないのになぜここに来るかを患者さんに聞いてみたところ、「ここではスタッフのみなが親切でいやな思いをしたことがないから」という答えが返ってきた。

結び──21世紀の母子保健の発展と格差の解消のために

　日本、カンボジア、アフガニスタンという3つの国の母子保健をめぐる歴史や現在の問題点・課題を検討してきたこの文章を終わろうとする今、私の脳裏には忘れがたく1つの光景が焼きついている。

　2008年4月、山奥からロバに4時間ゆられ、遠路更に車でアフガニスタンの首都カブールの国立産婦人科病院まで運ばれてきた妊婦の死に私は出会った。2人の子どもを残し、まだ20歳前という若さだった。妊娠中に助産師が健診を実施し、危険な兆候に気づいていたら、彼女は早めに病院に搬送されて助かったかもしれない。近くに治療可能な病院があったら、また道が整備されて早く病院に運ばれていたら、助かったかもしれない。この痛ましさの思いは消えることがない。

　すべての新しい「いのち」の誕生が微笑みをもって迎えられるためには、保健だけでなく、社会、経済の発展が必要なことをあらためて、痛切に考えさせられた。

　ミレニアム開発目標の項で掲げた母子保健の指標も、数字だけ見れば無味乾燥なものの羅列だが、その裏には、この、若くして無念の死を遂げなければならなかったアフガン人の母親のような女性の悲劇を日々1つでも減らしていきたいという、現場での具体的でたゆみない努力と奮闘があるのだ。そうした積み重ねの結果として、日本の母子保健の戦後の優れた達成もあったのだが、残念ながら、近年の「地域医療崩壊」の中で、この国の安全なお産にも大きな危機が迫っている。

　すべてのいのちが等しく尊重され、大切にはぐくまれる21世紀の地球社会の母子保健のために、シェアも私自身も、更にささやかな努力を続け、さまざまな国や地域で、母と子や彼らを囲む家族の、明るい、幸福な笑顔に出会っていきたい。

【参考・引用文献】

海野信也・渡辺博．2003．『母子保健学』診断と治療社．
鎌田久子他．1990．『日本の子産み・子育て――いま・むかし――』勁草書房．
北村邦夫．1998．『リプロダクテイブ・ヘルス／ライツ――性と生殖に関する健康と権利』メディカ出版．
厚生統計協会．2006．『国民衛生の動向』厚生統計協会．
国際協力機構国際協力総合研修所．2004．『日本の保健医療の経験――途上国の保健医療改善を考える』国際協力機構国際協力総合研修所．
後藤節子・足立恵子．1996．『テキスト母性看護Ⅰ』名古屋大学出版会．
ジュディス・ゴールドスミス．1997．『自然出産の智慧――非西洋社会の女性たちが伝えてきたお産の文化』日本教文社．
長谷川まゆ帆．2004．『お産椅子への旅――ものと身体の歴史人類学』岩波書店．
マースデン・ワーグナー．2002．『WHO勧告にみる望ましい周産期ケアとその根拠』メディカ出版．
村本淳子・森明子．2007．『母性看護学概論第2版』医歯薬出版．
UNICEF．2006．『世界子供白書2007』UNICEF駐日事務所．
我妻堯他．1991．『助産学講座1 助産学概論』医学書院．

WHO. 2007. Are skilled birth attendants really skilled? A measurement method, some disturbing results and a potential way forward, *WHO Bulletin* Volume 85. WHO.
United Nations. 2005.『ミレニアム開発目標報告』United Nations.
―――.2007. *The Millennium Development Goals Report*. United Nations.

第7章
公的保健システムの強化と連携
カンボジアでの保健ボランティア育成

植木 光

世界には、5歳に満たないで亡くなる子どもが多くいる国がある一方、平均寿命が80歳以上の国があり、それらの国の「保健システム」はそれぞれ異なる。「保健システム」とは、「人々が健康となるために必要な要素の仕組み」と言うことができる。

WHO（世界保健機関）の定義では、「保健システム」とは「（1つの国や地域における）健康の増進、回復、維持が第1の目的となるようなすべての活動を含むもの」となる。具体的な活動分野としては以下のことがあげられている。
①公的な保健サービス
②伝統治療師による活動
③医薬品の使用
④疾病の家庭治療
⑤ヘルスプロモーション、疾病予防および健康改善のための公衆衛生活動
⑥健康教育

保健システムが機能しているかどうかを見る指標としては、次の項目があげられる。
①平均寿命
②5歳未満児死亡率の地域格差
③人権尊重、医療上の差別の有無

④医療費負担の公平性

　平均寿命が50歳に満たず、10人に1人が5歳になる前に亡くなり、貧富の差や階級差で医療を受けることに差がある国は、はたして保健システムが機能しているのだろうか？
　保健システムが機能するためには、各々の国や地域で保健政策（医療制度など）が作られ、政策に基づいた財源を確保し、保健医療計画を立て、保健サービスを提供するための医療従事者などの人材が育成されることが必要である。更に保健サービスを提供する場所である病院などの医療施設や機材、医療施設を運営する財源や運営管理する人材が必要となる。また、提供する側だけでなく、提供した保健サービスを利用する人々がいて初めて保健システムが機能するのである。
　開発途上国における保健システムは、政治・経済・文化・歴史的背景により複雑かつ多岐にわたり、内戦や政治情勢の不安定さから公的な保健システムが脆弱である。各々の国が自力で保健システムを運営管理できることを目標に掲げているが、システム構築に必要な資源（人材・機材・物品・施設）、保健医療計画、行政制度などが政治経済的な事情で整っておらず、多くの困難と課題を抱えている。特に大きな課題となっているのが、保健サービスを受ける住民のニーズと保健サービスの提供との間に矛盾があり、住民主体の保健システムが構築されていないことである。
　この章では、まず開発途上国の保健システムの変遷と課題について述べ、更に限られた資源の中で保健システム強化に取り組んだシェアのカンボジアでのプロジェクトを例にあげて、今後の課題を考えていきたい。

1. 開発途上国の保健システムの変遷

　開発途上国の保健システムの歴史は、植民地からの独立が続いた1950年代に始まる。独立後、それぞれの国の社会・文化・経済・政治的背景を考慮しないまま、西洋の保健医療システムをまねたプログラムが実施され、国際的な投

資がなされたが、思わしい結果をもたらすことはなかった。60年代からは、この教訓をもとに住民参加型保健プログラムが提唱され、ラテンアメリカの国々、バングラデシュ、インド、フィリピンなどで包括的な基本的保健サービスが提供されるようになった。このような動きから、1978年にアルマ・アタ宣言「2000年までにすべてのひとに健康を」が出され、その達成のためにプライマリ・ヘルス・ケアを実践することが決議された。

　アルマ・アタ宣言後、母乳の促進、予防接種、下痢症に対する経口補水液療法（Oral Rehydration Therapy: ORT）など費用対効果の高い「選択的プライマリ・ヘルス・ケア」が提案され、国際機関による母子保健や子どもの生存プログラムへと発展していった。しかしながら、政治的機能が働いていない（受け皿ができていない）ところへのこれらのプログラムの導入は、地域住民のニーズが把握されないままにトップダウン的な保健サービスが提供されるなど、多くの問題を抱える結果となった。更に80年代の地球規模の経済不況で、多くの開発途上国の債務負担が増加し、保健医療サービスやその他の社会サービスの経費節減を求められることとなった。

　90年代から、国際機関による保健システム構築を目的に、開発途上国では「保健セクターの効率性、公平性、効果を向上させるための持続的かつ目的のある変革」と定義された保健医療セクター改革が推進され、保健医療サービスの提供に関する政策および優先順位の決定権限を地方政府に委譲するという保健医療サービスの地方分権化が推し進められている。

　カンボジアでは、1979年のポル・ポト政権崩壊以降、諸外国NGOを中心に保健医療援助が行なわれるようになった。1992年のUNTAC（国連カンボジア暫定統治機構）による平和維持活動（PKO）が開始されてからは、国際機関のカンボジアに対する復興・開発援助が本格的に実施されるようになり、保健省の組織構築が始まった。1996年には、前述の保健医療セクター改革の波を受け、大規模な保健システムの改善が行なわれた。人口10万人単位で保健行政区を分割し、保健センターで手に負えない時に紹介・搬送される上位の病院を1ヵ所設置し、人口1万人に対して1つの保健センターを設置した。

　2000年にカンボジア保健省が実施した保健システムの改善の評価をしたところ、次のような問題点が明らかになった。

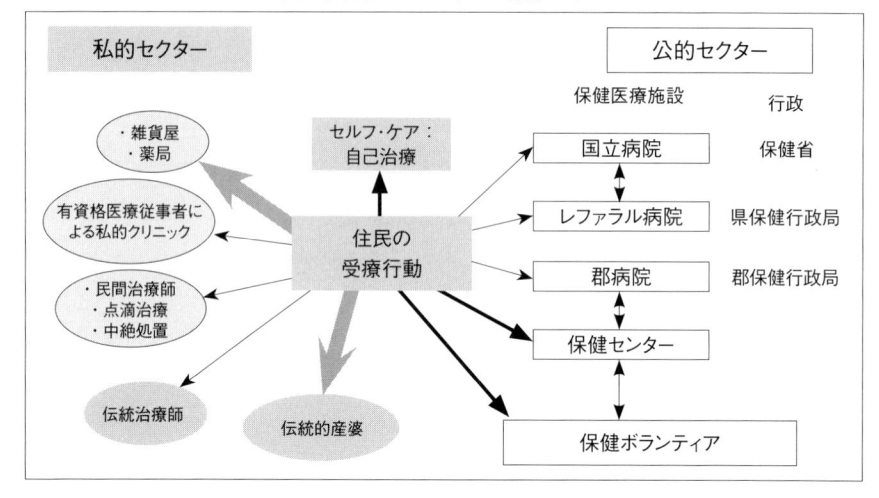

図1 多元化したカンボジアの保健システム

【私的セクター】
- 雑貨屋・薬局
- 有資格医療従事者による私的クリニック
- 民間治療師・点滴治療・中絶処置
- 伝統治療師
- 伝統的産婆
- セルフ・ケア：自己治療

住民の受療行動

【公的セクター】
保健医療施設／行政
- 国立病院 ／ 保健省
- レファラル病院 ／ 県保健行政局
- 郡病院 ／ 郡保健行政局
- 保健センター
- 保健ボランティア

①保健指標の変化が見られない
②スタッフの給与保障がない
③組織運営・管理が脆弱
④必要最低限の薬品供給の停滞
⑤保健サービス提供の不均衡

　この結果をもとに、保健省は2003年から「保健セクター強化によって、住民の保健状況を改善し、貧困を軽減し、社会・経済状況を良くする」ことを目標に7項目（保健サービスの提供、保健サービスの質の向上、人材育成、保健財政、組織運営管理向上、保健インフラ整備、住民の行動変容）に重点を置いた保健セクター戦略計画を実施している。この計画では、地方分権を前面に打ち出し、保健サービスの提供者である地方の保健行政局の組織運営管理能力向上も目標にあげられている。

2. 開発途上国の保健システムの課題

　開発途上国の公的保健システムの問題点として、医療機関へのアクセスの悪さ、待ち時間の長さ、開業時間の短さ、薬剤の不足、サービス提供の低さが報

告されている。

　バングラデシュでは、肺炎の症状を持っている子どものわずか7％しか公的な医療機関のサービスを受けていないとバングラデシュ国際下痢疾患研究所は報告し、公的な医療機関の医療従事者の技術不足による重症例の見逃しや高度医療機関への転送の遅れも指摘されている。

　パキスタンでは、信頼性のある医師は公的医療機関より私的医療機関にいるため、公的医療機関の利用が少ないことが指摘されている。

　WHOによると保健医療セクター改革後の現在、途上国の公的保健システムが直面する共通問題として、①保健医療分野で働く人材の不足、②不適切な保健医療情報システム、③不十分な保健財政、④公平性に欠けた保健システムが共通してあげられている。

2.1. 保健医療分野で働く人材の不足

　開発途上国では、内戦やエイズなどによる医療従事者数の減少、不適切な人材育成や人材管理、海外頭脳流出などが要因となって保健医療分野での人材不足が顕著であり、東南アジア、アフリカ諸国では危機的な状況となっている。カンボジアでは、ポル・ポト政権前に437人いた医師は虐殺によって1979年には47人に減少し、看護師・助産師など多くの医療従事者を失い、慢性的な保健医療従事者の人材不足が大きな問題となっている。

　人材不足解消のために準医師・準助産師・準看護師を1994年までに速成し、その後正規の医師・助産師・看護師の育成が高等教育機関で始まった。しかしながら、高等教育を受けた医師・助産師・看護師は、必要とされている遠隔地域で働かず、都市で働く傾向にある。都市と遠隔地域の医療従事者数の格差は広がる一方である。

2.2. 不適切な保健情報システム

　開発途上国では、内戦などによる行政機能の崩壊などにより人口動態統計などは信憑性に欠けるため、乳児死亡率や疾病罹患率などの保健データに関して正確な数字を得ることは困難である。保健省で報告されるデータも、成果主義がもたらした弊害によりデータの改ざんが行なわれることも報告されている。

カンボジアでは、最近出生登録が行なわれるようになったが、まだ正確な出生数の把握はされていない。また疾病データは、医療従事者の質の問題もあり、正確な疾病診断をすることも難しい状況である。

2.3. 不十分な保健財政

　保健サービスの提供には国の財政が不可欠だが、開発途上国の特に低所得国の国民1人あたり保健医療予算は、2 〜 50米ドルと極めて低い。課税や社会保険の適用を検討すべきだが、これらの低所得国では税制度が確立していないことや汚職などの腐敗によって徴税システムが機能していないのが現状である。

　カンボジアでは、保健省の下にある公的医療機関の保健スタッフの給与は月平均30 〜 40米ドルで、給与支払いの遅延も起きている。彼らは副職を持たないと生活できないので、公的医療機関での勤務時間は短くなる。診療報酬制度の導入により、診療報酬費の50％を給与補填できるようになった地域でも、保健センタースタッフの給料は5米ドル程度増えるだけである。安定した質の高い保健サービスの提供には、保健スタッフの給与保障は不可欠である。

2.4. 公平性に欠けた保健システム

　誰もが平等に保健サービスを受けられることを目指して保健システムは構築されるべきだが、現実には経済力の差、都市・地方間格差などの公平性に欠けた保健システムとなっている。カンボジアでは、医療設備不足のため、966ヵ所に保健センターが設置されたが、建物や人材不足により439ヵ所の保健センターで基本的医療活動が実施されていない。また、慢性的な医療従事者不足と医療設備不足によって、遠隔地域住民は医療を私的セクターに頼らざるを得ない。私的セクターでは、公的医療機関の有資格医療従事者が副業として開業している場合や無資格者が点滴などの診療を行なっている場合もある。更に、高額な診療費と不適切な診療による高度医療機関への転送遅延が大きな問題となっている。

3. 保健ボランティア・プログラム

　80年代以降、開発途上国ではプライマリ・ヘルス・ケアに住民参加を盛り込んだ公平な保健システムの実現に向けて、国際機関の援助により「保健ボランティア・プログラム」が実施されている。保健ボランティアは、公的医療機関と地域住民の橋渡し的役割を果たすもので、住民のニーズを把握して保健医療情報を伝え、住民の保健状況の改善をもたらすことが任務とされた。医療の人材不足が深刻な開発途上国では、保健ボランティアが予防活動だけでなく、治療活動にあたっている所もある。

　保健ボランティアは、地域住民の代表として地域の問題を提起し、地域の資源を活用して地域を活性化する役割も求められている。しかし、地域固有の社会的・文化的状況に適合しないプログラムが計画されたり、持続性のない援助が実施されたりするため、保健ボランティアの活動が長続きしないなどの問題が起きている。保健ボランティア制度そのものが機能していない国が多数あるのも事実である。

　カンボジアでは、1992年から公的医療機関の人材不足を補うことと地域への保健知識の普及を目的に、国際NGO、政府機関、国連機関が保健ボランティア・プログラムを実施してきた。地域開発省は、特定地域を対象に村の保健ボランティアを育成し、女性と退役軍人省は家族計画普及および女性ボランティアの育成を全国レベルで実施してきた。しかし、縦割り行政で横の連携が難しいカンボジアでは、各省庁やNGOが連携した包括的な保健ボランティア・プログラムは実施されてこなかった。

　保健省は、前述の「保健セクター戦略計画2003～2007」において、住民参加と地域との連携強化を目的に、保健センター運営管理委員会を保健センターに設立し、各省庁・NGOが育成したボランティアや伝統的産婆(TBA)などの人材と連携するという政策を立案した。しかし、保健ボランティアを育成する保健行政局の運営管理能力不足から、このボランティアが機能している行政区は多くはなかった。

　保健ボランティア活動を持続させるためには、ボランティア自身がモチベ

ーションを保ち、地域住民と保健センター、郡保健行政局といった公的保健機関がこれを支援していくことが必要である。したがって、その要因となるのは何かを考える必要がある。

　ボランティアのモティベーションを維持する要因としては、活動に参加したことによって知識や技術が得られること、また活動により自己達成感が得られることがあげられる。これは物質的な報酬を受ける以上の効果があると言われている。更に、ボランティアを地域住民から選ばれた存在として地域住民が尊敬するようになることも、この制度が持続する大きな要因である。保健センターや郡保健行政局はこうしたことを認識し、ボランティア活動を継続するための協力体制を築いていくことが重要である。

　シェアは、このような要因を考慮し、保健省から降りてきた垂直型の保健ボランティア・プログラムの分析から、保健ボランティア育成という人材育成を通して郡保健行政局の運営管理能力を強化することに取り組んだ。それが保健システムが機能する上において最も重要な要素だったからである。以下にその概要を紹介したい。

4. カンボジア農村での保健ボランティア育成による保健システム強化

　カンボジアは、慢性的な医療人材・施設・財源不足といった資源不足と組織運営管理能力不足、保健サービス提供の不均衡により、保健システムの機能は脆弱である。農村地域住民は、都市部に比較して適切な医療施設へのアクセスが困難である。1998年からシェアは、住民の保健状況改善のために医療従事者の能力向上と住民にとって身近な保健センターの機能強化を目的に、農村地域であるコンポンチャム県スレイセントー・コーンミア保健行政区（行政区域のスレイセントー郡に、メコン川対岸のコーンミア郡の一部を加えた地域）で地域保健プロジェクトを開始した。更に2003年からは、保健ボランティアの活動によって保健センターサービスが向上し、地域住民の保健状況が改善することを目的に、郡保健行政局が保健ボランティア体制を構築するためのプロジェクトを実施した。

第7章 公的保健システムの強化と連携——カンボジアでの保健ボランティア育成

雨季の巡回予防接種に行く保健スタッフ

　スレイセントー・コーンミア保健行政区はメコン川で分断されており、雨季には舟で行かなければならない地域や道路が冠水する地域がある。この地域がプロジェクト地として選ばれた理由の1つは、他の地域に比べてアクセスが悪いことである。

　このプロジェクトには常時、日本人スタッフ2～3名とカンボジア人のプログラムスタッフとサポートスタッフ数名ずつが関わった。シェアスタッフはメコン川のほとりにある事務所兼宿泊所で寝食を共にし、郡保健行政局、保健センター、村々を回って活動した。

　シェアの支援形態は、保健行政局の運営管理能力を向上させ、保健センタースタッフ、保健ボランティアと住民が地域の保健状況を改善するための技術と知識を得て、協働して活動できる手助けをする側面支援と総括される。側面支援でのシェアスタッフの役割は、共に活動しながら保健センタースタッフや保健ボランティアに知識や技術を伝え、彼らが自立して活動できる能力をつけてもらうことである。

　どのようにしたらこの人たちが理解し、変わっていくのか？　この過程で最

も大切だったのは、保健スタッフやボランティアたち自身が「気づくための場面設定」であった。カンボジア人スタッフと共に、どういう場面設定をしたらいいのか試行錯誤を繰り返した。場面作りの鍵は相手を知ることだった。シェアスタッフが1998年のプロジェクト開始時から郡保健行政局や保健スタッフと人間関係を築いてきたことが活動の大きな土台となっている。以下は、試行錯誤しながら実施した過程である。

4.1. 保健ボランティア体制構築への道のり

スレイセントー・コーンミア保健行政局では、2002年に保健省から降りてきた保健ボランティア・プログラムである保健センター運営委員会と保健ボランティアの選出を各保健センターで実施した。保健システムに組み込まれた保健ボランティアは村人から選ばれた保健センターの名誉職として位置づけられ、診療費が無料となるなどの特典がある。その役割は、保健センターへの協力、保健センターの管理、保健センターのサービスの普及、疾病予防のために村人に保健情報を伝え、村人の健康状況を把握して保健センターに報告することである。

開始当初は、保健センタースタッフと保健ボランティアがお互いの役割を理解しておらず、協力関係が弱いという問題が生じた。また、地域住民も保健センターに不信感を持ち、利用率が低かった。2003年、保健ボランティアの能力向上と保健センターとの協力関係強化を目的に、郡保健行政局と保健センタースタッフと協力して、5ヵ所の保健センターで3日間のトレーニングを実施した。合計142名の保健ボランティアがこのトレーニングを受けた。

トレーニング後1年が経過すると、保健ボランティアが保健サービスを伝え、保健センタースタッフの態度が変化することによって、保健センターの外来患者数が上昇するという成果が出てきた。しかし、自分の意志に反して保健ボランティアに選ばれたケースがあったり、地域住民が保健ボランティアの役割を理解していない場合があるなどの問題点が明らかになってきた。そして、保健センターや郡保健行政局と話し合う中で、保健ボランティアを選ぶ過程に問題があるのではないかという指摘が出されてきた。

そこでシェアは2004年6月～7月、保健ボランティアの活動・知識・意識の

調査とボランティア選定過程の評価を目的とし、104名を対象に調査を実施した。その結果、17.6％の保健ボランティアが約1年半で辞めていることがわかった。また、辞める理由の64％は、転居、出稼ぎ労働、死亡だった。それ以外では、選定過程がわからなかった、自分の意志に反して選ばれた、保健ボランティアの役割がわからなかった、トレーニングを受けていないなどのさまざまな要因が重なった場合、ボランティアの活動に自信が持てなくて辞めてしまう結果になることが明らかになった。

保健ボランティアになったメリットとしては、「保健知識が増えたこと」という人が43.3％、「村人の役に立ったこと」が29.8％、「無料で保健センター診療を受けられること」が21.1％だった。しかし、保健ボランティアとして村人と接することについて、60％は困難を覚え、その約半分は保健の話をしても村人が迷信などのため理解しないことをあげた。

この調査結果をもとに、郡保健行政局・保健センターと共に、郡保健行政局が地域住民参加による保健ボランティア体制を構築するための活動を行なう計画が策定された。保健ボランティアが自主的に住民と協力して保健活動を行なうのを支えるのは保健センターの役割で、保健センターを支援運営管理するのは郡保健行政局の役割である。そしてシェアは、保健ボランティア、保健センター、郡保健行政局という3つのグループが連携し、協力関係を築く橋渡し的役割を担った。

4.2. 郡保健行政局による保健ボランティア体制の運営管理強化

シェアは最初、郡保健行政局が自主的に地域住民参加による保健ボランティア体制を構築するための活動支援を行なった。保健ボランティアの選定基準が不明確であったこと、選定に対する説明が不十分であったことなどが、ボランティアの選定に影響を与え、運営に関わる問題にも繋がっていた。そこでシェアは、ボランティア選定のための地域住民会議の実施や地域住民による選定基準の作成が円滑に行なわれるよう、郡保健行政局と協議を重ねた。また、ボランティアへのトレーニングや保健センターにおけるボランティア会議、ボランティアの活動のモニタリングを郡保健行政局と共に計画・実施し、郡保健行政局の責任下で保健ボランティア制度が確立するよう支援した。

郡保健行政局、保健ボランティア、保健センターのスタッフが会した日

　トップダウンのやり方に慣れていた郡保健行政局のリーダーたちは、最初戸惑いを見せたが、意欲と能力がある郡保健行政局長プラ・ルアさんのリーダーシップで積極的に活動に関わるようになった。特に保健ボランティア担当は、トレーニングの講師をすることに非協力的だったが、回数を重ねる毎に少しずつ変化してきた。

　また、郡保健行政局・保健センタースタッフとボランティアの交流を深め、ボランティアが活動を持続できることを目的に「保健ボランティア・デー」のイベントを郡保健行政局と保健センターが協力して実施することになった。このイベントでは、保健ボランティアが1年間の活動報告をし、ボランティア間で経験交流が進められた。郡保健行政局は保健ボランティアへの感謝の意を込めて、彼らが楽しんで参加してもらうような内容を企画してくれた。保健ボランティアはほかの保健センターのボランティアの活動報告を聞くことによって、自分たちの活動への意欲を高めることができた。2004年に保健ボランティア・デーに参加した郡知事は次のようなスピーチをした。

「保健分野においては、医療施設が不足しているため人々に保健サービスを十分に提供することができない状態で、人材不足も深刻な問題です。健康は自らが守ることであると仏教の教えにあるにもかかわらず、人々は病気の予防方法を知らず、医療費の負担が貧困の原因にもなっています。カンボジアの1歳未満の乳児死亡率は、出生1000人に対して95人と厳しい状況です。人々の健康状態の向上のために、保健センタースタッフと同様、保健ボランティアたちは非常に重要な役割を担っています。これまで、ボランティアたちは報酬がないにもかかわらず、地域の人々のために全身全霊をかけてよくやってきました。彼らの貢献に敬服し、今後も継続して活動されることを祈っています」

このように、住民の健康問題を保健ボランティアが保健センターに報告し、保健センタースタッフと話し合い、問題を郡保健行政局にも報告して問題の解決にあたるという連携体制ができてきた。

4.3. 保健センターによる保健ボランティア活動支援

保健ボランティアに関係した保健センターの重要な役割は2点ある。1つには保健センターと協働するボランティアの選出を地域住民と行なうこと、そしてもう1つは選出されたボランティアを育成し、ボランティアの活動を支援することである。

シェアは、地域住民による保健ボランティア選出のための会議を保健センター、村委員会と協力して実施し、ボランティアの選出を支援した。また、保健センタースタッフのボランティア活動運営能力向上を目的とし、保健ボランティアと保健活動計画を策定し、保健ボランティア会議の運営・管理ができるようなワークショップを郡保健行政局と協力して行なった。そして、保健センタースタッフが保健ボランティア相手に保健知識のトレーニングの講師ができるよう支援した。

保健ボランティアのトレーニングに際して、保健センターの運営について保健センターと保健ボランティアが話し合った結果、以下のような問題点や要望があがってきた。

①保健センターサービスを24時間提供してほしい

保健センタースタッフと保健ボランティアの会議

②保健センタースタッフの態度が傲慢で横柄である
③診察技術を向上してほしい（誤診や投薬ミスがある）
④疾患が異なっても処方される薬がいつも同じである
⑤村の巡回予防接種を増やしてほしい
⑥重症で保健センターに来られない患者の家庭訪問をしてほしい

　住民は保健センターに不信感を抱いていたが、トレーニング後、保健センタースタッフの態度が変化し、保健ボランティアの働きかけで住民が保健センターを信用するようになり、利用が増えていった。また、保健センタースタッフと保健ボランティアがいっしょに活動計画を立てるようになったことで協力関係が築かれ、保健センタースタッフがボランティアの意見を尊重するようになった。保健ボランティアは住民からあげられた問題点を保健センターに報告し、改善に繋がるようになってきた。
　2003年には閑散としていた保健センターを1日平均100人の住民が利用するようになってきた。彼らは私的クリニックや民間治療に払っていた高額な治療

費の支出を減らすことができるようになった。

　保健ボランティアから人望の厚いプレルンデン保健センター長のバ・センキさんは、「保健ボランティアは、地域のことを保健センタースタッフより熟知している地域のサポーターだと思います」と私たちに語ってくれた。雨季には舟で移動しなくては行けない地域だが、この保健センター長は保健ボランティアの家を訪問し、地域の住民と話し合いを続けている。その献身的な活動に私たちは頭が下がる思いであった。

4.4. 保健ボランティアの地域活動を支援

　シェアは保健ボランティアが地域住民に保健情報を伝達し、保健教育ができるようにトレーニングを支援し、村の巡回予防接種活動の際に保健教育ができるように保健ボランティアを支援した。

　保健ボランティアは日頃から予防接種の重要性を住民に伝え、村での巡回予防接種の前日には接種対象の子どもがいる家を1軒1軒回って予防接種を受けるよう伝え、当日は予防接種に来た母親に保健情報を伝え、予防接種後は発熱などの副作用や問題があった子どもの家を訪問するなど、地道な活動を続けている。内戦の影響で予防接種の注射に恐怖や誤解を抱いていた母親たちが理解するようになった結果、予防接種率は上昇した。

　シェアは保健ボランティアが保健教育を自主的にできるように、必要とされている項目（予防接種、妊婦検診、家族計画、デング熱、急性呼吸器感染症、皮膚病、下痢、寄生虫疾患、性感染症、HIV・エイズ、結核、栄養、救急処置方法）を網羅した教材を保健ボランティア、保健センタースタッフ、郡保健行政局と協力して作成した。

　保健ボランティアによる保健教育で地域住民が変化した例としては、結核についての正しい理解が広がったことがあげられる。それまで結核は遺伝的疾患と信じられており、結核に罹るとその家族まで偏見で見られることがあったが、保健ボランティアによる結核の感染経路や治療の劇による保健教育を受けたあと、人々は結核を正しく理解するようになった。

　そのほか、スレイセントー郡の商業地のプレ・ポー保健センターの保健ボランティアは、母親たちが家族計画の必要性を理解するようになってから出生数が減り、小売りなどをする時間的な余裕ができた母親がいると報告している。

保健ボランティアによる結核治療の実演

また、下痢になった子どもに母乳や水を飲ませると下痢がひどくなると思い込んでいた母親が多かったが、保健ボランティアの活動によって、下痢になっても脱水症状になる子どもが減ってきたと報告されている。地道な保健ボランティアの活動が地域住民の保健状況の改善に繋がってきたのである。

4.5. 郡保健行政局の運営管理能力強化 (トップダウンからボトムアップへ)

　保健システムが機能する上での重要な要素は運営管理である。運営管理には、計画・実施・モニタリング・評価のサイクル、組織運営、人事管理、コミュニケーションなどさまざまな要素が含まれており、自立発展性や持続性の観点からも運営管理能力を強化することは重要である。政治的な背景からトップダウンで機能してきたが、シェアは保健ボランティア体制構築とともに郡保健行政局が自主的に保健医療プログラムを実施できるよう運営管理能力強化を試みた。

　まず、1998年に郡保健行政局と共にプロジェクト開始時に作成した6年後の「展望」をもとに、2004年8月に郡保健行政局・郡病院・保健センター長が集まって、6年間の活動を振り返るワークショップを実施した。保健省からトッ

プダウンで降りてくる計画策定しか経験がなかった郡保健行政局のリーダーたちの意見は、活動を振り返り、それに基づいた目標を設定し計画を策定するのは難しいというものだった。2003年からの「保健セクター戦略計画」では、地方分権を打ち出し、郡保健行政局による計画策定を明文化し、県保健局でも計画策定のトレーニングを実施していたが、郡保健行政局はなかなか理解してくれなかった。

そこでまず郡保健行政局に計画策定のプロセスを理解してもらうことから始めた。県保健局のトレーニングで理解できなかったことがわかるようになった彼らは、徐々にボトムアップからの計画策定に理解を示すようになってきた。

活動評価の方法として、保健省の「保健セクター戦略計画」に掲げられている6項目（人材育成、保健サービスの提供、保健サービスの質の向上、住民の意識・行動変容、インフラ整備、保健財政管理）に沿って、郡保健行政局・郡病院・保健センターのグループごとに分析を行なった。この分析を行なうことで、郡保健行政局のスタッフは6項目の意味を郡の保健状況に即して理解するようになった。分析後、6年前に自分たちで作成した「展望」で達成した項目・達成していない項目を分け、評価をもとに今後の2年間でどのような項目を達成したいか目標設定を行なった。

2004年からは、この目標設定をもとに保健センターのスタッフと保健ボランティア代表、村長が参加して、各保健センターで年間計画策定のためのワークショップを実施した。手法としては、参加者が問題分析に慣れておらず、カンボジアの文化では公の場で問題を上げることが難しいことから、目標を達成するにはどのような活動・人材・日程が必要であるかという、シンプルな目的指向型計画策定を用いた。講師は郡保健行政局リーダーと各保健センター長が務めた。郡保健行政局のリーダーは講師を務めたことで、「問題分析―計画―評価」のサイクルを明確に説明できるようになり、保健センタースタッフが計画立案方法を理解できるようになった。また、村会議長や保健ボランティアの代表などの地域住民と共に保健センター計画作成ができるようになった。年間計画を策定する過程で、郡保健行政局長が他のリーダーたちに責任を委譲し、会議で民主的に決定するように組織運営形態も少しずつ変化してきた。

保健行政改革は地方分権を前面に押し出しているが、トップダウンに慣れて

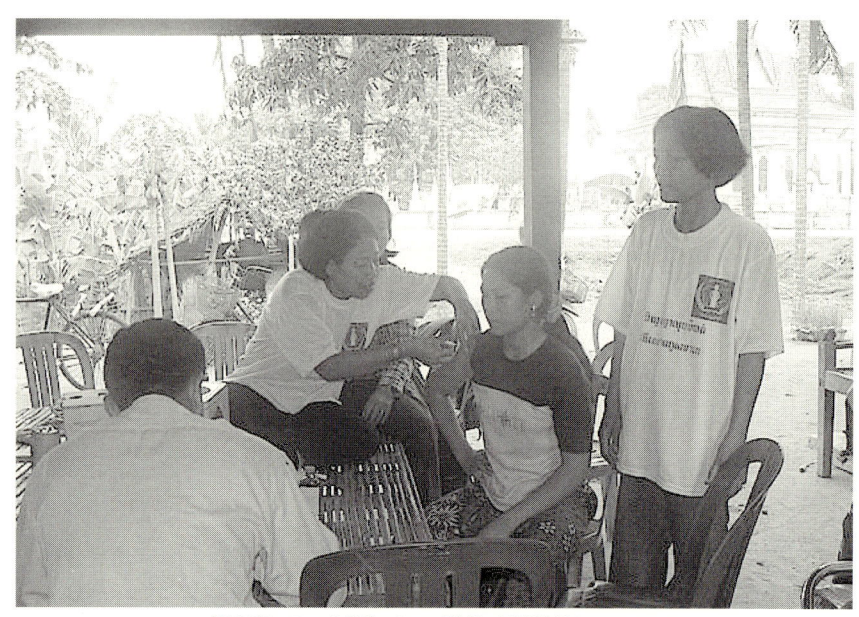

保健ボランティアと保健スタッフが協働で予防接種キャンペーン

いる地方行政に権利の委譲をしたとしても、実質は分権になっていないのが多くの開発途上国が抱える問題である。地方行政の運営管理能力向上のキーポイントは、住民のニーズを把握・反映したボトムアップ方式の重要性を行政の保健スタッフが認識するような「気づきの場面設定」をすることではないかと思われる。更に、コミュニティに存在する保健に関するキーパーソンとの連携や保健ボランティアの育成は、保健医療人材不足を補い、行政とコミュニティの両輪で地域住民の健康を守るような体制に繋がるだろう。

5. 開発途上国の公的保健システムの課題

　国際機関は画一的な保健医療プログラムを開発途上国で実施してきたが、社会経済格差が生んだ疾病構造や地域によって異なる文化や自然環境を重要視しなかったことで、公平性に欠けた保健システムが形成される結果となっている。「すべての人に健康を」が実現する世界に到達するためには、政治経済的要因

表1 プライマリ・ヘルス・ケアの枠組み

状況分析	プライマリ・ヘルス・ケアのレベル			
	病院・クリニックベース	住民の利益を志向するもの (Community-oriented)	住民自身が管理するもの (Community-managed)	住民に基盤を置くもの (Community-based)
SAPRIME*における住民の役割	なし	意見を求められる	政府・NGOのパートナー	開発のマネージャー
住民組織の役割	重要でない	目的を達成するための手段	目的を達成するための手段	目的を達成するための手段
主な特質	権威主義的	温情主義	民主的	開放的
住民への合意	服従させる	当てにならない	人々は自分自身の生活をコントロールすることができる	自助

* SAPRIME: Situation Analysis（状況分析），Planning（計画），Implementation（実施），Monitoring/Evaluation（モニタリング/評価）
[Hardon A *et al.* 2001]から引用

のマクロレベルの世界的改革が不可欠であるが、各国での現状の問題を改善するべくミクロレベルでの取り組むことも不可欠である。

　シェアはカンボジアで保健ボランティア育成による公的保健システム強化に取り組んだが、その教訓として特に次の2点を痛感した。

　①公的保健システムの中での住民参加の困難さ
　②保健だけではない他セクターを包括したアプローチの必要性

　ここでは、この2点に焦点を当て、今後の開発途上国の課題を展望したい。

5.1. 公的保健システム下での住民参加型保健ボランティア活動

　フィリピンでは、保健ボランティア制度実施にあたって、村社会の権力構造や政治的干渉によって、本来住民主導で行なわれるべき保健ボランティア活動が機能しなくなったという事実が報告されている [Hardon A. *et al.* 2001]。カンボジアの保健ボランティア制度も開始から4年が経過しているが、ボランティアの選定や活動に村社会の権力構造が影響していることは否めない。地域住民の代表者である保健ボランティアの選定や活動が果たして本当に住民参加型だったのかどうか疑問は残る。

　ガルベス・タン（Galvez-Tan）のプライマリ・ヘルス・ケアの枠組み（表1）で

住民参加を評価してみると、「住民の利益を志向する」モデルと「住民自身が管理する」モデルの間に留まってしまっているのではないかと思われる。「住民の利益を志向する」モデルでは、地域住民は助言を求められるが決定権は地域住民の外にあり、通常、保健医療従事者の視点に立ち、地域住民から情報を求めることになる。「住民自身が管理する」モデルは最も民主的であり、地域住民は政府やNGOの平等なパートナーとして、意思決定の過程に参加する。最も開放されたモデルは、「住民に基盤を置いた」モデルで、プログラムについての決定権が地域住民にある。

最も抑圧されたモデルは、病院・クリニックベースのモデルであり、地域住民は消極的な役割しか持たず、医療専門家や国家のような外部からの指示を待つだけのモデルである。開発途上国に見る垂直型の政府によるプログラムは、住民参加の観点から見たら最も抑圧されたモデルが多いのが現状である。

カンボジアでは、長い内戦の影響で地域での協力関係が希薄になったと言われているが、地域の人々に健康になってもらいたいという気持ちから、保健スタッフと保健ボランティアがお互いに協力している姿を見ていると、地域の絆は深く残っていると感じた。この人たちの献身的な活動がカンボジアの保健状況改善に繋がると願いたい。

公平な保健システムの実現のために、国際機関、特に草の根レベルの活動が可能なNGOの役割は、政府のトップダウン型から住民主体のボトムアップへ転換するために、住民のニーズを掘り起こし、気づきを促し、リーダーシップを育て、住民自身が意思決定できるような土壌を作る支援を行なっていくことだと思われる。

5.2. セクターを超え、社会・文化・経済的状況を包括したプログラム

開発途上国における医療の状況は複雑かつ多元的である。地域住民の治療選択には、住民固有の信念や知識だけではなく、便益性を含む社会的・経済的状況も影響する。地域住民の視点に立ち保健セクターを超え、社会・文化・経済的状況を包括した保健システムの可能性を追求する必要がある。

国際的な流れとして、疾患別に扱う垂直アプローチから疾患を包括的に扱う水平アプローチが重要視されるようになったが、WHOによる統合的小児疾患

マネージメント・プログラムの評価では、母親など、地域レベルの行動変容には繋がらず、小児の死亡率を下げるような目に見えた効果は上げられていないと報告されている［Bryce et al. 2005］。系統的な小児疾患の診断治療マニュアルが作られたが、その地域固有の疾患や症状に当てはまらず、医療従事者がマニュアルを活用できていないことと、疾患の予防のメッセージが地域住民に理解されなかったことがその原因である。

　伝統的な知識や信念を持った地域住民が外部から入ってきたことを理解する時には、そうした知識や信念に基づく独自の論理で受け入れることが多い。例えば、カンボジアで違法な点滴治療が好まれるのは、血液を流すのは病気を浄化することだという地域住民の固有の知識により、点滴によって治ると信じられているからである。また、治療選択の意思決定には、家族や地域内で力関係や経済状況なども大きく関わってくる。

　保健システムは、独立してシステムを形成するのではなく、文化・政治・経済・宗教などの外的な圧力によって絶えず変化している。保健システムを強化していく中で大きな壁となっているのは、保健以外のセクター間の協力が難しいことである。これからの保健システム構築の課題は、保健医療だけでなく、文化・政治・経済・宗教的な状況を構成する教育・農業・宗教・政治、通信や交通、経済発展などの要素にも注意を払い、分析することであると思われる。

【参考・引用文献】

ハルドン．A他（石川信克／尾崎敬子監訳）．2004．『保健と医療の人類学』世界思想社．
Bryce et al. 2005. Ten methodological lessons from the Multi-country evaluation of Integrated Management of Childhood Illness, *Health and Policy Planning*, 20 (1).
Council for the Development of Cambodia. 2004. *Practice and lessons learned in the management of development cooperation: Case studies in Cambodia*, Phnom Penh: Council for the Development of Cambodia.
Gove S. & Pelto G.H. 1994. Focused Ethnographic Studies in the WHO programme for the control of Acute Respiratory Infections, *Medical Anthropology*, Vol 15.
Hardon A. et al. 2001. *Applied Health Research; Anthropology of Health and Health Care*, Amsterdam: Het Spinhuis.

ICDDR, B. 2003. Sociocultural Explanations for Delays in Careseeking for Pneumonia, *Health and Science Bulletin,* Vol.1 No.5 December, pp.11-15.
WHO. 2000. *The World Health Report 2000*. Health Systems: Improving Performance. Geneva.
―――. 2003. *The World Health Report 2003*. Health Systems: Principled integrated care. Geneva.

第8章
保健教育
東ティモールでの実践と学び

小泉香織／成田清恵

1. 保健教育とは　　　　　　　　　　　　　　　　　　　　（小泉香織）

　保健教育¹は、近年では健康教育と言われることも多いが、かつては限定的に学校保健の用語と捉える向きもあり、したがって学校での衛生指導を思い浮かべる方も少なくないだろう。あるいは、健康増進のための栄養・運動に関する助言や、喫煙やお酒の飲みすぎへの注意を連想されるかもしれない。日本では広義の保健教育の一例として、昭和40年頃まで「ハエと蚊をなくす運動」を中心とした地域の住民活動が全国的に展開され、都市化に伴って地域活動が下火になるまで、母子保健や栄養、高血圧などの問題が地域で取り上げられてきた経緯がある。

　保健に関する情報と教育へのアクセスがなければ、自分、家族、コミュニティの健康を維持するのは難しいことから、保健教育はアルマ・アタ宣言でプライマリ・ヘルス・ケアの基本項目の1つとして掲げられている。近年の傾向として、保健教育はかつての専門家主導から、参加する人々主体の保健教育に変わりつつある。WHO（世界保健機関）の定義にもあるように、保健に関する情報や保健について理解する能力（リテラシー）、保健の知識、ライフスキルを向上させていくために学びとコミュニケーションの機会を意識的に設けていく取

1　英語のHealth Educationの訳語として、ここではあえて「健康教育」と区別していない。

り組みが保健教育であると言える。

2. 保健教育とヘルス・プロモーション　　　　　（小泉香織）

　保健教育と切り離せないのが「ヘルス・プロモーション」である。近年、ライフスタイルやクオリティ・オブ・ライフ(生活の質)への人々の関心が高まっているが、このきっかけとなったのは、1974年にカナダ厚生大臣が出した「ラロンド報告」である。ラロンドは、健康にとってのライフスタイルの重要性を指摘し、麻薬、アルコール中毒、喫煙など、行動変容によって医療費と罹患率を下げられるとの考えのもと、税金は患者のみならず一般住民を対象としたヘルス・プロモーションに使うべきであると述べた。

　1986年には、カナダのオタワで第1回世界ヘルス・プロモーション会議が開催された。WHOはオタワ憲章の中でヘルス・プロモーションを「自らの健康を決定づける要因を、自らよりよくコントロールできるようにしていくプロセス」と定義づけた。これを機に、保健教育はヘルス・プロモーションの中に統合され、その中心に位置付けられることになった。ヘルス・プロモーションでは、健康づくりのための行動方法として、次の5つが示された。
　①健康的な公共政策づくり
　②支援的な環境づくり
　③地域活動の強化
　④個人技術の開発
　⑤保健サービスの方向転換(予防・ヘルス・プロモーションを含むものへ)

　更に、ヘルス・プロモーションの戦略として、次の3つを掲げている。
　a) 個人の能力をつける (enabling)
　b) 他分野と協調する (mediating)
　c) 社会に向けて働きかける (advocating)

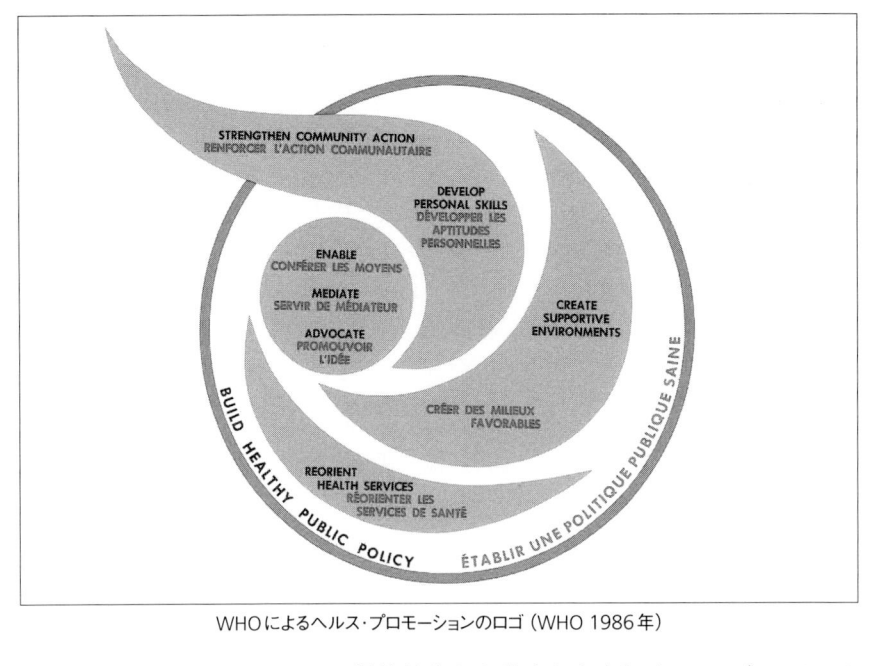

WHOによるヘルス・プロモーションのロゴ（WHO 1986年）

　「ヘルス・プロモーションは保健教育から発生した」とは、1986年にWHOでヘルス・プロモーションを担当していたキック・ブッシュ博士の発言である。その第1の理由に、保健教育者が、疾病予防だけでなく健康度を更に高め、健康になるための潜在性を作り上げていくことの重要性に気づいてきたこと、第2に、保健教育は立法、環境、法規要因などの構造的条件に支えられて初めて、その役割を完全に発揮しうることが自明となってきたことをあげている。これの意味するものは、保健教育を通じて人々の自発的な行動を目指すと同時に、健康増進やクオリティ・オブ・ライフの獲得に必要な組織的、経済的、その他の環境的な条件が整えられていくことが不可欠ということである。
　2005年の第6回ヘルス・プロモーション会議で提唱されたバンコク憲章でも示されたように、政府、民間、NGOを含む市民社会が共通の目的を持って協力し合いながらヘルス・プロモーションに取り組んでいくことが更に求められる。保健教育においては、ヘルス・プロモーションの全体的な見取り図を視野に入れ、自らの役割を意識しながら実施していくことが大切であろう。

3. 東ティモールの保健医療システム構築のあゆみ　　　　（小泉香織）

　東ティモール民主共和国は、日本からそのまま南下し、赤道を少し越えたところに位置するティモール島の東半分を占め、国土面積は日本の長野県ぐらい、人口は100万人程度という小さい国である。合計特殊出生率[2]は6.95人［UNICEF 2008］、人口の半分近くが15歳以下という現状は、この国の保健課題の一部を表していると言えよう。

　1999年8月30日にインドネシアから独立するか否かを問う住民投票が行なわれ、人々が独立を選んだ直後にインドネシア併合派によって全土が焦土と化し、多くのいのちが奪われたことは記憶に新しい。10月、UNAMET（国連東ティモール・ミッション）に続く第2のミッションとしてUNTAET（国連東ティモール暫定行政機構）が設立され、CNRT（東ティモール民族抵抗評議会）と共に少しずつ国家再建・復興が進められてきた。

　保健医療分野においては、2000年2月に16人の東ティモール人と外国人医療者から成り、のちの東ティモール保健省となる機関（Interim Health Authority: IHA）が設置された。この機関はUNTAETの下の保健サービス部門として国全体の保健行政を司ることとなった。

　さまざまな支援を受けながらシステムづくりは進み、2001年8月には国立病院、各県保健局、保健センター、ヘルスポストに正式に東ティモール人職員が配置され、それまで主に国際NGOが担っていた県レベルの保健行政や診療行為は東ティモール人に引き継がれた。翌9月には保健省となり、2002年1月にはNGOに対し、公的な医療活動から撤退し、主に保健教育、健康促進、環境衛生などの分野での貢献を期待する旨のガイドラインが出された。

　1999年から緊急支援や復興支援として、診療活動や医学生・保健スタッフへのトレーニング、薬の配給を行なってきたシェアは、ここで1つの転機を迎えることとなる。当時、基本的な治療サービスを提供する体制は徐々に整いつつあったものの、地方部、特に山岳地帯では公共の交通手段が限られているこ

---

[2]　女性が妊娠可能年齢（15歳から49歳）の間に通常の出生率にしたがって子どもを生むとして、その女性が一生の間に生むことができる子どもの数。

と、人口の割に医療施設やスタッフの数、人材が不足していること、低い識字率などの理由から、人々の保健サービスや保健に関する情報へのアクセスは限られたものであった。そのため、予防接種をはじめとした保健サービスを受けられなかったり、本来であれば予防可能な疾病を患うような状況にあった。治療に加えて予防や健康促進活動を充実させることも東ティモールにおける保健分野の重要な課題であったため、シェアは保健省との協議の末、東ティモールの独立とほぼ同時期の2002年4月、エルメラ県で保健教育の分野における5ヵ年のプロジェクトを開始することとなった。このプロジェクトについては、のちほど詳細を述べる。

4. 新たなヘルス・プロモーションの動き　　　（小泉香織）

　このように2002年の独立以来、東ティモールの保健医療システム構築はゆっくりと前進していた。2005年末には医師不足に対応すべく、キューバとの2国間協定を通じてキューバ人医師の派遣が開始され、無床を含むすべての保健センターに医師が配置されるようなるなど、診療分野においても変化があった。
　ところが、2006年5月には国全体が騒乱状態に陥り、国のあらゆる機能が停滞することとなった。2007年に入り、ようやく治安回復の兆しが見られると、一時中断されていた活動が徐々に再開された。それらのうち、東ティモール保健省ヘルス・プロモーション課の新たな取り組みが、「ファミリー・ヘルス・プロモーター・プログラム」と「学校保健プログラム」である。
　ファミリー・ヘルス・プロモーター・プログラムは、いわゆる公的保健ボランティア制度で、これまでに政府やNGOなどのさまざまな団体が個別に育成してきた保健ボランティアの活動を統合し、強化・サポートしていくための枠組みである。このプログラムは、ファミリー・ヘルス・プロモーターの活動によって家族や地域がより健康に暮らせることを目指している。特にファミリー・ヘルス・プロモーターの役割として期待されていることは、地域住民への

3　正式には主権回復（2002年5月20日）。本来の独立とは、1975年のポルトガルからの独立を指す。

健康に関する情報提供、住民が主体的に健康を追求し行動するように働きかけること、住民と保健サービスをつなげることである。具体的には、月に1回各地域で行なわれる「SISCa[4]」プログラムと呼ばれる、母子保健を中心とした包括的保健サービスの場で、参加者の登録、乳児の体重・身長測定、母子手帳への記入、保健教育を担当することが決められた。また、このプログラムでは、地域主体の保健活動を促進するためのシステムを構築することも目的の1つとしている。各県保健局を中心に、地域の人材によって県レベル・郡レベル・村レベルのファミリー・ヘルス・プロモーター・プログラム運営委員会が構成され、活動の計画策定・実施・モニタリング・問題解決にあたることとされている。

　学校保健プログラムは、東ティモール保健省と教育省による初の共同の試みで、小学校という場を生かして地域の健康づくりを進めていこうというものである。このプログラムは、包括的学校保健の枠組み「FRESH」("Focusing Resources on Effective School Health" の略) の構成要素である、保健分野の学校政策づくり、健康的な学習環境へ向けた安全な水と衛生の提供、スキルを基礎とした保健教育、学校での保健・栄養サービス提供の4つが学校ごとに実践されることを目指している。特にスキルを基礎とした保健教育に関しては、長期的展望として、子どもから子どもへの保健教育[5]というアプローチで、当事者である子どもたちが自分自身の健康を守り、他の子どもや家族、ひいては地域に対してヘルス・プロモーターとしての役割を果たしていくことが期待されている。

　シェアは、長年にわたる地域での保健教育活動が評価され、両プログラムともガイドライン策定の段階より貢献を求められ、シェア東ティモール人スタッフは国レベルのマスター・トレーナーに選ばれている。そしてシェアの「本業」とも言える地域に根ざした活動としては、2000年より拠点を置くエルメラ県にて「学校保健プロジェクト」を、隣接するアイレウ県では「ファミリー・ヘルス・プロモーター養成プロジェクト」を、それぞれ県保健局らをカウンターパートとして2007年4月より展開している。

　ファミリー・ヘルス・プロモーター・プログラム、学校保健プログラムとも

4　英語で "Integrated Community Health Services"。(巡回)診療や衛生指導を行なう保健スタッフとファミリー・ヘルス・プロモーターが連携して初めて成り立つ。
5　Child-to-Childプログラム。ロンドン大学の小児科医David Moreyが教育学者と共に提唱した。

始まったばかりであり、国家プログラムとして定着するまでには今しばらく時間がかかりそうである。この2つが有機的につながり、同じ地域の保健医療関係者、教育関係者、ファミリー・ヘルス・プロモーター、住民が一体となって共通の問題に取り組んでいけるようになる日が待ち遠しい。

5. シェアの取り組み　　　　　　　　　　　　　　　　（成田清恵）

　シェアの保健教育の取り組みはタイで始まった。当初、下痢予防のための住民参加型教育としてあり、参加型農村調査法（Participatory Rural Appraisal: PRA）を使ったロール・プレイ（寸劇）、ゲーム、健康問題をテーマにした児童の絵画コンテストなどの形で始まり、やがてエイズ保健教育へと発展していった。カンボジアでも1990年代末から、母親グループの活動、学校でのエイズ教育の場などで保健教育を意識的に取り上げた。

　東ティモールでは2002年に「保健教育促進プロジェクト」を開始し、保健教育教材の開発とそれらを用いて保健教育を実践できる人材の育成を行なってきた。住民が疾病予防のための行動がとれるようになるための知識獲得を目指し、保健教育のテーマ設定、教材の開発、看護師・助産師などの保健スタッフ、教会や青年グループのリーダーである保健教育ボランティア、そして小学校教師の3つのグループを対象に、保健教育者の養成とその後のフォローアップを行なった。

　実際にどのように保健教育者を養成してきたかというと、まずベースライン調査・分析を行ない、課題となる13の保健問題[6]を抽出してから保健教育者を選定した。それと並行して、エルメラ県内に多く見られる予防可能な疾患などを保健課題とし、それらに関する教材を開発した。その後、保健教育者養成研修を行ない、それらの13トピックに関する知識や保健教育の実施方法を伝達した。そして、養成された保健教育者のモニタリングとフォローアップを行ない、研修での学びを実践できるようにサポートしてきた。

6　調査によって確認されたエルメラ県に多い予防可能な疾患など。マラリア、結核、上気道感染症、妊娠、貧血、甲状腺腫、栄養失調、予防接種、下痢、寄生虫、虫歯、結膜炎、皮膚病。

ここではまず、保健教育の普及のためのファーストステップとなった教材作成について述べたい。

6. 保健教育教材・手法の開発　　　　　　　　　　（成田清恵）

　東ティモールは独立したばかりの新国家であり、シェアが活動を開始した当初、国語であるテトゥン語の教材が存在しなかったため、教材開発から始めることとなった。シェアは、紙芝居型のフリップ・チャート教材や歌、劇を用いた保健教育手法などを開発しながら、それらの手法の伝達に努めてきた。

　保健教育の現場では、IECという言葉をよく耳にする。これは"Information, Education, Communication"の略称で、日本語では「情報提供、教育、対話」と訳されるが、保健教育実施においては、その1つ1つが重要な要素となる。シェア東ティモールでも、ただ一方的に知識を押し付けるのではなく、対象である住民や児童との対話を重視し、行動変容につながる保健教育の実践を目指して活動し、教材を開発している。

　東ティモールで実際に使用しているIEC教材をいくつか紹介したい。

①パネル・シアター

　白い布地のパネルに人形を貼り付けながら、ある疾患に関する物語を話す。話の中で、人形を動かしながら、少年が病気になる過程を絵と言葉で伝えていく。そして、この少年のように病気にならないようにするためには何をしなければならないのか、その予防法をみんなで考えてもらう。なかなか答えが出てこない場合には、絵をもとにヒントを投げかける。白い布に次々と絵を貼り付けながら説明していくことで対象者の関心を引き、いっしょに考えて答えてもらうことで対象者との対話を作り出すことができる。

②栄養ゲーム

　さまざまな食物の絵をたんぱく質、炭水化物、ビタミン・ミネラルの3つの食品群に分けていく。最初は持ち合わせの知識で挑戦してもらい、その後、模

第8章　保健教育──東ティモールでの実践と学び　　　　　　　　　　　　　　　　　　　　219

❶パネル・シアター　❷栄養ゲーム　❸結膜炎の劇　❹マラリア・ゲーム　❺フリップ・チャート教材
❻ORS作りのデモンストレーション　❼歯磨きのデモンストレーション　❽疾病予防を学ぶ歌

範解答を見せながら各食品群の働きを説明する。最後に、見本に従って自分たちが振り分けたものを正しく置きかえていく。カラフルな3色の布や食品の絵を使うことで視覚に訴え、楽しみながら栄養素について学ぶことができる。

　動物性たんぱく質が不足しがちな東ティモールの食生活であるが、多くの人が植物性たんぱく質の働きを知らない。市場に並んでいる豆類や豆腐が肉や魚と同じ、体を作るもとになるグループにあることを看護師でも知らないことがある。食物の役割やバランスよく食べることの重要性をゲームで伝えていく。

③劇

　疾患の原因や正しい対処方法をおもしろおかしくストーリーにしたてた劇を演じる。劇の中で取り上げている疾患への正しい対処方法や間違った対処方法を見つけてもらう。劇のあとには必ずファシリテーターが振り返りを行ない、学んだことと、自分たちは何をしなくてはならなくて何ができるのかを話し合う。パネル・シアター同様に、テレビやラジオがあまり普及していない山間部では大人も子どもも物珍しそうに劇に興味を示す。ストーリーはなるべく現実に近いものにし、自分たちの日常生活の中での出来事として捉えてもらい、改善策を振り返りの中で共に考える。現在、結膜炎、寄生虫などのレパートリーがある。

④マラリア・ゲーム

　小学校のような子どもが大勢いるところでよく行なう。マラリアに関する問題を○×ゲーム方式で解いていく。正しいと思う方に手を上げてもらうか、場所が広い時には正しいと思う方に移動してもらう。チーム対抗や勝ち抜き方式にすることで競争心を掻き立てることができる。同様のシリーズに、寄生虫ゲームもある。

⑤フリップ・チャート教材

　調査に基づいて抽出したエルメラ県での健康課題となる予防可能な13の疾患等に関して、どのようにして罹患するのか、罹患時の対応、予防法を収めた紙芝居式の教材である。使い手の力量次第で保健教育の効果が大きく異なって

くる。対象者との対話の生まれる保健教育にするには、ただ説明を読むだけでなく、それなりのテクニックが必要である。保健教育者養成研修では、実際に保健教育を実践しながらフリップ・チャート教材の使用方法を学んでもらった。

⑥デモンストレーション

　経口補水液（Oral Rehydration Solution: ORS）の作り方や正しい歯磨きの方法などをデモンストレーションしながら学ぶ。参加者にも挑戦してもらうことで、行動変容へのつながりを狙う。

⑦歌

　疾病予防に関する歌を歌いながら学ぶ。シンプルな方法だが、子どもを中心に人気があり、他者に伝えやすい。また、トレーニング受講者の中から手洗いの歌を作詞作曲する教師が出てきたり、地元の若者と協力して伴奏つきで生徒が歌い、収録したものを地元のラジオで放送するといった取り組みもこれまでに行なってきた。シンプルな手法だけに個人で応用がしやすく、広がりが出る。

　その他にも、ディスカッションなどさまざまな手法・教材を用いて保健教育を実践できる教育者の養成を図っているが、保健教育手法を伝達する際に心がけてきたのは、保健教育者が実践可能な手法を伝えていくことである。例えば、ストーリーの内容が濃く見ごたえのある劇は、演じるのに慣れているシェアのスタッフが行なう分にはよいが、村のボランティアや小学校教師が自分たちで行なうには難しすぎることが多い。また、人手を要する手法を使えない保健教育者もいる。そのような保健教育者には1人でも実践可能なフリップ・チャート教材や歌、デモンストレーションの手法を薦める。

　保健教育実施者や対象者によって内容を変えていくことの重要性は研修でも伝えてきた。しかし、問題は身のまわりの資源を応用していくことの難しさである。その対応策の1つとして、自分たちだけでも保健教育を実施していけるように、「保健教育マニュアル」冊子を作成した。25種類の保健教育の目的・必要物品・手順・実施の際のポイントを写真付きでわかりやすくまとめたもので、シェアのスタッフがいなくても、そのマニュアルを見れば劇のセリフが書

いてあり、歌の歌詞もあって、自分たちで実践できる。実際に、マニュアルを使って小学校教師が児童に寄生虫の劇を演じさせていたことが何度かあった。このように、マニュアル冊子は、保健教育の現場で教師が劇を演じたり、逆に生徒が劇を演じたりと、既にある手法を応用させることを促すきっかけとなった。

　シェアは今まで数々の教材の開発と普及を行なってきたが、途上国での教材作成にあたっては一筋縄ではいかない苦労があり、多くの時間と労力を割いた。フリップ・チャート教材作り1つをとっても、当時、東ティモール国内でレイアウトから印刷まで一連の作業を請け負ってくれる会社がなかったため、電気が1日に6時間しか通わない山間のエルメラ県で、多くの作業を自分たちのコンピュータを使って進めていかなければならなかった。印刷自体は業者に依頼することになるが、国外で印刷したものを持ちこむほかなく、校正作業にも数ヵ月の時間を要し、作成コストもかさんだ。

　こうして完成までに1年以上の月日をかけて教材が生まれていった。1つの教材作成を終えた時には「もう2度と東ティモール国内で教材は作成したくない」と思ったが、できあがった教材を使って保健教育が行なわれた時、子どもやお母さんの興味深げな表情を見ると、ついその苦労を忘れ、次の教材作成の計画を立ててしまうのだった。

7. 住民や生徒に気づいてもらう「気づきの保健教育」　　（成田清恵）

　私たちは参加型で行動変容につながることを目指して保健教育を実践してきたが、参加して楽しんでもらうだけでは意味がない。知識が予防行動につながっていくような意味のある保健教育を提供したいのである。では、どのようにしたら保健教育の参加者が必要な知識を獲得し、その知識が予防行動につながるのか。それは、もちろん制度の充実や経済の発展も含まれるが、私たちにできるのは住民自身が自分たちの健康を守ることの必要性を意識する気づきの保健教育の実践だと思う。

　どんなに口を酸っぱくして、手洗い、妊婦健診の受診、栄養バランスの取れ

た食事の摂取、予防接種など、予防行動の実践を呼びかけても、そのような習慣がなかったり、畑仕事や家事、育児に忙しかったりすると、人々がその必要性を理解し、行動に移していくのは困難である。しかし、死亡率を下げ、みんなに健康を獲得してもらうには予防行動をとってもらいたい。そのためには、疾病予防行動が自分たちに有益であるという自覚が必要である。自分や自分の家族が病気になることの意味と、それが自分たちにどのような負の影響を与えているかを理解してもらう、なぜ予防行動が必要なのか気づいてもらう、そんなファシリテーションが必要なのだ。自分自身でやっていこうという気持ちがなければ、外部からの働きかけだけで実践につなげるのは時間も費用もかかって大変難しい。

　どのように気づきの保健教育を実践するかについては、私自身まだ確固たる方法を見出せてはいないが、鍵となるのは保健教育の中での対話の存在である。保健教育をきっかけとして学んでもらう、考えてもらう、意見を述べてもらうことで予防行動の重要性を意識化できるのではないか。東ティモールの山間部のような十分に教育を受けていない人が多い地域では、本、ポスター、説明だけで疾病予防の重要性を理解するには限界があり、住民にとって身近な場所での対話を含む保健教育の実践が効果的なのではないだろうか。

8. スタッフの人材育成・保健教育者の養成　　　　　　　　（成田清恵）

8.1. スタッフの育成

　保健教育教材・手法の開発と普及以外にプロジェクトの大きな特徴となったことに、人材育成がある。人材育成を柱の1つとするシェアのアプローチとして、直接的には東ティモール人スタッフがプロジェクトを実施し、将来は彼らにその運営を委ねることを目標として、プロジェクト開始時からスタッフの能力向上を念頭に置いた。そのために、数々のトレーニングの実施、職場訓練（On-the-Job Training: OJT）を通じてスタッフの育成を行なってきた。

　例えば保健教育者養成研修実施のすべての工程を東ティモール人スタッフと共に行なうということは、教材作成同様に時間がかかり、忍耐が必要であった。

しかし今思えば、あの時の職場訓練があったからこそ上手に保健教育ができ、なおかつファシリテーション能力を兼ね備えた現在のスタッフがいるのだと実感している。

　数年という時を経て振り返った時に、初めて東ティモール人スタッフの目覚ましい成長に気づく。着任当時の私のスタッフへの対応は、今のスタッフに対してなら不適切だろう。なぜなら、成長したスタッフに対するワンランク上の助言が要求されるからである。スタッフの成長、事業の成長とともに、私たちには外国人の立場として、常に変化に適切に対処していくことが求められている。そのために、定期的な評価——活動の評価だけではなく、それに対する自己の評価——は私自分も含めた事業に関わるすべての人に重要であると考える。

　人材育成を重んじた取り組みでは、日々の活動における成功や失敗を通じたお互いの成長が大きな成果となっていく。体験から、私はチームをまとめることの大変さと、まとまった時の達成感と喜びを学ばせていただいた。人材育成は持続性（サステナビリティ）を考えた時に大きな意味があり、長期的には効果があるものと考える。

8.2. 保健教育者の育成

　まずはシェアのスタッフの育成に力を注ぎ、人材が育ってきたわけであるが、保健教育者の養成はその次のステップであった。東ティモール人スタッフと共に保健教育者養成研修を行なうのはまた大変な作業で、更に養成した保健教育者が実際に保健教育を行なえるようになるため、教育者のモティベーション（やる気）を保っていく試みは、まさにチャレンジであった。しかも、最終的な目的は教育者が保健教育を行なうことに留まらず、保健教育を受けた住民の知識が向上し、疾病予防のための行動ができるという、はるか遠いところにあった。

　保健教育促進プロジェクトでは、まず保健教育の手法や教材の開発、それらを使用できる保健教育者の養成、更に保健教育の実施というプロセスがあった。養成するだけでなく、実際に保健教育の実践につなげるためのトレーニング後のフォローアップが重要であることは当然である。

　私たちのプロジェクトでは、2003年から2004年にかけて保健スタッフ、保健

教育ボランティア、小学校教師を対象にトレーニングを実施し、247人のトレーニング受講者が誕生したが、2008年現在も活発に活動している受講者は少ない。特に保健教育ボランティアのドロップアウト率は高く、124人中現在も活動しているのはわずか20人余りである。養成した多数の保健教育者のモティベーションを保ちながらフォローアップを行なっていくのは大変なことである。保健教育ボランティアは、畑仕事に忙しい、自分は医療関係者ではないので自信がない、インセンティブ（報酬）がないならやりたくないなど、さまざまな理由で活動を継続できなくなっていた。だからこそ彼らが活動を続けていけるように、個別の問題を共に解決していける効果的なモニタリング・フォローアップが重要であったが、限られたスタッフで250人近いトレーニング受講者を十分にフォローアップしていくことはシェアの能力を超えていた。県全体で保健スタッフ・ボランティア・小学校教師の3グループを対象に保健教育者を養成していくには、対象を絞るか、もしくはスタッフを増やす必要があった。

　中間評価でフォローアップの強化の必要性が明らかになり、評価後にフォローアップのためのチーム制の導入、記録用紙の確立、フォローアップ対象者からモティベーションの低い受講者を外すなどの作業を行なった。しかし、6人の東ティモール人スタッフと3人の日本人スタッフ、限られた資材で約150人をフォローするには限界があった。エルメラ県内にはいくつかの保健医療関係のNGOが存在していたので、協力を求めながら活動を進めたが、彼らには彼らの活動があり、期待したほどの効果は得られなかった。

　また、効果的なモニタリング・フォローアップ体制を確立できなかった大きな理由の1つとして、カウンターパートである県保健局のオーナーシップ（当事者意識）を引き出せず、行政の取り組みではなくシェアのプログラムとして受け取られていたことがある。

　2007年4月より、シェアは保健省のファミリー・ヘルス・プロモーター・プログラムのパイロット県であるアイレウ県で活動を開始したが、アイレウ県保健局の力量により、エルメラでのボランティア養成に比べて速いスピードで、県保健局スタッフと共にプログラムを進められている。

　今まであまり重視されてこなかった学校やそれを取り巻く地域でのヘルス・プロモーション活動であるが、既述の通り、東ティモールでもようやく2006

年に保健省と教育省が学校保健プログラムを開始し、シェア東ティモールも2007年4月からエルメラ県で新たに学校保健プロジェクトを開始した。関係機関との連携や保健教育者の経験を生かし、更に子どもの参加を促しながら、小学校教師を中心に、養成してきたボランティアや保健スタッフとの協力体制を構築しながら今後も保健教育の普及に努めていきたい。その中で、課題となっている教育者のフォローアップやオーナーシップの強化に、関係団体と協力して取り組んでいきたい。

8.3. 保健教育の場を作る

　保健教育の普及を目指し、教育手法・教材の作成、保健教育者の養成とそのフォローアップから保健教育の実践につなげるというプロセスについて述べてきたが、ここでは経験から学んだ、保健教育を普及させるためのもう1つの要素について述べたい。それは保健教育の場づくり、言い換えればお膳立てのテクニックである。私たちの仮説通りに教材が開発され、それらを上手に使用できる人材が育成されたとしても、その人が保健教育を行なう場を作ることができなければ、保健教育の知識と技術という宝の持ち腐れとなってしまう。

　保健教育者の脱落（ドロップアウト）を防ぐには、効果的かつ十分なフォローアップが必要であることは既に述べた。フォローアップが成功し保健教育を上手に行なえている受講者ももちろんいる。個人差はあるが、彼らは教材を上手に活用するだけでなく自分で工夫を加えるなど、保健教育実施能力がトレーニング受講時からはるかに向上している。しかし、その能力を発揮する機会を作れないことが多い。

　シェアの東ティモール人スタッフについても、プロジェクト開始時の日本人の期待以上に保健教育実施能力を向上させ、更にファシリテーション能力も身につけた。しかし、他団体に胸を張って紹介できるような保健教育実施能力を備えていながら、それを発揮できる場所を自分たちで探して実施していくことができていない。誰かがその場を提供しなければ、せっかくの能力を発揮できないのである。

　トレーニング受講者のドロップアウトの原因として、「保健教育をしても人が集まらない、聞いてくれない」という声があげられていた。つまり、保健教

育にふさわしい場づくりができていないわけである。彼らの話を聞いていると、こんなに頑張っているのに住民に聞いてもらえなくてかわいそうとさえ思ってしまう。しかし、村や巡回診療の現場に行ってみると、保健教育のチャンスはたくさんあることがわかる。村の井戸端会議や集会、クリニックの待ち時間、学校の朝礼の時など、保健教育が必要とされている場はいくらでもある。大人数を集める必要もなく、マイクも必要ない。人々が聞きたい時、聞きたい場所で、聞きたい内容で、更に聞きたいと思わせる話し方で、その場の雰囲気をつかんだ場づくりができる人々、良きファシリテーターをもっと育てていく必要がある。

　振り返れば、トレーニング受講者の選定の時点では、教会ボランティア（カテキスタ）など、人前で話す場を持つ人を選んだはずである。更にトレーニングでは、保健教育を行なう際の基本的な注意点、場所選び、対象に合わせたトピック選び、適度な時間などについて教えてきた。しかし、実際には保健教育を行なうことに精いっぱいで、雰囲気を察する、予測する、臨機応変に対応するというテクニックの習得には至らなかった。一方で、これらのファシリテーション能力の向上には数多くの経験が必要なのも事実である。体験からこれらのテクニックを学んでもらうためにも、保健教育の普及に努めていく必要性を大いに感じる。

　歴史的・教育的な背景によるものか、東ティモール人は潜在的な能力を有していたとしても、それを発揮し発展させる機会を自分たちで作り出すことができない。アイデアが浮かばない、浮かんでも自分の意見として発言できないという状況を抜け出せなければ、新たな取り組みには至らない。

　地域の風習に従い過去を重んじることは良いことであり、現代に生きる日本人としてはある種の羨ましさを感じるが、東ティモール人自身が自分たちの生活をより良いものにするための変化を望み、自らが動き出さなければ、健康で平和な暮らしの実現には程遠いだろう。

　高い死亡率や住民の苦しい生活を目の当たりにして、東ティモールという国の独特な事情に合ったヘルス・プロモーション普及の方法を追究し、東ティモール人が一丸となって取り組んでいけるようファシリテートしていくことが、私たち外国人の重要な任務であると感じている。その実現の過程で政治社会的

安定は不可欠であり、東ティモールの平和を心から望んでやまない。

9. さらなる保健教育教材の開発、人材育成　　　　　　　　（成田清恵）

　東ティモールの人々の健康状態改善のためにはさまざまなアプローチがある。病院建設、医療物資の補充、医療従事者の養成、保健ボランティアの養成など、同じ目標の下にあげられるさまざまな取り組みの中で、シェアは保健教育を選んだ。そして教材・教育手法の開発、保健教育人材の育成、保健教育の実施に力を注げば住民の知識が増え、行動の変化をもたらし、死亡率・罹患率の低下に至るという確信のもとに活動を行なってきた。

　これからの課題を述べると、住民に気づきを与えられる効果的な保健教育の普及のために、時代の流れや興味の変化を捉えた教材や手法を蓄積し、使いやすい教材を用いた保健教育の普及を行なう必要がある。そのためには、新たな教育手法や教材開発を進めるとともに、既存のものの改良を続けるなど、継続的な研究・開発と普及が求められる。

　次に、人材育成と保健教育の実施では、教材を有効に使える人を増やし、ファシリテーション能力も含めた保健教育実施能力を向上させていく必要がある。この6年間に養成された保健教育者が提出した保健教育実施記録シートによると、これまでに5188回の保健教育が実施され、のべ18万9892人が何らかの保健教育に参加している。今後は継続的に保健教育が実施されるようフォローし、回数だけではなく保健教育の質を上げていくことが求められる。また、せっかく獲得した保健教育実施能力を発揮していける場づくりや自立性を引き出していく努力も必要であろう。

　保健教育活動を始めて6年の時がたった。さまざまな保健教育手法や教材を開発し、人材育成や他団体とのコーディネーションも安定した。立ち上げの時期が終わった今、私たちが果たすべき役割は東ティモール人スタッフが中心となり地域で保健教育が行なわれていくためのサポートであろう。

　ヘルス・プロモーションは開始から結果が見えるまでに時間がかかると言われる。行動変容につながる保健教育が今後の課題である。『ヘルス・プロモー

ション』には「人々が動機を持てるようにと働きかけることはできるが、動機を与えることはできない」という指摘がある［ローレンス W. グリーン、マーシャル W. クロイター 1997］。動機を持てるような働きかけの1つとして、効果的な保健教育の実施、すなわち気づきの保健教育を広めていくことが私たちにできるヘルス・プロモーションの手段の1つではないだろうか。

更に、同書には「ヘルス・プロモーションは教育的支援と環境的支援の組み合わせである」とも述べられている。私たちの活動を教育的支援とすると、それに加えて環境的支援も必要とされるわけである。保健教育だけでは人々の行動や保健状況を変えていけない限界も、見て見ぬ振りはできない。保健教育で住民の知識の変化まで持っていけても、行動変容、そして疾病の減少につなげていくには、法律やインフラといった生活環境の整備などさまざまなヘルス・プロモーションの取り組みや住民のエンパワーメントが必須である。逆に環境だけが整っても、それらを有効に活用し、保持していくための知識がなければ健康の獲得には結びつかない。だからこそ保健教育の重要性は高く、粘り強く行動変容につながるための保健教育の普及を図っていきたい。

最後に、コーディネーション（連携）の強化と行政のオーナーシップ（当事者意識）をあげたい。保健省は「行動変容のためのコミュニケーション（Behavior Change Communication: BCC）」戦略を作成中である。シェアとしては、そのような国の取り組みへ積極的に参加し、これまでの経験を生かす提言を行なっていくべきである。また、シェア東ティモールの特性を生かして、開発してきた教材や手法を他団体と共有し、更に教材開発を続けながら、教材がより多くの人に使われ、より多くの人が保健教育を受けられるようコーディネーションを続けていく必要がある。

そして何よりも強化が求められるのは、行政のオーナーシップである。カウンターパートすべてに共通する自立性の欠如に対し、今までのシェアの取り組みが無駄にならぬよう、また持続可能なものとなるように、行政の取り組みとうまくリンクさせ、行政がオーナーシップのもとにヘルス・プロモーション活動を推進していけるような活動を続けていきたい。

【参考・引用文献】

日本健康教育学会編．2003．『健康教育』保健同人社．

日本国際保健医療学会編．2001．『国際保健医療学・第1版』杏林書院．

─────．2005．『国際保健医療学・第2版』杏林書院．

山田満編．2006．『東ティモールを知るための50章』明石書店．

ローレンス W. グリーン、マーシャル W. クロイター（神馬征峰他訳）．1997．『ヘルスプロモーション』医学書院．

UNICEF. 2008. Situation Assessment and Analysis of Children and Women in Timor-Leste.

『ボン・パルタージュ』132号．シェア＝国際保健協力市民の会．2007．

『ボン・パルタージュ』137号．シェア＝国際保健協力市民の会．2007．

第9章
エイズ
タイ、南アフリカ、そして日本

李祥任／青木美由紀／西山美希／沢田貴志

エイズとは　　　　　　　　　　　　　　　　　　李祥任

　エイズは、1981年に初めて報告され、1983年には原因であるHIV（ヒト免疫不全ウイルス）が発見された新興感染症である。1996年には3種類の抗HIV薬を同時に服用してウイルスの増殖を抑える有効な多剤併用療法であるHAART（Highly Active Anti-Retroviral Therapy）が確立し、長期の延命が可能となった。しかし、HIVは一度感染すると体内から完全に排除することはできない。また、治療薬は副作用や薬剤耐性を生じることが多く、より服薬しやすい治療法の改善に向け、研究が続けられている。

　感染経路には、血液による感染や母子感染もあるが、性行為が一位を占め、性行為における最善の予防法はコンドームを使用することである。しかし、それは理屈で考えるほど単純明快な解決手段ではなかった。この感染症を予防するためには性的なパートナーの予防行動への協力が不可欠であり、かつ社会の支援が届きにくい弱い立場の人々（男性同性愛者、薬物使用者、女性、移住労働者）に感染リスクがより高くなる複雑なものであった。こうして国際社会が有効な対策を講じる間もなく、経済のグローバル化、人口の流動に伴い21世紀を迎える前に、瞬く間にHIV感染は全世界へ拡がっていった。

2007年、国連合同エイズ計画（UNAIDS）によれば、世界のHIV感染者数は3320万人。年間の新規HIV感染者数は250万人、エイズによる死亡者は210万人と推計されている。特に感染の流行と対策の遅れが深刻なサハラ以南には、世界のHIV感染者の68％が住んでおり、2007年のエイズに関連する死亡の4分の3以上を占めると言われている。

先進国の多くや中進国・途上国の一部では、HIV陽性者が多剤併用療法を受けて延命できる一方で、アフリカ諸国をはじめとする多くの開発途上国においては、いまだに必要なエイズ治療を受けることができない多くのHIV陽性者が命を落としている。HIV感染率が人口の15％を越えるような南部アフリカの国においては、生産年齢人口にあたる人々が次々とエイズによって死亡し、教育関係者や国家の経済並びに各家庭を支える労働人口の減少、エイズ遺児の増加などから国力の衰退という危機に瀕している。

こうした地球規模の深刻な課題となったエイズに対して、2001年、国連は特定の疾病を対象にしたものとしては初めての国連エイズ特別総会を開催し、地球規模の連帯をもって取り組む国際宣言を発表した。また、2002年にはThe Global Fund（世界エイズ・結核・マラリア対策基金：世界基金）が設立され、エイズなどの3大感染症によって影響を受ける命の南北格差を埋めようと途上国における治療薬の普及等に向けて取り組んでいる。

しかしながら、エイズにおいては、治療薬の確保だけでは解決にならない。保健医療の基盤整備、エイズ診療ができる医療従事者の育成、安定した治療薬の供給システム、通院のための交通環境整備、安定した食料供給、地域社会の理解等、社会の複数の構成要素が必要とされる。何よりも必要なのは、HIV陽性者自身がエイズに対するスティグマ（社会的に受ける差別的烙印）を乗り越えて、医療へのアクセスを求めることができる社会環境である。このためにHIV陽性者自身が果たしてきた役割はきわめて大きい。

HIV感染を告げることによって生じる差別を恐れ、病院に行けずに自宅で臥

1　本章においては、HIVに感染し、陽性反応のある人を「HIV陽性者」、統計的なものでは「HIV感染者」と表記する。これは後者が本来の「感染した人」ではなく「感染させる人」という差別的なイメージを持たれがちであるため、中立的で前向きな表現として前者を「陽性者」自らが使うようになり、シェアでも表記を変えた。

した人、この病に治療法はないと諦める家族によって自宅で息を引き取った人、HIV感染を打ち明けた夫から離縁された女性、治療薬がなく命を絶った人々……。HIV陽性者たちは、エイズによって何が起きてきたのか、対策には何が必要なのかを知っている。治療のない時代から、途上国のHIV陽性者たちは結集し、同じ境遇にある者としてHIV陽性者の仲間たちの声に耳を傾け、励まし合い、生きる希望を持てるよう働きかけてきた。そして、HIV陽性者たちが必要な治療薬を受け、「平等に生きる権利」を訴えてきたことが、近年ようやく国レベルないしグローバルなレベルでエイズ治療薬の提供を実現させた。世界では、有効なエイズ対策のためにHIV陽性者の積極的な参画を促進する理念（GIPA: Greater Involvement of People living with HIV/AIDS）が提唱されている。

このGIPAの理念は、シェアが保健活動の中で理念とする地域住民の参画に、「当事者参画」という視点で大きく重なる。シェアは地域の健康づくりのために住民と共に取り組む姿勢を大切にしてきた。タイではシェアの活動地域がエイズの影響を受けるようになった1994年からエイズ・プロジェクトが開始され、次第にHIV陽性者たちと共に取り組むようになっていった。

シェアは、同年日本においてもタイ語エイズ電話相談を開始。2000年にはカンボジアが事業の中でエイズ予防に取り組み、2005年には世界においてもエイズの影響が最も深刻な南アフリカでJVCとの共同プロジェクトとしてエイズ事業が立ち上げられた。このようにシェアは、エイズへの取り組みを重要な課題と位置づけ、経験を蓄積してきた。本章では、HIV陽性者たちと共に「すべての人々が公平で健康な地域づくり」を進めてきたタイと南アフリカの経験、そして日本での取り組みを紹介する。

【参考・引用文献】
エイズ＆ソサエティ研究会議. 2001.『エイズを知る』角川Oneテーマ21.
JICAナレッジサイト　http://gwweb.jica.go.jp/km/km_frame.nsf
JICAエイズ対策入門
　　http://www.jica.go.jp/activities/jocv/application/level/pdf/aids04.pdf

タイ　　　　　　　　　　　　　　　　　　　李祥任

1. タイのエイズ

　タイにおけるこれまでのHIV感染者数は100万人以上と推定されている。年間の推定新規HIV感染者数は、ピークである1991年の14万人に比べ、2006年には1万7000人と減少している。この数字が示すように、現在でこそタイはHIV感染の爆発に一定のはどめをかけることに成功した国として名高い。しかし、シェアがタイで活動を始めた90年代初頭は、HIV陽性者が必要とするエイズ治療薬は高価で、陽性者を支える社会整備も十分ではなかった。こうして、2000年初頭までの間に推定60万人近い人々がエイズにより命を落としたと言われている。

　90年代後半から、HIV陽性者が中心となった市民社会は生き続けるために必要な医薬品を獲得する権利を強く訴えた。その努力が世紀を超えようやく実現したのである。2003年、タイは他の途上国に先駆け、すべてのHIV陽性者へ無料で抗HIV薬を提供するプログラムを全国レベルに拡大した。市民社会が国を動かした結果である。2002年から国内で安価な抗HIV薬製造が始まったことや、世界エイズ・結核・マラリア対策基金の支援も、無料提供の実現を後押しした。

　タイのエイズ対策においては、HIVの予防啓発と並行して、HIV陽性者にエイズ治療を提供するケア・サポート体制を整備してきたこと、早期からエイズ対策の国家戦略を立てて実行したこと、官民双方のパートナーシップが推進されてきたこと等、成功にいたる多くの鍵がある。本節ではシェアタイが実施してきた住民によるエイズへの取り組みを紹介する。

2. プロジェクトの開始

　ヤソートーン県シケウ村での下痢予防プロジェクトが順調に進み、終盤に差しかかった1994年、シェアの活動するタイ東北部では妊婦のHIV感染率がにわかに増加し始めていた。東北部はタイにおいて最も貧しい農村地帯で、多くの農民は田植え、稲刈りが一段落する時期に大都市や漁業地域へ出稼ぎに行って生計を支えている。こうした人の移動と共にエイズウイルスは都市部から離れたこの東北へも到来し、パートナー間で、そして母子の間で感染が広まっていた。しかし、この地域では、エイズは「都会の病気」、「特別危険なことをした人の病気だから自分たちには関係ない」という意識が強く、せっかく村の保健ボランティア(VHV)[2]がいてもエイズに対する取り組みはほとんどなかった。
　そこでシェアはタイ北部で出稼ぎ農民たちの中に入り込んで参加型のエイズ教育を行なっているチェンマイ大学教育学部のドゥシット・ブオンサー教授を訪ねた。先生は学生たちとNGOを作り、建設現場に泊まり込む農民たちを訪ねては、劇やゲーム等、聞き手が参加して楽しめるような多彩な方法で、彼らがエイズを自分たちの問題だと認識するような啓発活動を行なっていた。シェアは、ドゥシット先生からこうした実践的な方法論[3]を学ぶとともに、アムナートチャルーン県の病院や保健局の担当者たちと会議を重ね、村の保健ボランティアたちを対象とした1泊2日のエイズ研修等を企画した。
　一方でシェアは、アムナートチャルーン県病院において、妊婦検診でHIV陽性と判明した母親たちへのカウンセリングを通じ、支援に関わることになった。
　こうして母親たちが診療を終えた後に集まる月例会の運営が始まった。この会は参加者のプライバシー保護を鉄則にしたので、安心して足を運んだ

---

[2]　Village Health Volunteer: 村の保健ボランティア。住民によって選ばれた保健ボランティアである。プライマリ・ヘルス・ケアを推進するため、地域にある保健センターと連携して住民の間で保健活動を行なう役割を持つ。
[3]　この方法は、PRA (Participatory Rural Appraisal、参加型農村調査法) という手法を応用し、ドゥシット先生らがタイ北部の農村のエイズに取り組むために作ったもの。PRAは、地域住民が生活状況や問題を自ら分析し、主体的な問題解決のために計画、行動、評価するために作られた一連のアプローチである。

人々が互いに悩みを相談し合える場になった。更にシェアスタッフは母子の健康教育を始め、病院と協力して母子感染予防に必要な粉ミルクの配給も行なった。

　次第に心を開くようになった女性たちからは、育児や生活費の相談、そして感染の事実を夫や親族に隠しながら生活する悩み等が寄せられてきた。こうしてHIV陽性者支援活動は、身体的側面だけではなく、精神・社会面も含んだケア・サポートを提供するようになった。その後、HIV陽性者の自助グループ「クロープクルア・サンパン（家族関係を築いていく）」が結成され、一般のHIV陽性者も対象にした支援活動へと発展した。シェアはこうした自助グループ活動をウボンラーチャターニー県でも進めていった。

3. プロジェクトの変遷

　シェアは1994年から2007年まで、エイズ・プロジェクトを3期にわたって実施してきた。

　第1期プロジェクト（1994～98年）は、HIV陽性者への直接支援から自助グループの結成にあたると同時に、特定の村で保健ボランティアを育成しながら住民へのエイズの予防啓発活動や学校でのエイズ教育を進めた。しかし、HIV陽性者たちが病院の自助グループの中で励まされ、健康増進に努めても、感染の事実を家族や親戚にも言えず、隠れるように病院へ通院する生活は簡単には変わらなかった。村での差別や偏見に苦しみ、怯える人々は、地元で「普通に」生活できることを切望していた。

　こうした思いを実現するため、第2期（1999～2003年）では、HIV陽性者への支援に加えて、住民のエイズ理解を深め、差別偏見なくHIV陽性者たちが地域で生活できる村づくりを強化するため、地域活動の対象者に学校教師や保育師、村のリーダー（村長や村議会員）を加えた。更に、予防啓発活動のできる若者の人材育成も含め、各グループへの個別プログラムを実施した。

　第3期（2003～07年）では、HIV陽性者の数が多い村や医療へのアクセスがより困難な辺境地、そして住民のエイズに対する差別偏見の緩和を願う「サダオ

第9章　エイズ──タイ、南アフリカ、そして日本　　237

図1　シェアタイ東北部エイズ・プロジェクト第3期概要図

プロジェクト目標：HIV陽性者が必要な医療サービスと支援を受けられ、地域住民による予防の推進とHIV陽性者をケア・サポートする地域づくりができる。	
期間、対象者や特記	プロジェクトの特徴
2003年7月〜2007年8月 地域：アムナートチャルーン県、ウボンラーチャターニー県の2行政村および3ヵ村 HIV陽性者支援：両県にある4病院 ・エイズに影響を受けた子どもへのプログラムも開始。 ・2005年8月〜2007年8月に実施したUNDP助成プロジェクトの中で、収入向上活動（IGP: Income Generation Program）にも初めて着手。両県にある8行政村を対象。	対象グループ間での連携・ネットワーキングを促進する 「HIV陽性者支援活動と地域活動の融合プログラム」 ［病院／HIV陽性者グループ／地域住民（VHV・主婦・村長・僧侶・村議員・教師・学生・若者）／関連機関（地方行政機関・保健医療機関（県・郡・村）・警察）／HIV陽性者の参画／シェア／連携］ HIV陽性者へのケア・サポート能力の向上及びHIV予防啓発の普及 ──▶ シェアの支援・アプローチ

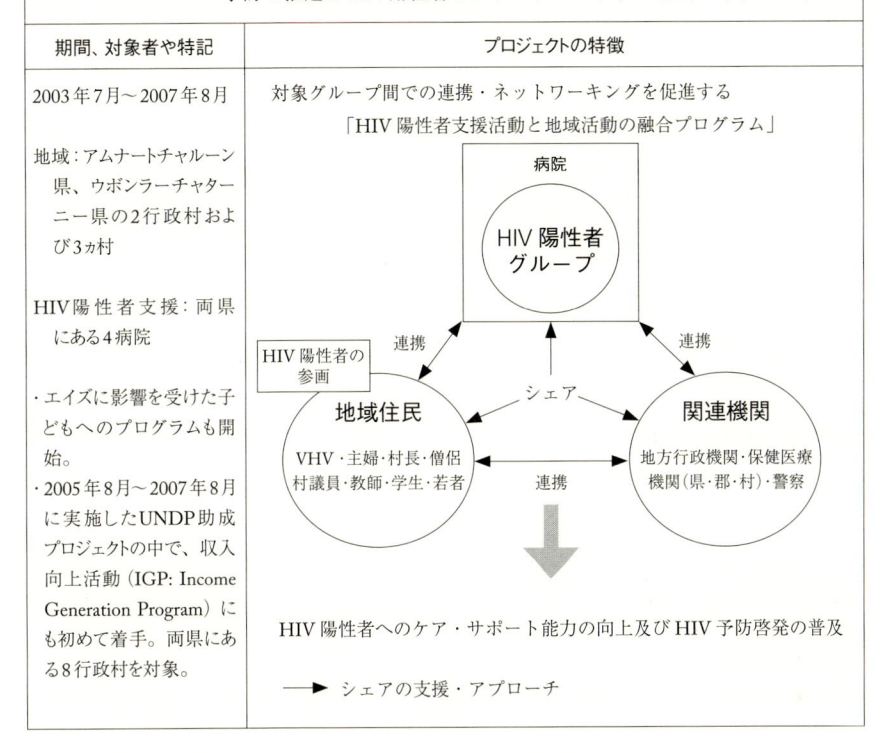

ワーンHIV陽性者グループ[4]」のリーダーの村が活動地として選ばれた。プロジェクト目標は第2期と似ているが、活動の2本柱であるHIV陽性者支援活動と地域活動がそれぞれに発展していく中で有機的な融合を図るものであった（図1参照）。

　地域活動における対象者へのアプローチに関しては、住民から成るエイズ・ボランティア・グループとして、あらゆる立場・地位の人たちが共に取り組めるよう働きかけた。同時に、こうした地域住民とHIV陽性者グループ、保健関連機関や地方自治関連機関との間でネットワーキングの機会を作って連携を

4　ウボンラーチャターニー県ワリンチャムラープ郡病院とシェアの協働を通じて1998年に結成されたグループ。サダオワーンの意味は、甘いサダオ（ハーブの名前。実際の味は苦い）である。

促進した。

　第3期プロジェクトにおいては、第2期に結成されたHIV陽性者グループのリーダーたちが力をつけ始め、地域活動の中でも重要な役割を果たし、GIPA[5]を実現させた。

4. HIV陽性者自助グループ活動

　第3期プロジェクトでは、新たに発足させた2グループを含めた4つのHIV陽性者自助グループの支援を行なった。病院では、複雑な課題を抱えるHIV陽性者に対して、特別に医療従事者を多く配属する余裕はない。したがって、自助支援活動は、当事者自らが主体的に健康増進に励み支えあうこと、必要な医療サービスを受けるために病院スタッフとも協議を図ること、そしてエイズに起因する差別等の地域問題をも克服できるよう立ち上がることを目指すものである。図2は、プロジェクトで関係する保健機関をまとめたものである。

　シェアは、各グループにいる5～6人のグループリーダーたちが、日ごろのグループ活動の中でケア・サポートの実地訓練を積み、シェアが企画する育成研修に参加する機会等を通じて、能力開発できるよう取り組んだ。

　こうしてリーダーたちは月例会の運営ができるようになり、家庭訪問を通じて病状が進んだグループメンバーの支援や抗HIV薬の服薬支援に取り組めるようになっていった。

　また、経験の長いクロープクルアサンパン・グループやサダオワーン・グループのリーダーたちは、日常業務として、受診するHIV陽性者へ個別にピア[6]カウンセリングを行ない、HIV陽性の小児の支援、県内および全国レベルのHIV陽性者グループネットワークとの連携等、活動の幅を広げるようになった。

　一方で、活動の持続のためには、リーダーたちと病院スタッフが協力しながら、自立して活動を運営維持することが期待される。そこで、シェアはリーダ

5　GIPA=Greater Involvement of People living with HIV/AIDS。有効なエイズ対策のためにHIV陽性者の積極的な参画を促進する理念。
6　ピア＝仲間、同胞。同じ立場・状況にいるもの同士を意味する。

第9章　エイズ──タイ、南アフリカ、そして日本　　239

図2　タイ保健システム構造概要図

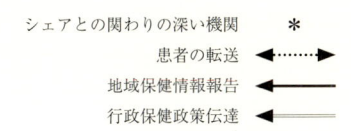

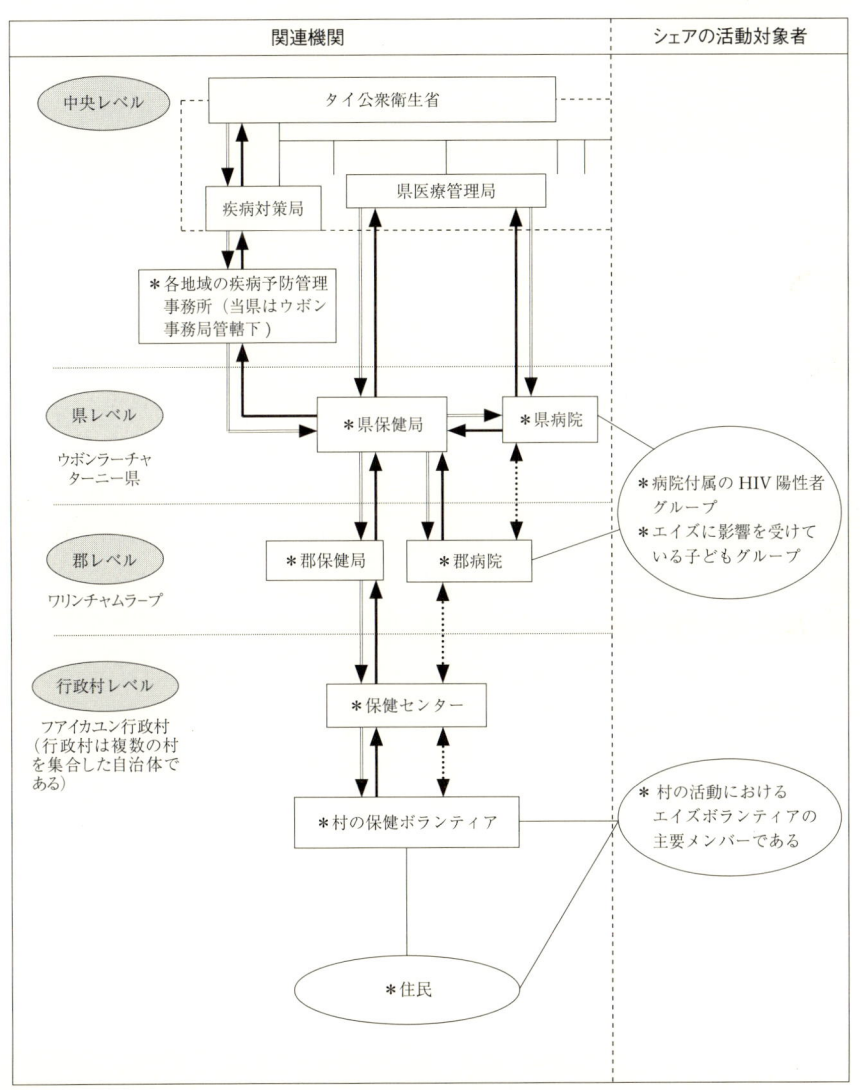

シェアとの関わりの深い機関　＊
患者の転送　◀┈┈▶
地域保健情報報告　◀━━
行政保健政策伝達　◀──

| 関連機関 | シェアの活動対象者 |

中央レベル
- タイ公衆衛生省
- 疾病対策局
- 県医療管理局
- ＊各地域の疾病予防管理事務所（当県はウボン事務局管轄下）

県レベル
ウボンラーチャターニー県
- ＊県保健局
- ＊県病院
  - ＊病院付属のHIV陽性者グループ
  - ＊エイズに影響を受けている子どもグループ

郡レベル
ワリンチャムラープ
- ＊郡保健局
- ＊郡病院

行政村レベル
ファイカユン行政村
（行政村は複数の村を集合した自治体である）
- ＊保健センター
- ＊村の保健ボランティア
  - ＊村の活動におけるエイズボランティアの主要メンバーである
- ＊住民

＊保健局＝タイ語の直訳は「公衆衛生（Public Health）局」である。

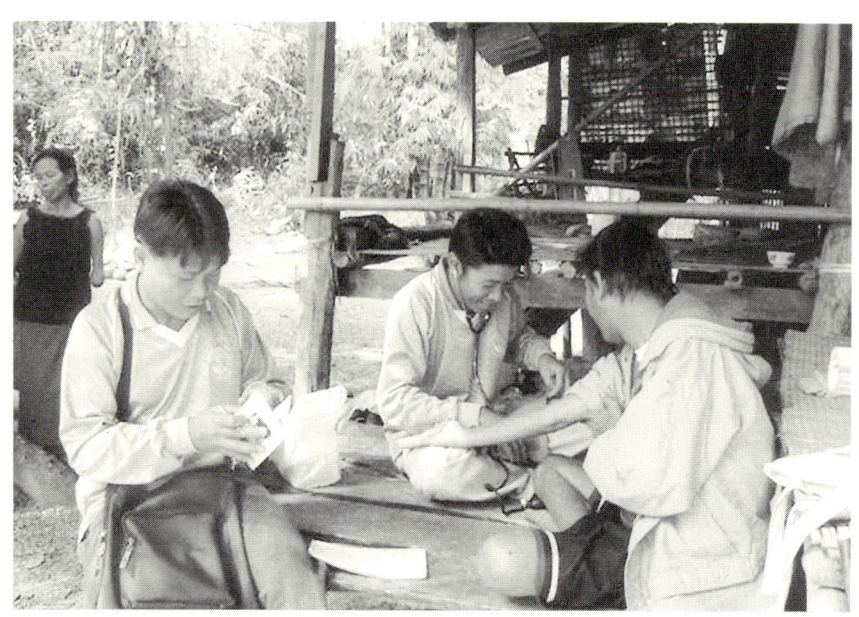

サダオワーン・グループのリーダーによる家庭訪問

ーたちのグループ活動運営能力の向上支援だけでなく、リーダーと病院スタッフとの連携が促進されるよう定期的な会議等の場作りも行なった。

　リーダーたちが地道に家庭訪問を続けた結果、メンバーが抱える問題が早期に発見され、医療スタッフと連携して必要なニーズに応えることができた。そして、リーダーがメンバーと病院スタッフとの架け橋的役割を果たしている実績が評価され、院内では医療スタッフの一員と認識されるようになった。

　また、アムナートチャルーン県フアタパーン郡病院では医師や薬剤師が月例会を「グループ教育の絶好の機会」と受けとめ、診療の合間にメンバーが50人程集まる月例会に足を運んで、治療薬の説明をしたり患者と気軽に質疑応答する時間を持つようになった。こうした協働を通じて、主要な対象病院でメンバーの抗HIV薬の治療継続に大きな成果をあげた。

　現在、活動経験の長いHIV陽性者グループリーダーたちは、院内の当事者間の支援の枠を超え、経験の浅い他郡のグループリーダーたちの育成に携わり、エイズの予防啓発と偏見緩和に向けて地域住民へも働きかけている。また、リーダーたち自身で活動に必要な助成金を獲得し、自立した活動運営ができるよ

図3 HIV陽性者自助グループの発展における変遷（クロープクルアサンパン・グループ、サダオワーン・グループ）

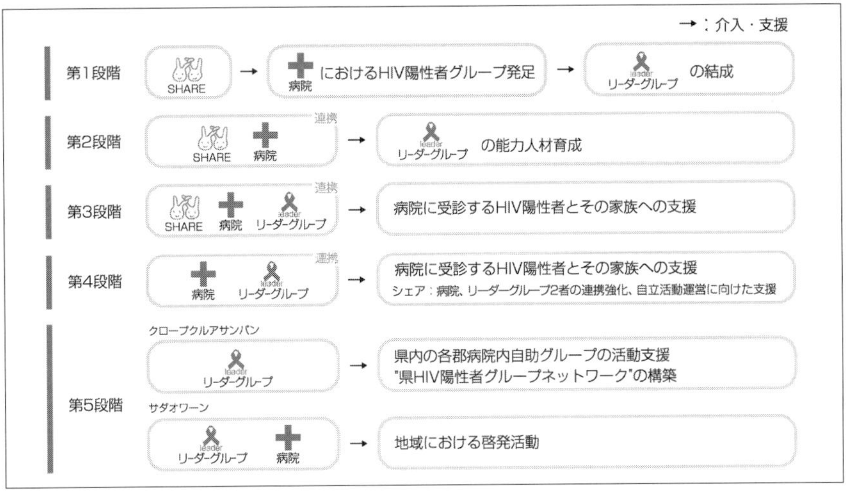

第1段階	SHARE → 病院におけるHIV陽性者グループ発足 → リーダーグループの結成
第2段階	SHARE＋病院（連携）→ リーダーグループの能力人材育成
第3段階	SHARE＋病院＋リーダーグループ（連携）→ 病院に受診するHIV陽性者とその家族への支援
第4段階	病院＋リーダーグループ（連携）→ 病院に受診するHIV陽性者とその家族への支援　シェア：リーダーグループ2者の連携強化、自立活動運営に向けた支援
第5段階	クロープクルアサンパン：リーダーグループ → 県内の各郡病院内自助グループの活動支援 "県HIV陽性者グループネットワーク"の構築／サダオワーン：リーダーグループ＋病院 → 地域における啓発活動

→：介入・支援

うにもなった（図3参照）。

5. 地域活動

　第3期の活動は、村のキーパーソン（村長や行政職員、VHV等）との信頼関係づくりから始めた。そして、住民を対象にしたワークショップを開催しながらエイズに関係する村の実状並びに住民の意識等について住民参加型状況分析を実施した。実際、多くの住民は「エイズは特別なことをした人が感染するもの」と思い、家庭や村の経済発展を重要とする中では、エイズは優先課題として受けとめられなかった。そこで、さまざまなワークショップの工夫や協議を通じて、住民がエイズに取り組む当事者意識を形成できるよう力を注いだ。
　HIVは予防しなければ誰でも感染する可能性があることを伝える「水の交換」ワーク[7]、健全な村の将来を導くためにもHIVの感染予防は村の課題であることを意識づける将来設計のワーク、中でも病院のHIV陽性者グループリー

---

[7] 苛性ソーダを事前に混入したコップの水にフェノールフタレン液を滴下すると、水が赤く染まることを利用して、不特定の人どうしの体液交換によるHIV感染のリスクを疑似体験してもらうゲーム。

エイズに関連する課題を発表するボランティアたち

ダーが感染後の経験や思いを生の声で語ることは大きなインパクトを与えた。一般の主婦でも感染する事実を伝え、感染しても健やかに地域の中で生きられる姿を示したからである。

こうして1年がかりで村のエイズ・ボランティア・グループが結成された。その後は、シェアはボランティアのエンパワーメントを図りながら、ボランティアが主体となり活動が一歩一歩実施されるプロセスを支えた。

こうした実践活動を通じて多くの学びが育まれていった。たとえば、ボランティアたちは村人が多く集まる行事が開かれる機会にエイズの予防啓発キャンペーンを実施し、コンドームの普及に取り組むようになった。また、数人のボランティアの家をエイズと健康に関する情報センターと名づけて、関連するポスターを貼り、立ち寄った住民が無料でコンドームをもらえる機能を果たすようにした。

中でも、シェアがウボンラーチャターニー県ワリンチャムラープ郡病院のサダオワーンHIV陽性者グループと協働し、住民による活動が一番活発となった同郡ファイカユン行政村[8]では、村のエイズ・ボランティア・グループだけで

第9章　エイズ——タイ、南アフリカ、そして日本　　243

エイズ・ボランティアとサダオワーン・グループ・リーダーが協力して若者たちへコンドームの普及を図った

なく、行政村レベルのエイズ委員会が結成された。人口約5000人のこの行政村では、自主的に手を上げた人たちによって80名近くのエイズ委員が生まれた。その中には、村長、村会議員、保健ボランティア、学校教師、僧侶、警察官、主婦等、あらゆる層の住民が入っていた。このエイズ委員会により行政村エイズ基金が設立され、経済的に厳しい環境で暮らすエイズに影響を受けた子どものための奨学金が作られた。

　このように多くの住民がエイズに前向きな姿勢と行動を示したフアイカユン行政村では、ボランティア等へHIV感染を打ち明ける人が次々と出てきた。中には、ボランティアである姉に励まされて郡病院を受診したことにより、早期治療に結びついた人もいる。

　今では、HIV陽性者と村エイズボランティア、保健センター職員が協働で、ワリンチャムラープ郡病院やサダオワーン・グループのサポートを受けながら、村内のHIV陽性者を個別訪問している。プロジェクト開始時には、ほとんどのHIV陽性者たちが人目につくのを恐れて保健センターからケアを受けるこ

8　行政村（タイ語でタンボン）は、複数の村を集合させた自治体である。

「予防しなければ誰でも感染する機会はある」ことを視覚的に伝える「水の交換」ワーク

とを望まなかったことを思えば、予想以上の展開である。郡病院の医師がヘルスセンターへ出向する国の医療システム編成に加えて、こうした地域におけるケア・サポートネットワークの構築が評価され、2007年に東北部で一番早く、地域の保健センターレベルで抗HIV薬の提供を実現させた。そして最近、こうした地域ぐるみの保健への取り組みを競うコンクールで見事、全国第2位の栄冠にも輝いたという。村のボランティアリーダーは、人前で次のようによく語る。「サダオワーン・グループが来てから、我々にエイズに対する意識が芽生えた。我が村を守るのは、村を一番よく知る我々だ！」

6. 学校におけるピア・エデュケーション

　学校では、シェアは教師の協力を得ながら、学生参加型の「性の健康とエイズ教育」を実施してきた。
　関心を持った生徒により「性の健康とエイズ」に取り組むクラブが発足した

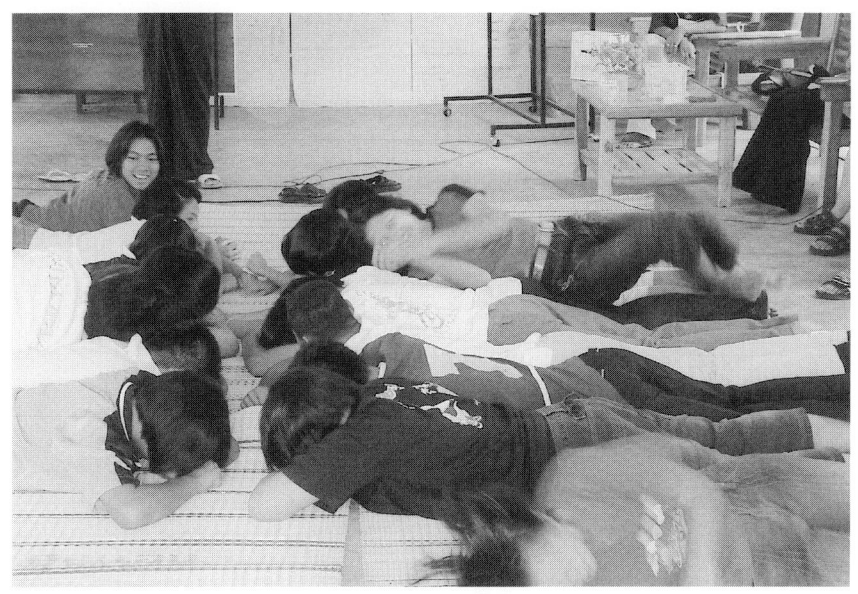

第9章　エイズ——タイ、南アフリカ、そして日本　　245

全身を使うアイス・ブレーキングで盛り上がる学生たち。
こうした活動から関連づけて、男女の体の違いについても感想を述べ合う。

後、シェアはクラブメンバーの定例会議を支援し、スキルアップ合宿等を開催して能力開発を図った。こうして、意識の高まりとアイデアを膨らませてきたクラブメンバーたちは、少しずつ他の学生へ感染予防の知識や技術を伝達する教育活動ができるようになっていった。「学生間でのフレンドリーな学びあい」、これが同じ立場にある仲間同士（ピア）で学びあいを深める「ピア・エデュケーション」と呼ばれるものである。

学生たちのアイデアで取り組まれたピア・エデュケーションには、さまざまな活動がある。校内放送でエイズを含めた感染症の知識と予防のメッセージを伝えるDJ活動、手作りの垂れ幕等を手にして村を巡回するエイズ予防キャンペーン、学生が大好きな教育キャンプなど多彩だ。

シェアスタッフと合同で運営する校内教育で、クラブメンバーたちは主にアイスブレーキング[9]やグループワークの進行等を担当した。男女の体・心・思い

9　参加者同士の「心が打ち解けあう」ことを目的にしたレクリエーション。タイにおける性教育の現場では、プログラムの初めや合間等に取り入れられている。参加者が緊張感をほぐして性について自由に表現しあえること、集中力を高めること、グループ間の一致団結を図ること等を意図している

の違いを考えるワークショップや劇など、さまざまなプログラムがシェアによって開発された。たとえば、心が惹かれあった男女が体に触れあいそうになる場面を想定し、どのようなコミュニケーションを図って安全な行動につなげるかを、グループ毎にイメージして、ストーリー仕立てで演じてもらった。これは、セイフ・セックスのために「セックスをまだしない」という意思表示やコンドームの使用を促す交渉能力を磨くものである。こうしたスキルは、「ライフスキル（生きるために必要な技術）」と呼ばれ、タイの性教育現場で進められているものである。

　一方で、各メンバーが日常の場で友人へ性感染症の情報をフレンドリーに伝えていく「チェーン・リアクション（連鎖反応：学生間で連鎖するように情報が伝達される）」も生まれ、メンバーによる手作り絵本等が活用された。

　こうしてウボンラーチャターニー県ファイカユン村中高等学校のグループは村のエイズ・ボランティアと連携してエイズ・キャンペーンを行なうようになった。また第2期に結成されたアムナートチャルーン県パトゥムラート郡の中高等学校にあるサンティーアン・グループは、上級生から下級生へとクラブ活動が引き継がれ、メンバーが村議会へ申請書を提出してエイズの予防啓発活動に必要な活動費を獲得できるクラブとなった。学校では「性の健康＆エイズ教育」のモデル校として訪問者を受け入れ、発表する度に喜びと誇りを示すようになった学校教師たちの姿も見られるようになった。

おわりに

　シェアタイのプロジェクトは、HIV陽性者自身や住民の潜在能力を発掘し開花させる「人間開発」と、地域にある伝統や住民の知恵と地域住民という人材を含めた地域資源の活用が保健活動に生かされる「地域活性」の両視点を持つ地域開発型保健プロジェクトである。地域の課題はその土地を誰よりもよく知るその住民自らが解決できると信じているからだ。シェアタイのタイ人スタッフがこうした理念を常に意識している点を誇りに思う。

　シェアはこのプロジェクトを通して、自分の健康を守る権利のために立ち上

がったHIV陽性者たちと共に当事者運動の重要性を学んだと同時に、地域住民が支えあう地域づくりを進めてこそ、HIVの予防推進、早期発見と医療へのアクセスが包括的に実現できることを示した。こうした当事者主体型事業の実績は、シェアにとっても貴重な財産である。

　エイズ治療の提供がタイ全土で実現した2003年以降は、日本でエイズを発症したタイ人HIV陽性者の帰国支援のために、東京事務所との連携を積極的に進めており、タイ人HIV陽性者が帰国後も医療へアクセスできる希望が持てるようになった。帰国後の彼らの笑顔を糧にシェアは国を越えて、今後も挑戦し続ける。

【参考文献】

AIDS Cluster, Bureau of AIDS, TB and STIs Department of Diseases Control Ministry of Public Health, Thailand. 2007.
http://www.aidsthai.org/aidsenglish/main.php?filename=situation_02

南アフリカ

青木美由紀

1. 南アフリカ共和国という国

1.1. 自由への長い道のり

　アフリカの先進国と言われる南アフリカ共和国。2010年には国際サッカー連盟（FIFA）のワールドカップも開催される予定になっている。この南アフリカが「アパルトヘイト」から開放され、自由の道を歩み始めたのはわずか14年前のことである。アフリカーンス語で「分離、隔離」の意味を持つ「アパルトヘイト」は、支配する少数の白人と支配される多数の非白人との諸関係を差別的に規定する人種隔離政策を指す。法制化されたのはわずか60年前の1948年ではあるが、南アフリカの人種差別と白人優位の歴史は17世紀までさかのぼる。1910年に南アフリカ連邦として独立した時、議会の被選挙権は白人に限定され、13年には人口の大多数を占める黒人の土地所有は、国土の9％に限定されていた。[10] 1948年以降、国民党が人種隔離政策を次々と法制化した。

　黒人たちは国土の一部にすぎない辺境不毛の土地に設けられた10のホームランドと言われる「国」に民族別に押し込められた。名目上はそれぞれに自治権を与える形をとりながらも、実際は黒人から市民権や参政権を奪い、経済的には白人に依存せざるを得ない外国籍の出稼ぎ労働者として扱うことが目的であった。レストラン、ホテル、バス、トイレにいたる公共施設はすべて白人と非白人に区別される徹底ぶりだった。[11]

　この悪しき「アパルトヘイト」が撤廃され、全人種・民族参加による総選挙が行なわれたのが1994年。ネルソン・マンデラという初の黒人大統領誕生と同時に、さまざまな肌の色、人種、民族が違いを認め合いながら、手を取り合

10　1936年には13％まで拡大。
11　異人種間の婚姻を禁じた「雑婚禁止法」、同じく性的交渉を禁じた「背徳法」、人種ごとの居住地を定めた「集団地域法」、非白人の移動を規制した「パス法」など、さまざまな人種隔離関連法が制定された。

って「虹の国」を建設していこうとの新体制が開始された。また、黒人の生活向上を主眼とした「復興開発計画」による新しい国づくりもスタートさせた。

マンデラ大統領誕生後、さまざまな改革が実施され、都会だけを見ると非常に近代化が進んでいるように思える。しかし、「アパルトヘイト」が撤廃された今日でも、社会・経済・政治面での白人と非白人との不平等は残っており、多数の黒人はいまだ貧困から脱却できていない。一方で、特権を得た一部の黒人と多数の黒人間での経済格差も社会問題としてクローズアップされてきている。

1.2.「虹の国」の新たな挑戦〜エイズ〜

「アパルトヘイト」に代わって、南アフリカが立ち向かうべき問題となったのがエイズである。現在の全世界のHIV感染者数は3320万人［UNAIDS 2007］。その68％の成人感染者および90％の子ども感染者、計2250万人がサハラ以南のアフリカに集中している。エイズによる死亡者の4人のうち3人がこの地域である。その中で南アは、人口4700万人中550万人がHIVに感染しており、15歳から49歳の成人層の感染率は18.8％にも及ぶ。南アの人口は世界人口の1％未満にすぎないのに、HIV感染者数は世界の約16.6％を占め、世界で最も多い国の1つである。年間32万人がエイズによって死亡しており、労働人口の減少および公的医療費の増大などの負のインパクトのみならず、120万人ものエイズ孤児を生み出すといった社会的な負のインパクトも招いている。

南アで初めてエイズ患者が診断・確認されたのは1982年である。マンデラ大統領が誕生した94年に保健省は全国エイズ計画を採用し、全国HIV陽性者団体 (The National Association of People with AIDS: NAPWA) などがエイズの取り組みを開始した。HIV陽性者国際会議が南アで開催された95年には、人口の2.1％（85万人）がHIVに感染しており、エイズ危機が訪れていることが政府によって表明された。

この年、WTO (World Trade Organization: 世界貿易機関) が設立された。その協定の1つ、「知的財産権の貿易関連の側面に関する協定」により、医薬品も他の物品と同様に、最低20年間の特許が認められることとなった。それまで先進国で研究開発された医薬品のコピー薬（ジェネリック医薬品）を製造あるいは輸入し

てきた途上国では、安い薬の供給が断たれることになる。

　1997年、政府は安価なジェネリック薬[12]の輸入に向けて薬事法を改正した。しかし、98年にはこの改正に対して、40社におよぶ製薬会社が特許権侵害につながるとの理由で、政府を相手に裁判を起こした。アメリカ政府は製薬会社側に立ち、南ア政府に圧力をかけた。ムベキ大統領は、非主流派のエイズ研究者を中心とした大統領エイズ諮問委員会を設立し、「HIVがエイズの原因とは言えない」との発言を繰り返すなど、エイズ政策に非常に後ろ向きな態度を取った。

　このような状況下、ザッキー・アハマットは適切な治療を受けられるようになることを目的としたHIV陽性者の組織、TAC（Treatment Action Campaign: 治療行動キャンペーン）を設立した。2000年7月にダーバンで開催された第13回国際エイズ会議では、"HIV Positive" と胸に大きく印刷されたTシャツを着て、会場の外でデモ行進を行なった。2001年、改正薬事法裁判の法廷に、「法廷の友」[13]としてザッキー・アハマットが立ち、途上国の医薬品アクセスの障害として知的財産権の問題を出した。世界中で大きな連帯の抗議行動が展開され、製薬業界は提訴を取り下げた。その年に開催されたWTOの閣僚会議で、「知的財産権は公衆の健康を妨げない」という宣言が採択された（2003年からの暫定措置を経て、2005年に医薬品の知的所有権に関する協定の修正に合意）。南アの裁判の結果は世界の多くの人々のいのちを救うことにつながったと言えるであろう。

　1990年代後半、南アにおいても私費での抗レトロウィルス剤（ARV）によるエイズ治療は始まってはいたが、HIV陽性者たちが立ち上がったことにより、エイズ治療アクセスの運動は前進した。2004年3月、抗HIV薬の導入が開始された（後述のシェアの活動地、リンポポ州では2005年9月から）。

12　後発医薬品を指す。成分そのものやその製造方法を対象とする特許権が消滅した先発医薬品（新薬）について、特許権者ではない医薬品製造メーカーが製造した同じ主成分を含んだ医薬品のこと。先発医薬品の2～8割の価格が設定されている。
13　南アの法律では、被告に代わって第三者が法廷に立つ事ができる。

2. JVCとの共同プロジェクト

2.1. プロジェクト開始

　2004年5月から6月にかけて第1次調査、2004年10月に第2次調査を実施し（詳細は第4章参照）、最終的に2005年8月から、日本国際ボランティアセンター（JVC）と南アフリカのリンポポ州で共同プロジェクトを開始することになった。

　リンポポ州は、ジンバブエ、ボツワナ、モザンビークに面した東北部にあり、非常に自然が豊かな地域である。アパルトヘイト時代の旧トランスバール北部とレボワ、ベンダ、ガザンクールの3つのホームランド（黒人居住区）が統合された州で、6つの郡で構成されており、全国9州の中でアフリカ人人口の占める割合が最も多い。人口の約7割が29歳以下の若い世代で占められている一方で、経済的に活発な労働人口（15～65歳）を見た場合、失業率は約5割と高く、これがさまざまな社会問題の要因の1つと考えられ、男性の他州への出稼ぎを後押ししている。

　このリンポポ州のベンベ郡マカド地区でシェアは、Tivoneleni Vavasati AIDS Awareness Project（TVAAP）という現地NGOを通じて、JVCと「住民参加型HIV・エイズ予防啓発及び陽性者支援強化プロジェクト」に取りかかることになった。この事業は、財源はJICA草の根技術協力事業（パートナー型）で、JVCが主契約団体となって、JVC南アフリカ事務所が全体を統括し、シェアからはプロジェクト・マネージャーを派遣するという形をとった。シェアからは、それまで東ティモールの事業担当として働いていた私が2005年8月から派遣されることになった。

　TVAAPのTivoneleni Vavasatiとはシャンガン語で「女性たちよ、自分たちの身を守りなさい」という意味で、1991年にエイズに特化した団体として誕生した。元々はAKANANIという地域開発を主にした団体の中の活動として始められたエイズの予防活動だったが、数年後地域のニーズに応えるために、1つの団体として独立することになったという。かつてシェアがJVCから独立したのとよく似ている。

この団体には、コーディネーターが1名、フィールドスタッフが7名、そして23の村には村の中で選出された在宅介護ボランティア数名ずついた。主な活動は各村の在宅介護ボランティアが中心となって行なわれており、フィールドスタッフは毎日村を回って在宅介護ボランティアの活動のモニタリングをしていた。

2.2. 5本の活動の柱——家庭菜園から在宅介護までの幅の広い支援

　シェア・JVCのプロジェクトとしては、TVAAPで既に実施されている活動を軸にし、「HIV陽性者がエイズ発症予防に関する正しい知識を持ち、実践できるようになること、そして差別や偏見をなくし、コミュニティの中でHIV陽性者が受け入れられるようになること、更には、HIV陽性者が主体となってコミュニティにおける予防啓発に参加していくことができること」を目的とし、「在宅介護 (Home Based Care) 支援」「予防啓発活動」「エイズの影響を受けた子どもたちへの支援」「HIV陽性者支援」「家庭菜園トレーニング」などの活動強化を中心においた。

　このように現地NGOの活動強化を中心にした場合の日本のNGOの役割は次のようなことだと考える。
1) 関係者たちと共にニーズを的確に把握すること
2) ニーズに応えるための支援活動の調整と実施
3) 場と機会の提供
4) 日本社会への伝達と問いかけ

　日本から派遣されたプロジェクト・マネージャーの具体的な役割は、それぞれの活動の強化、資金管理、そしてスタッフの能力強化やモニタリング・システム構築を含めたTVAAPの組織強化などであった。

① 在宅介護

　2000年に政府の主導により導入された「コミュニティ・在宅介護」という概念は、美しく言えば、HIV陽性者・エイズ患者を地域のみんなで面倒を見ていこうということだが、実際のところは既存のクリニックや病院のサービスだけではHIVの脅威に対応しきれないための次善の策であった。実際、地域の

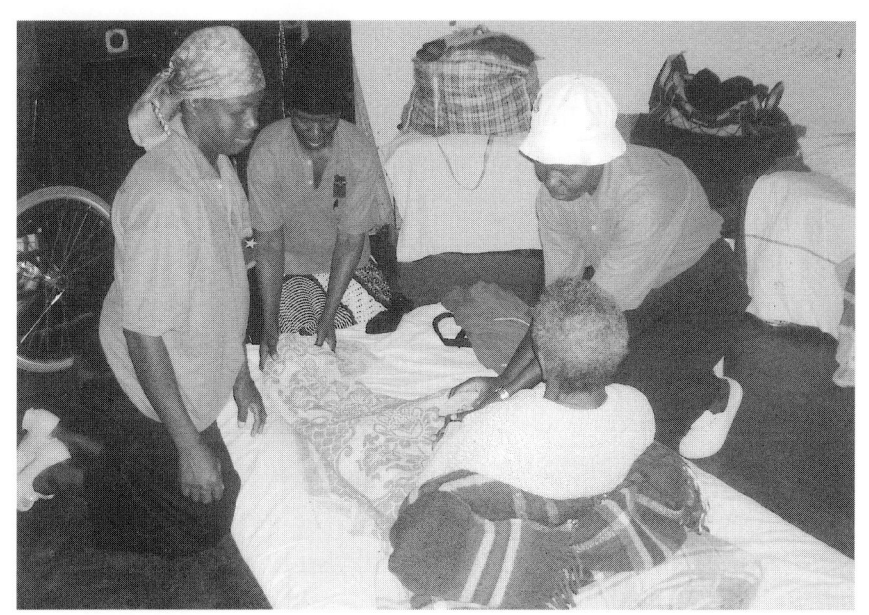

第9章　エイズ——タイ、南アフリカ、そして日本　　253

患者のケアをする在宅介護ボランティアたち

　在宅介護は9割がNGOやCBO[14]、FBO[15]によって運営されており［DoH & DoSD 2002-2003］、主に村のボランティア、特に女性によって成り立っている。失業率の高い南アでは、在宅介護ボランティアをキャリアパスと位置づけ、将来的な雇用拡大も期待されていることがうかがえる。地域によって額が異なるが、リンポポ州では1年の無給ボランティア経験の後、NGOやCBOを通して1ヵ月に500ランド[16]が支給されている。

　TVAAPは2005年8月にリンポポ州でコミュニティ・ヘルス・ワーカー制が導入される前から、地域の中でもいち早く在宅介護活動を導入し、23の村でボランティアを募って村々に住むケアを必要とする患者や、エイズの影響を受けた子どもたちの世話をしていた。

　シェアは、JICA草の根技術協力事業を開始する前に、2005年10月から12月までの3ヵ月間をかけて、ベンベ郡マカド地区における在宅介護の実態につ

14　Community-based organization　地域に根ざした住民により運営される当事者団体
15　Faith-based organization　信仰に基づいて地域活動を実施する団体
16　1ランド＝17円の場合、8500円程度。

いて調査を実施した。[17]

　南アフリカには、労働省の管轄下にSector Education and Training Authority（SETA）という教育やトレーニングを実施する機関がある。このSETAが定めたトレーニング実施能力・機能を満たす個人や団体は、有料でトレーニングを実施することが認められ、更にSETA認定の修了証を発行することができる。

　在宅介護においても、同様のシステムがあり、政府から委託を受けたコンサルタント（民間事業）やNGOなどがトレーニングを実施していた。しかし、需要に対して供給はまったく追いついていない状況で、ボランティアたちはスキルアップする十分な機会を与えられることもなく、毎日の活動に追われていた。ボランティアたちは、「村の看護師さん」と呼ばれることを誇りに、国の定める在宅介護の内容以上の仕事をこなさなくてはならなかった。HIV陽性者・エイズ患者に限らず、とにかく必要とされるところに赴き、掃除、料理、カウンセリング、清拭、ベッドメイキングなどありとあらゆるニーズに応えている状態であった。

　数ヵ月の観察と調査の結果から、ボランティアたちのモティベーションの向上とサービスの質的向上のためにも、トレーニングの実施が非常に重要であることが確認された。そこで、シェア・JVCは、特に国の政策に適応した在宅介護ボランティアへの技術トレーニングを実施すると同時に、TVAAP独自のモニタリング・システムの構築を在宅介護活動の中心においた。具体的には、23名（1ヵ村につき1名）に、SETAの認定を受けているNGO・ChoiCeを通して、半年間かけて「結核」「HIV・エイズ」「応急処置」「在宅介護」に関するトレーニング（23日間）を実施した。これは座学と地域およびクリニックでの実習を伴う厳しいトレーニングであったが、19名が最後までやり通すことができ、SETAのお墨付きの修了証書を受け取ることができた。

　モニタリングに関しては、シェア・JVCがいっしょに活動を始めるまでは、各ドナーから渡された11種類ものモニタリングシートに記入をしなければいけないという煩雑な状況であった。それだけでなく、TVAAPにとってモニタ

17　JICA南アフリカ事務所委託事業として調査を実施。「南アフリカ共和国リンポポ州ベンベ郡マカド地区における在宅／コミュニティ・ケアの現状把握調査報告書」参照。

村人が集まる市場で、劇を通して予防啓発をするボランティアたち

リングはドナーへの報告が目的になっており、自分たちの活動を見直し、次の計画に生かすようなモニタリングにはなっていなかった。そこで、スタッフとボランティアの代表とが、どのような項目を日々記録し、毎月集計する必要があるのかを検討した上で、TVAAP独自のモニタリングシートを開発し、簡素化を試み、更に「計画－実行－評価（Plan-Do-See）」のサイクルの導入を試みた。

②予防啓発活動

TVAAPはもともと予防啓発活動から開始した団体であり、当初は、学校を拠点に若者グループを構成し、ピア・エデュケーション（仲間同士の交流を通じて学びあう教育）を実施していた。ところが、学生は数年でいなくなってしまうため、地域に住む若者をピア・エデュケーターとして育成する活動にシフトした。彼らは、村の中を1軒1軒訪問しながら、HIV・エイズを含む性感染症の予防について話をする「ドア・トゥ・ドア・キャンペーン」を実施していた。

活動を始めた頃の地域の人々の目は冷たく、「HIVの話を私たちにしなくていい。あんたがポジティブ（陽性者）なんだろう」などと罵声を浴びせられ追い

返されたこともあったという。しかし、活動も10年経った頃には軌道に乗り、村で人が集まるような場所や飲み屋、また白人農場[18]などで劇や歌などを使った予防啓発活動を実施するまでになっていた。ボランティアたちに罵声を浴びせていた村人たちも徐々にピア・エデュケーターのところにコンドームを取りに来るなど、人々の性行動に関する変化が見られるようにはなったが、HIV・エイズに対する強い偏見や差別は残っていた。

　15歳以上の人口の約5人に1人が既にHIVに感染している南アフリカでは、まだ感染していない人たちを感染から守る予防と、感染している人から更に感染を広げないための予防が必要であり、予防啓発活動は非常に重要な活動であるはずだが、在宅介護と異なり毎月の手当てが全く出ないため、生活がかかっているボランティアたちは1人2人とドロップアウトしていった。シェア・JVCとしては、このドロップアウトを食い止めるために、技術向上のためのトレーニングとして、これまでの活動を振り返りながら、東ティモールで実践した「マイクロ・ティーチング手法」[19]の導入など試みた。

③エイズの影響を受けた子どもへの支援

　南アフリカ全体でも約120万人の子どもたちがエイズで親を失っていると推定されており［UNAIDS 2007］、マカド地区も例外ではなかった。各村ごとに在宅介護ボランティアの1名が、親を亡くした子、もしくは外部のケアを必要とする脆弱な子どもたち（Orphan and Vulnerable Children: OVC）の担当となり、世話をしていた。

　親を亡くした子どもたちの多くは、親戚の家、特に祖母に預けられることが多い。しかし、娘や息子を亡くした祖母たちは、わずかな年金で複数の孫の面倒をみなければならず、非常な経済的負担を強いられている。そのために学費が払えなかったり、制服が用意できなかったりして、いじめにあうことを恐れ、

18　この地域には、トロピカルフルーツやナッツなどを栽培する農場が多く存在し、それらはほとんどが白人所有のプランテーションである。その白人農場で働くほとんどは、低賃金で働く黒人労働者である。

19　保健教育の手法。①Introduction（導入）、②Objective（目標）、③Main Subject（伝達内容）、④Assessment（理解の確認、評価）⑤Summary（まとめ）の5つの要素を含み、しかも短時間で相手に伝える方法。

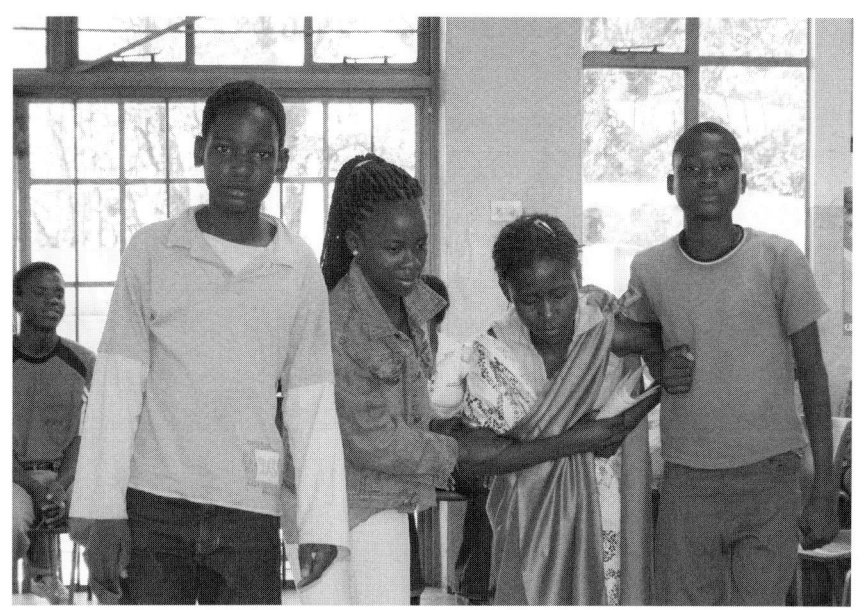

エイズ孤児キャンプ。HIVについての劇を演じる子どもたち

学校に行けなくなってしまう子どももいる。そのような子どもがいれば、ボランティアは校長先生にかけあったり、ソーシャルワーカーにつないだりして、なんとか子どもが子どもらしく成長できるように支援をしていた。

　2005年8月から9月にかけて、現状把握のために各村のOVC調査をしたところ、23ヵ村に約700人のOVCがいて、しかも約100人は子どもだけで生活していることがわかった。調査後、各村の情報を共有するためのOVC担当のコーディネーション会議を定期的に開催し、またOVC担当者たちと「エイズの影響を受けた子どものためのキャンプ」をいっしょに企画・実施した。

　親戚の家に預けられ、どこにも遠出できない子どもたちのために特別な日をプレゼントしてあげたい、また親を亡くして悲しい思いをしているのは自分だけでないんだ、ということ、そして何かあれば私たち大人が近くにいるよ、と伝えることが目的だった。キャンプでは、グループに分かれて、劇やダンス、ゲームをしたり、エイズの基礎を学ぶ時間があったり、家族のことを作文や絵でまとめて、みんなで共有したり、夜は亡くなったお父さん、お母さんを偲ぶキャンドルライトをやったり、と盛りだくさんの内容で、グループセラピーの

ような効果があった。

　キャンプも終盤に近づく頃、1人の女の子が「2日間、とっても素敵な時間を過ごすことができました。いろいろと胸につかえていたことを話せて良かったです」と亡くなったばかりのお母さんのことを思い出しながら、涙声で話し始めた。すると、これまで親を亡くした悲しみを心の中に封じ込めていた子どもや、親戚の家でいじめられながら肩身の狭い思いをしながら暮らしている子どもたちも、ボランティアたちの肩を借りながら悲しみを振り払うように泣き始めた。

④HIV陽性者グループ支援

　2005年8月当時、まだTVAAPではHIV陽性者グループを立ち上げたばかりであった。拠点のエリム病院で抗HIV薬が導入されるのと同時期に設立されたグループには、病院のHIV陽性者グループには参加することに抵抗を感じているという人々がTVAAPの活動している村々から集まってきていた。根強い偏見と差別が存在するリンポポでは、まだ自分のHIVステータスを開示している人はごくわずかであり、自分が住む村のクリニックにあるVCT（Voluntary Counselling and Testing）センターで検査を受けたら村中に自分の検査結果が広まるのではとの不安から、わざわざ遠くの村のクリニックや病院に足を運ぶほどであった。

　最初は集まってみんなで情報共有をしたり、悩み事を打ち明けあったりすることが目的で、あまり系統だった活動は行なわれていなかった。私が駐在してから2ヵ月がたった頃、シェアタイのHIV陽性者グループの活動を紹介する機会があった。写真を見せながら、シェアタイがどのようにクリニックと協力しながらHIV陽性者グループを支援してきたか、そしてHIV陽性者グループが強化され自立するまで、どのように成長してきたのかを紹介した。それまでは、常にTVAAPのスタッフが月例会の式次第を含めすべての準備をしてきたのだが、他国で自分たちと同じHIV陽性者が主体的に活動をしている様子を見た彼らは、この時を機に「自分たちももっと積極的に参加しよう」という意識が芽生えたようであった。

　少しずつグループとしての形も整い、「Komanani（いっしょに世話をする）HIV

世界エイズデーキャンペーンで話をするHIV陽性者のクリスティーナ

陽性者サポートグループ」という名前もつけられ、何人かの執行委員が中心になって毎月の定例会も行なわれるようになった。このプロジェクトの最終的な目標は、HIV陽性者たちが地域の中で適切なケアを受けられるようになることと、主体となって地域の中で予防啓発活動ができるようになることである。しかし、現実はそれにはほど遠かった。ほとんどのメンバーがHIVに感染していることを隠しながら生活していた。特に女性は、自分が感染していることがわかると家を追い出されたり、すべての財産も奪われたりしてしまう場合もある。既に社会の中で脆弱な立場に立たされている女性たちは、HIVに感染していることで更に脆弱な立場に追いやられてしまうのである。

その中でも、そんな偏見や差別に負けることなくたくましく、そして前向きに生きているHIV陽性者たちもいた。そのうちの1人クリスティーナ（写真）は、世界エイズデーのキャンペーンの場で「私の体の中にはHIVが存在しています。そして私はそのことを受け入れています」と自らの受けた性虐待、差別や偏見などの体験を話しながら、地域の人々に力強く語りかけていた。そんな彼女でも、エイズや治療に関する知識はまだ限られたものであった。政府が発行して

いるエイズや治療に関する情報の多くは英語で書かれており、英語を理解できない村の人々にはまだ必要な情報は十分に届いていなかったのである。

　月例会が軌道に乗ってきた頃、グループメンバーからもっと自分たちの病気について学びたいという要望が出た。そこで、シェア・JVCとして、シェア副代表理事の沢田貴志医師による「日和見感染症マネジメント・ワークショップ」と南アのHIV陽性者の組織、TACによる「治療リテラシー・トレーニング[20]」を実施することにした。

　印象的だったのは、沢田医師によるワークショップが終盤に差しかかった頃、「みんなエイズを怖がらないで立ち上がろうよ。黙ってないで声を出そうよ！」と1人の元気なメンバーの掛け声がかかると、これまで月例会に参加しても一言も発したことのない女性たちが立ち上がり、1人また1人と自らの体験を語り始めたことである。

　抗HIV薬の導入が始まったとはいえ、HIV陽性者は治療について十分な知識があるとは言えず、かといって医療従事者と同等の立場で治療について話をすることが困難であった。そんな彼らが自分たちの体の免疫システムや病気、治療について単に知識を得ただけではなく、自分たちの患者としての権利などについても学ぶことができ、エンパワーメントにも結びついたトレーニングであった。

⑤家庭菜園トレーニング

　抗HIV薬が導入されたばかりのころ、薬が手に入る前に亡くなってしまった患者が何人もいた。薬が手に入っても、十分な食料が得られないために、薬を服用できず、亡くなった人たちもいた。

　このプロジェクトでは「HIV陽性者たちが地域の中で適切にケアされるようになる」ことも目標の1つだった。小さな土地でも、栄養価の高い野菜を有機栽培し、免疫力を高めることができるようになること、また将来的には余剰作物を販売し、生計の足しにできることを期待し、JVC南アフリカがこれまで東ケープ州などで実施してきた自然農法を用いた家庭菜園トレーニングを実施し

20　HIV陽性者がお互いに、また医療従事者と連携することによって抗HIV薬や日和見感染症治療などのエイズ治療について学び、「治療準備度」を向上させていくこと。

た。トレーナーには、パーマカルチャー[21]実践者として経験豊富なジョン・ンズィラ氏を招き、HIV陽性者、エイズ孤児、在宅介護ボランティア、ピア・エデュケーター、そしてTVAAPのスタッフを対象にトレーニングを行なった。

半年間で約40日間のコースを修了することができた9人は、現在はトレーナーとして、それぞれの地域で共同菜園を作ったり、患者やその家族、またエイズ孤児などに家庭菜園作りを教えてたりしている。トレーニング受講生たちは、新鮮で栄養価の高い野菜が食べることができるようになっただけでなく、自分でものを作ることの喜びと自信を見出し、獲得した技術を地域発展のために使えるようになったのである。

中には、収入向上に結びついている人も見られる。エイズ孤児であるデンゼル君は、トレーニング参加当初はまったく笑顔がなかった。しかし、トレーニング終了時には、野菜作りを通して「自分にもできる」という自信を得ただけでなく、「僕もジョンのようなトレーナーになりたい」と笑顔で夢を語るようになっていた。

シェアとしては、これまで薬草栽培以外の農業分野の活動は積極的に取り組んでこなかったが、社会的、経済的、心理的なサービスを含む包括的な支援を必要とするアフリカでは、このような農業と保健の相乗効果は非常に重要である。これこそがまさにシェアが大切にしているプライマリ・ヘルス・ケアの「多様な社会資源の活用」ではないだろうか。

3. 会計不正事件の発覚と新しいパートナー探し

他のシェアの活動地とは異なる現地NGOをカウンターパートとしたプロジェクト方式の中で、試行錯誤しながら上記の活動をスタッフ、ボランティア、陽性者グループのメンバーといっしょに進めてきた。ところが、ようやく活動が軌道に乗ってきた2006年10月にTVAAPの会計不正が発覚してしまったのである（詳しくは第1章参照）。

21　世界各地の伝統的農法や有機農法を体系化した持続的農業手法。

元代表理事を新コーディネーターに迎え、何とか組織再生を目指したが、ドナーの信頼を失ったTVAAPは資金も切れ、残念ながら事実上崩壊してしまった。しかし、HIV陽性者サポートグループはクリニックを拠点に活動を継続しており、家庭菜園も事件に影響されることなく地域の中で着実に根付いてきている。在宅介護については、ボランティアたちへの手当てがまったくなくなってしまったため、中には患者のことが気になりながらも無給ボランティアを継続することはできず、都会に出稼ぎに出てしまった人もいる。一方、ボランティア精神を失わず、これまでの経験を生かして新たな団体を結成しようと努力している一部の意欲あるボランティアたちも存在している。

　1年間にわたる活動の成果や築き上げたネットワーク、人間関係などに後ろ髪を引かれる思いはあったが、シェアとJVCは何度も協議を重ね、治安面も考慮して、2007年3月にTVAAPとの共同プロジェクトに終止符を打つことになった。

　2007年1月から2月にかけて、私はJVC南アフリカの現地スタッフであるドゥドゥズィレ・ンカビンデと共に、新しいパートナー団体探しを開始した。会計不正事件の教訓から、カウンターパートを選ぶには、活動の内容もさることながら、その団体の会計の透明性や組織運営の公正さなど、いわゆるアカウンタビリティ（説明責任）が重要であることを痛感していた。

　いくつかのドナーNGOへの聞き取り調査を行ない、選考基準項目を設定後、リンポポ在住のエイズ関連のNGOやドナーNGOから団体を紹介してもらった。そして、選考基準を満たした12の団体を訪問し、インタビューと活動視察の結果を分析してパートナーを選ぶことにした。選考基準は次の5つである。

1) HIV陽性者・エイズ患者に焦点を当てた在宅介護、予防啓発、HIV陽性者支援、エイズ孤児支援、家庭菜園などの活動をしている。
2) 団体規模はスタッフ10人以下の中規模である。
3) 資金援助だけでなく、日本人スタッフ派遣による技術支援も必要としている。
4) 自分たちの強み・弱みを認識している。
5) 主要なドナー資金（特に保健省からのボランティア手当）があり、予算規模は50万ランド（約850万円）以下である。

シェア・JVCは主ドナーにならないことを明らかにし、JVC南アの津山直子さん、事業担当の渡辺直子さん、そしてシェアの山口誠史事務局長と共にいくつかのNGOを訪問し、同じリンポポ州のカプリコーン郡レペレ・ンクンピ地区で活動するPholoshong Home Based Care（ポロション・ホーム・ベースド・ケア）を新たなパートナー団体として選定した。早速、2007年4月から家庭訪問介護、エイズ孤児のための給食センターの運営、家庭菜園などを組み合わせたプロジェクトが開始された。

　新カウンターパートとの活動の基礎作りを行なった後、JVC・シェア合同でリクルートした水寄僚子に事業を託して、私は東京事務所のタイ担当として復帰した。

　共同事業は2009年3月まで継続することになっている。将来はシェア独自で南部アフリカのより条件の厳しい国でエイズプロジェクトを展開することを視野に入れて、周辺国の調査を行なっていく予定である。

【参考文献】
アフリカ日本協議会. 2006.『アフリカNOW』No.75. アフリカ日本協議会.
シェア. 2004.『実践力をつける!!国際協力お役立ち本』シェア.
林達雄. 2005.『エイズとの闘い——世界を変えた人々の声』岩波書店.
峯陽一. 1996.『南アフリカ「虹の国」への歩み』岩波書店.
DoH & DoSD 2002-2003. Appraisal of Home/Community-based Care Projects in South Africa Department of Health/Department of Social Development.
UNAIDS. 2007. Report on the Global AIDS epidemic update. UNAIDS/WHO.

日本　　　　　　　　　　西山美希／沢田貴志

1. 学校におけるエイズ教育　　　　　　　　　　　　（西山美希）

　日本の国内でも若者のHIVを含む性感染の拡大は毎年、深刻化している。このような状況に対して、シェアとしても、海外でのエイズ教育の経験を生かし、国内でもエイズ教育を行なっていく必要性があると以前から感じており、2000年から活動を進めている。

　実際の教育は、筑波大学付属高等学校の貴志泉先生の協力を得て、1～2年生合計2クラスで年間3時間の授業をシェアとアーユス仏教国際協力ネットワークと共同で行なっている。エイズに関する知識、意識、行動の変革を促すことを目的とし、エイズの基礎知識、世界と日本のエイズの状況、HIV感染の予防方法、HIV陽性者への理解などの内容で、シェアタイでのエイズ教育の手法も交えて授業内容を組み立てている。その他の中・高校から依頼を受けた際にも、これらの手法を用いて、積極的に授業を行なっている。

　国内でエイズ教育を行なっていく中でシェアとして新しく知り得たことは、大きく3つに分けられる。
　①日本の高校生の性、エイズに関する価値観
　②日本と外国とでのエイズ教育手法の違い
　③日本での性、エイズ教育現場の状況

　①と②に関しては、授業を通して学生からの生の声を聞くことで、彼らの性やエイズに対する価値観、それに対する効果的なエイズ教育手法を知ることができた。若者の中では昔に比べ性行動が活発化していると言われているが、性に対して女子はまだ保守的なところがあり、性行動が活発であることは恥ずかしいこと、女性から男性にコンドームについて話すことや使うことを促すことは難しい状況があるということがわかった。

　特にコンドーム使用方法については、学生は興味があるものの、センシティブな内容なので、クラスの雰囲気が一気に冷たい空気に変わってしまうほど、

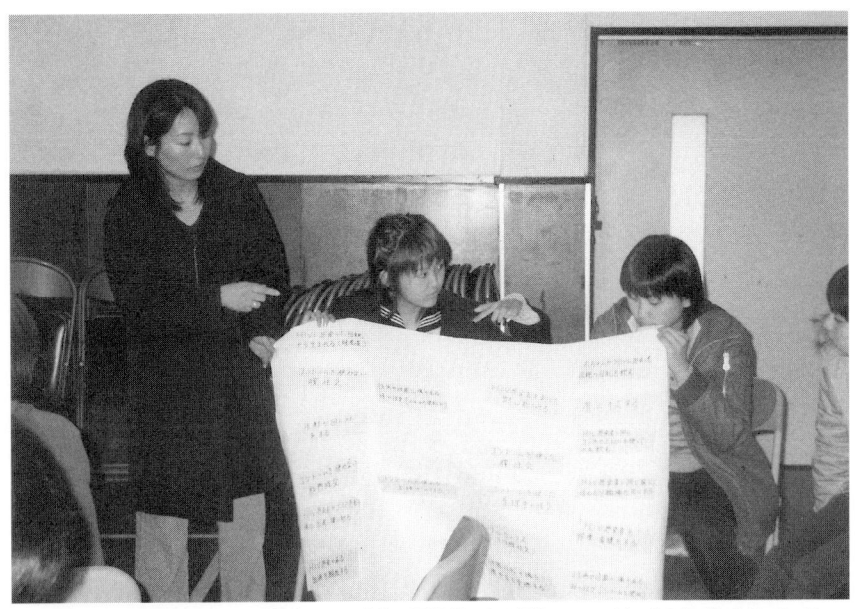

筑波大学附属高校でのエイズ教育。HIV感染の可能性のある行為についてカードの並びかえをしている

中学校でのエイズ教育。水の交換というHIV感染の拡がりを知るワークを行なっているところ

難しい。海外の現場での手法を日本の学生にとって理解しやすい内容に合わせて使い、楽しく快適な教育の環境を作ることの重要性を感じた。

③に関しては、2000年からエイズ教育を行なっていく中で、性教育に対する社会からの風当たりが強くなっていくことを、現場を通して知った。エイズ教育の実施内容については、性の価値観、社会的規範なども影響し、どこまでの内容を教えるのかということについてさまざまな議論がある。中学校への外部講師派遣の際に、性行動を助長する危険性があるからという理由で、コンドームについて触れることができなかったこともあった。学生が知りたいことと大人が教えたいことに差があり、彼らにとって何が本当に必要なのかを考えていく必要がある。

今後も、海外でのシェアの経験を通して、継続的に日本のエイズ教育に関わっていくことが重要である。日本での手法を確立させ、少しでも教育現場に変化をもたらすきっかけとなるよう貢献していきたい。

2. HAATASの誕生と活動　　　　　　　　　　　　　　（西山美希）

　HAATAS（ハータス：HIV/AIDS Action Team At SHARE）は、シェア東京事務所において、大学生や社会人の若者を中心に精力的に活動するエイズボランティアグループである。メンバーは20代から30代の医療系の学生、医療従事者、民間の会社員、国際関係に興味のある学生などが中心となり、活動を継続している。

　発足の経緯はこうである。2002年AIDS文化フォーラムin横浜において、シェアがタイにおけるエイズ教育の手法を紹介する内容のワークショップを行なう際に、当日のファシリテーターのボランティアを募集した。このワークショップ後、ボランティアの方たちと話し合った結果、今後もこのようなエイズ関連の活動を継続して行なっていきたいという声があがった。それを反映して定期的に会議を持ち、シェアの国内の新しいボランティアグループとして、HAATASが立ち上がった。シェアは国内のエイズ関連のイベントごとにボランティアを募集していたが、毎回申込者は募集人数を越え、エイズへの関心が若者の中で高まっていることがわかっていた。エイズに絞った活動に興味のあ

第9章　エイズ──タイ、南アフリカ、そして日本　　267

HAATASがNGOまつりにおいてエイズ・ワークショップを行なっている（シェア事務所）

る、さまざまな分野の人たち誰もが参加できる場が必要であること、そして国内での若者へのエイズ教育やイベントのニーズの高まりもあることなどから、シェアとしてもHAATASのようなグループの必要性を以前から感じており、国内保健活動の一部としてこのグループをサポートしていくことに決定した。

　HAATAS発足当初は、シェアスタッフが司会進行を務めたり、シェアタイでのエイズ教育の手法をHAATASメンバーに伝えたりと手探りで活動を進めていったが、すぐにHAATASが活躍できる機会が訪れた。世界エイズデー関連の写真展でのワークショップ、大学でのエイズ教育、大学生のジャズコンサートにおけるエイズ予防啓発活動などである。このような公の場でHAATASメンバーはシェアスタッフと共に経験を積んでいった。現在では、常に10人ほどのメンバーが月2回行なわれる定期的なミーティングに集まり、エイズについて勉強したり、イベントの計画を立てたりしている。また外部でのワークショップやイベントなどの活動も精力的に行ない、年間10件ほど、若者が集まるイベントやワークショップ、学校で、エイズを身近に感じてもらえるようなエイズ教育や予防の活動を行なっている。外部からの依頼はHAATASが独自に受け、彼

らで活動計画を立て、実行し、自主的に活動できるようになっている。

　このようなボランティアグループにおいては、経験の蓄積とメンバーの定着が常に課題になる。HAATASでも学生から社会人になることで参加できなくなったり、青年海外協力隊エイズ対策隊員として海外へ旅立っていったりと、メンバーの入れ替わりが生じている。しかし、これまで積み重ねてきたワークショップやイベントの手法などを新しいメンバーへと伝えていきたいというメンバーの思いがあり、定期的なミーティングや年に1度行なわれる合宿で、経験をできるだけ伝えていくよう努力している。現在、教育現場において若者によるピア・エデュケーションの需要が高まっており、今後もHAATASの活躍は期待されていくであろう。

まとめとして──タイと南アの経験をもとに　　　　　（沢田貴志）

　エイズに対しての私たち人類の取り組みも4半世紀になろうとしている。1980年代、この病気に対してどのように取り組むべきか議論が紛糾していた。しかし、私たちは今その答えを確信している。ライツベースド・アプローチ、つまり人権を尊重した方策こそが、遠回りのように見えて、最も着実にこの病気を抑え込む方法なのだ。1990年代後半からタイで行政・NGOそして住民組織が協力して取り組んだ壮大な実験。シェアも当時最も貧しいと言われた東北の農村でその試みに加わった。そして、HIVに感染した人々が差別されず治療を受け、社会参加できる環境を保証することで感染の広がりを大きく抑え込むことができた。南アフリカでも同様の取り組みが始まり、感染を抑え込む流れができつつある。

　病に倒れた人の生きる権利を尊重し大切に守っていくことが、病気との闘いに勝つ力となる。それが人類が感染症と闘う上で獲得した知恵である。そして1人を支えるための地域のネットワークは、さまざまな病気の原因になる貧困や教育・環境の問題と闘っていくための強力な基盤となる。地域の仲間とエイズと取り組んだ経験はさまざまな地域の健康問題への取り組みに生かされていくだろう。

第10章
緊急救援
海外と日本での活動と学びから

仁科晴弘／仲佐　保／沢田貴志／本田　徹／冨田　茂

1. 災害、災害救援そしてNGOの役割　　　　　　（仁科晴弘）

1.1. 災害とは
　一般に「災害」とは、人や家屋への被害が多大に発生し、その地域の搬送や保健医療などの対応能力を超える自然災害、人為災害、NBC（核：Nuclear、生物：Biological、化学：Chemical）災害とされている。それに対する緊急救援活動の1つとして緊急災害医療活動（もしくは緊急救援医療活動）がある。

　災害の背景は日本国内と海外では非常に異なっており、海外での緊急救援の主なテーマは地震（津波）、洪水（台風）、干ばつ、テロ、戦争（紛争）など複数あるが、日本国内では大地震が第1にあげられる。阪神・淡路で一躍有名になった活断層は北海道から近畿地方に広く分布し、いつなんどき直下型地震を引き起こすかわからない状態と言われている。

　阪神・淡路大震災では、日本各地のNGO（NPO）が駆けつけ、行政と協力してめざましい働きをした。震災をきっかけに多くのNGOも誕生し、NGO元年と言われた。それ以後に日本国内で発生した災害に対しては、阪神以前とは比べ物にならない迅速さで高いレベルの支援が全国から寄せられるようになった。

1.2. 緊急災害医療におけるNGOの役割

　これまでの章で述べられてきたように、地域の人々の健康が脅かされる最も大きな原因として、地域開発の遅れやプライマリ・ヘルス・ケア（PHC）など保健システムの整備が行き渡らないことがあげられる。更に、突発的に人々の健康が脅かされる原因としてさまざまな災害がある。私たちの暮らす日本においても、阪神・淡路や新潟県中越の震災のため多くの人々が寒い体育館などの避難所で過ごし、さまざまな病気に倒れたことは記憶に新しい。

　地域開発の遅れなどから来る健康問題を慢性的な問題とするならば、災害によって生じるものは急性の健康問題と言えるだろう。シェアは通常は慢性の問題に取り組むNGOであるが、必要と力量に応じて、災害によって生じた急性の問題にも取り組んできた。

1.3. 海外および国内での緊急救援におけるNGOのそれぞれの役割

　海外での大規模災害で活動するNGOは、欧米系の大規模NGOが中心となることが多い。UNHCR（国連難民高等弁務官事務所）など国連機関と契約を結び、数千〜数万人もの被災者が身を寄せる難民キャンプなどの保健・医療・衛生問題に取り組むケースが多く見られる。現実的には、国連機関でカバーしきれない難民キャンプなどを任され、全面的な管理運営を求められることが多い。日本でも、ピースウィンズ・ジャパン（PWJ）やジェン（JEN）、医療系のアムダ（AMDA）など、緊急救援に対応して国際的に活躍するNGOが少しずつ増えてきた。2000年にはNGO、経済界、政府が一体となって緊急救援活動を行なうための協力システムであるジャパン・プラット・フォーム（Japan Plat Form: JPF）が設立され、複数のNGOが共働して緊急救援を行なうようにもなってきた。

　海外での活動においては、現地の不十分なインフラ、文化的制約、基本的な貧困、政治的な混乱など、日本国内ではあり得ないような困難な状況に直面せざるを得ないことがある。状況は刻一刻と変わり、厳しい環境からスタッフの健康すら脅かされることもある。スタッフには周到な準備と高度の専門性、語学力、タフなハートと肉体が求められる。スタッフを派遣する組織にも、海外での緊急救援の困難さの十全な把握と準備、冷静なニーズアセスメントと的確な後方支援が必要である。

それに対して、日本国内での緊急救援活動においてNGOに求められている部分は、海外とは全く違っていると言っていいだろう。阪神・淡路大震災以後、政府・地方公共団体の災害対策は急速に整備されている。仮に東京や東海で大震災が起きたとしても、おそらく数日のうちに緊急医療対応や避難所整備は進むだろう。そういった状況下、NGOに求められる働きとして、行政の力の及ばない部分への補完的な役割と共に、現場の声を行政につなげる触媒としての役割が重要となる。特に、災害弱者と言われている「子ども、女性、高齢者、障害を負った方々、在日外国人」などへのサポートは、NGOの日常業務で蓄積された能力が最も発揮され、災害現場のニーズに応えられると期待されている。

1.4. 保健ニーズの変遷

災害後の健康・保健のニーズの時間的変遷を見ると、以下のように3つに分けて考えることができる。

表1 災害後の健康・保健のニーズの変遷

	時期	場所	主たる健康問題	必要とされる支援
急性期	直後〜3日間程度	自宅など	外傷	医療 緊急搬送
亜急性期	〜1ヵ月程度	避難所 難民キャンプ など	慢性疾患の悪化 肺炎などの感染症 ストレスから来る問題 エコノミークラス症候群	看護 保健指導 心のケア
慢性期	それ以後	仮設住宅 再定住地	PTSD 孤独死	介護 生活支援

日本国内での大地震による災害を例にとって考えてみよう。災害直後の2〜3日は、とにかく救命救急の時期。救急医療とトリアージ（重傷度の判定・適切な対応）、搬送が何より大切となる。建物の倒壊などにより、多数の犠牲者・負傷者が発生する。また建物密集地帯での震災では、神戸市長田区のような大規模火災が起きやすい。震災直後数時間は救助隊が到着しないので、その場にいる地域の人たちが助け合って瓦礫に埋もれた人たちの救出活動を進めることになる。地域の総合病院には近隣で怪我をした方々が大挙して押し寄せ、大変な修羅場になるであろう。

救命救急が一段落したところで、東京など都市圏の災害では仕事等で来てい

る人が徒歩で自宅に帰宅することになる。人によってはその距離は数十キロになる。電話は携帯を含め不通となり、家族の安否は帰宅するまでわからないことも多いであろう。

　救急処置が終わる2〜3日目以降1ヵ月間ほどを亜急性期と言う。近隣の学校などが避難所になり、都市部の直下型地震では家屋倒壊が多いため避難者もかなりの数となるであろう。この時期には通常、上下水道、ガスなどのライフラインは途絶しており、避難者は仮設トイレや仮設風呂を利用する不便な生活を強いられる。不便な避難所生活により、もともと患っていた慢性疾患の治療がおろそかになり悪化する人が多くなる。また、プライバシーの全くない体育館などでの長期のざこ寝生活、たびたび襲いくる余震、深い恐怖感と共に脳裏に刻み込まれた本震の記憶などによるストレス、不安感、不眠などが新たな問題点となる。この時期、避難所での医療は通常それほど必要はない。近所の医療機関も再開し始める。避難所で必要となるのは看護と保健指導となる。そして震災から2〜3日後から、近隣より駆けつけるボランティアや行政派遣の看護師に支えられ、避難所での看護は充実していくであろう。

　震災から1ヵ月を過ぎる頃から行政が仮設住宅の建設を始める。半壊から全壊の住宅の人々の多くは仮設住宅へ入居してゆく。その後課題となるのは、仮設での介護と生活支援の問題である。長年暮らした地域から引き離された高齢の避難者のケアがポイントとなってゆく。

　避難所などでボランティアなどが働くにあたっては、このように時間的推移によって「医療→看護→介護」と変わってゆくことを把握し、その都度必要なニーズに対応していくことが重要となってくる。

　以下に、シェアがこれまでに取り組んだ緊急救援について報告する。

2. シェアの海外での取り組み

2.1. エチオピア　　　　　　　　　　　　　　　　　　　　　　　　（仲佐　保）

背景　1983年にシェアが発足して以来、毎月、海外での国際協力の経験者を招いたり、それぞれの興味がある分野に関して月例会を実施し、国際保健医療

表2 シェアの海外での取り組み

	年	活動地	原因	被災民数（推定）	協働団体	対象
2.1. エチオピア	1985	エチオピア	干ばつ	800万人	JVC	飢餓被災民
2.2. ピナトゥボ	1991	フィリピン	火山噴火	210万人	AVN	被災民
2.3. ルワンダ	1994	旧ザイール	内戦	500万人	AVN	難民
2.4. 東ティモール	1999	東ティモール	独立内乱	30万人	PPRP	避難民
2.5. スマトラ沖地震	2005	タイ	津波	20万人以上（全域の死者・行方不明者）	HREIB	移住ミャンマー人
2.6. 東ティモール・ディリ	2006	東ティモール	国内騒乱	20万人	バイロピテ診療所	避難民

AVN＝アジア・ボランティア・ネットワーク
PPRP＝東ティモール市民平和救援プロジェクト
HREIB＝Human Right Education Institute of Burma

協力の諸情報を学んできた。しかしながら、当時、日本の「国境なき医師団（MSF）」を目指していた私たちは、次第に何か物足りないものを感じていた。それは、ただいろいろな話を聞くだけではなく、実際に自分たちで国際協力を実施したいという思いであった。

　1984年10月、いつものように月末の金曜日の夜に月例会に集まってきたシェアのメンバーにエチオピアの状況が伝えられた。アフリカの角と言われる地域で干ばつのため、100万人以上の死亡者が出ており、BBC等でも栄養失調の子どもの映像が流され、世界に向けて緊急援助を求めているとの情報である。かつてはその国土の60%を覆っていた緑が現在は3%しかない。そして、国内の民族間の対立のために北部、東部の状況が非常に悪い。日本国際ボランティアセンター（JVC）としても緊急援助を考えているという。いよいよ、実際の現場へのチャンスが生まれてきたのである。

シェアの活動　同年11月、JVCの星野昌子とシェアの木内敦夫がエチオピアに視察に向かった。その悲惨な状況に対して、プロジェクトのロジスティックスはJVC、診療活動をシェアが担うという分担のもとに、朝日新聞厚生文化事業団の募金を受けて緊急医療救援プロジェクトの実施が決められた。

　年が明けた1985年1月、JVCより江川勝、荻野美智子、シェアより林達雄医

師、石井清美看護師が第1陣としてエチオピアに出発。干ばつ、飢餓の状況が最も悲惨なウォロ州アジバール村を緊急医療救援プロジェクト地と決定し、テントを設営、診療活動を開始した。緊急救援プロジェクト経験のない中、診療施設・医薬品・給食活動の準備を、試行錯誤しながら何とか実施していった。近くにワールドビジョン（World Vision）が給食センターを設営して以来、給食活動をワールドビジョン、医療活動をシェア・JVCという分担のもと、地域の中心的な救援センターとしての機能を果たすこととなる。

　3月以降、患者数はうなぎのぼりに増加していった。主要な疾患は、赤痢、肺炎、下痢性疾患、マラリア、はしかなどであり、その死亡者は、5月～6月には1ヵ月で100人を超えた。7月からは、神奈川県から派遣された吉野浄医師、太田律子看護師、鈴木妙子看護師も診療活動に参加した。幸いこの年は雨が降り、諸作物の耕作が行なわれて、10月以降は重症者も減少した。

　翌1986年1月までに約1年間にわたり実施された緊急医療救援プロジェクトは終了し、地域の医療を担ったアジバール病院は閉鎖された。本プロジェクトでの診療患者数は、外来患者5万人、入院患者5000人。そして死者は504名を数えた。

分析と反省　これまで、日本の臨床の場で「人が死んではいけない」との考えで働いてきた私たちにとって、このエチオピアでの経験は鮮烈なものであった。人は飢えで死にそうになり、簡単に死んでいく。医療者としては何もできないのである。点滴をしようが何をしようが死んでしまう。生き残る人は、「自分で食べることができて、水を飲める」人だけであった。私たちにできることは傍らに座り、死んでいくのを見守るだけであった。緑が全くない飢餓被災民キャンプできれいな星空を見上げながら、医者としての無力さ、個人としてできることの限界を感じることとなる。医療の前に水・食べ物である。その当たり前のことに愕然としたわけである。地域の村を訪問した時に、両親に取り残された7歳以下の3人の子どもたちに会い、彼らに何もしてやれない自分が情けなくなったこともけっして忘れられない。確かにこの緊急援助で数千人の人々のいのちを救えたのかもしれない。しかしながら、繰り返される干ばつの中、彼らはずっと生きていくことはできない。自分たちのしてきたことは何なので

あろうという思いは消えない。

　緊急援助は一時的な絆創膏にしか過ぎない。私たちは根本的な原因である貧困・食糧不足といった問題を解決する必要がある。この後、シェアは緊急援助から開発援助、地域に根ざした息の長い国際協力の道を選ぶこととなる。

2.2. ピナトゥボ　　　　　　　　　　　　　　　　　　　　　　　　（沢田貴志）

背景　1991年6月9日、フィリピン・ルソン島中部のピナトゥボ火山が大爆発を起こした。今世紀最大規模の噴火であり、噴出した火山灰の量は雲仙普賢岳の400倍に達すると言われた。火山の山頂は噴火の衝撃で吹き飛んでしまい、半径2kmのクレーターが出現し、周囲に厚く降り積もった火山灰は家々を押しつぶした。

　折しも雨季であり、雨を吸った火山灰は泥流となって橋や道路を押し流し、周辺の5州の幹線道路をあちこちで寸断してしまった。これにより100万人以上が被災し、数十万人が長期の避難所生活を余儀なくされたのである。

　当時フィリピンで活動を行なっていた国境なき医師団のベルギー・オランダチームがすぐに現場で救援活動を開始した。これを支援していたアジア人権基金を介し、シェアの会員の医師数人が国境なき医師団に協力する形で現地の救援に参加する機会を得た。

シェアの活動　ピナトゥボ火山の被災地の特徴は、噴火による直接の被災で死亡した人の数が数百人と少なかったのに対して、その後の避難生活の中で数千人の死者を出してしまったことである。死者の多くは5歳未満の子どもたちであり、麻疹・肺炎・下痢症などの感染症によって次々と命を落としていった。もうひとつ特徴的だったのは、人口比では2割にすぎない少数民族アエタの人々が死者の9割を超えていた。つまり、被害が社会的に弱い少数民族の子どもたちに集中していたのである。

　カンボジア難民やエチオピアの飢餓の救援に参加したことのないシェアの若手の医療従事者にとって、短期間ながら緊急救援の活動に参加させてもらえたことはさまざまな現実を知らされる機会でもあった。子どもたちが健康を害して命を落としてしまう背景には、単なる医療の不足ではなく、栄養不良・貧

困・衛生環境の悪さ・教育の不足といったさまざまな要因が隠されており、それを克服しなければ問題の解決にならないということを思い知らされた。

　補助給食による栄養状態の改善、避難所から耕作地のある再定住地への移動、保健ボランティアの育成による予防衛生知識の普及など、プライマリ・ヘルス・ケア戦略に基づくさまざまな手法で問題解決が図られ、半年ほどの間に死亡率も急速に減っていった。

分析と反省　私たちは現場経験で緊急医療時の活動の組み立てを学ぶことができたが、一方で活動を迅速に組み立てるためのロジスティックの能力の不足を課題として感じさせられた。当時のシェアには十分な体制を作る余力がなく、ピナトゥボ火山の救援への日本人医療従事者の参加は、アジア人権基金がAVN（アジア・ボランティア・ネットワーク）という組織を立ち上げることで継続されていくこととなった。

2.3. ルワンダ　　　　　　　　　　　　　　　　　　　　　　　　（本田　徹）

背景　ルワンダでは、ベルギーによる植民地支配時代に導入された出身部族を示す身分証が、もともとあったツチ族とフツ族の対立を固定化し、少数派のツチ族を優遇する差別的統治によって、1962年の独立後も両者の反目を煽る結果を生んだ。1994年4月6日、タンザニアで行なわれたフツ・ツチ両派の和平交渉の後、キガリ空港に着陸寸前だったフツ族出身のルワンダ大統領搭乗機が撃墜されたことがきっかけとなり、この後6月中旬に至るまでの短期間に、フツ族の過激派によって80万人から100万人にのぼる、ツチ族に対する大量虐殺（ジェノサイド）が起きた。これと時期を同じくして、隣国ウガンダから攻め込んだツチ族のルワンダ愛国戦線により、この国は一気に内戦状態に突入する。ザイール（現コンゴ民主共和国）を中心に難民200万人以上、国内避難民150万という、「国中の人々が殺されるか国外に出た」と形容される事態となった。

シェアの活動　同年6月以降、主としてザイール側の国境の町ゴマ、ブカブなどに逃れたフツ族難民に対する緊急援助活動が本格化し、国連機関、欧米系のNGO数十団体が競合する形で、難民キャンプでのシェルター建設、給水、食糧

配布、医療などの活動が開始された。難民到着のピークにあたる7月には、餓死者、コレラや赤痢などの感染症による死者が、ゴマ地域で1日2000人に達した。

　欧米の団体に遅れて、過去ピナトゥボ火山噴火の被災者やクルド難民に対して救援活動を行なってきたアジア・ボランティア・ネットワーク(AVN)が中心となって、ルワンダ難民救援キャンペーン（RCC）が結成され、8月中旬にAVN代表の藤塚真理子医師らを派遣、診療活動を開始した。これに呼応する形で、シェアも団体としてRCCの参加メンバーとなり、9月初旬から11月にかけて、当時シェアカンボジアの代表だった石松義弘医師、東京本部から代表本田徹医師、シェアタイ代表工藤芙美子看護師、森千代子看護師、衛藤泉医師らが順次派遣された。

　しかし、初動に遅れを取ったこと、また活動の規模も小さく人口の多いキャンプを担当する兵站や人員能力を欠いていたことが、UNHCRとの正式契約のもとに活動を開始することを困難にした。RCCが担当したのは結局、パンジという軍人とその家族の住む人口4000人程度の小規模キャンプで、UNHCRの業務権限からも外れるため、食糧など生活必需品以外の援助が入っていない地域だった。ここを中心にシェアのスタッフは、キャンプ診療所での固定診療、小児の栄養・発達調査、日本から持参した麻疹ワクチンを用いた予防接種キャンペーン、近隣の村に三々五々避難した人々への移動診療などを展開した。状況が落ち着いてきたこともあり、11月中にシェアとしては撤退、RCC全体の活動も1995年1月をもって終了となった。

分析と反省　RCCに参加する時点で、緊急救援の運営・管理について統一した方針を団体間で共有しえなかったこと、長期現場に滞在してプロジェクトを見守る責任者を欠いたこと、「援助オリンピック」と評される過酷な環境の中での業務を強いられたことなどが、このプロジェクトの達成を低いものとし、シェアの内部で深刻な議論と反省を生んだ。

2.4. 東ティモール　　　　　　　　　　　　　　　　　　　　（本田　徹）

背景　16世紀以来ポルトガルの植民地となってきた東ティモールは、1974年の宗主国ポルトガルにおける民主化運動と植民地放棄への政策転換を受け、翌

1975年に独立の機会を得た。しかし、同年、アメリカ政府の了解のもとインドネシアの軍事侵略が開始され、占領下に置かれる。その後四半世紀近い軍政に対して抵抗運動が続けられ、当時人口70万足らずの国で、のべ20万人に及ぶという住民犠牲者を生んだ。

1999年8月、国連の監視下で住民投票が行なわれ、圧倒的多数の人たちがインドネシアからの分離・独立を選択した。この投票前後から、インドネシア軍と民兵による独立派住民への殺傷行為や焦土作戦が展開され、国全体が内乱状態に陥った。強制的に連行された人々を含め、25万人がインドネシア領である西ティモール側に難民として逃れた。9月末にオーストラリア軍を中心とする多国籍軍が介入してようやく治安が回復、国際的な援助活動も本格化した。

シェアの活動　1995年の阪神・淡路大震災での活動以降、トルコ、台湾での地震、コソボ危機などの緊急事態が世界中で相次ぎ、緊急活動へのシェアの関与をめぐって論議が高まっていた。そんな折、東ティモールでの悲劇が起き、シェアの支援者の中からも緊急援助を開始すべきという意見が強く出された。東ティモール協会やアジア太平洋資料センター（PARC）の関係者を中心に、東ティモール市民平和救援プロジェクト（PPRP）が結成されたのを機会に、10月に派遣されるチームの一員としてシェアも参加することとなった。

川口みどり助産師と本田徹医師が2週間にわたって調査・援助活動を行なった。具体的には、ディリ市内で最も大きな診療活動を担っていたバイロピテ診療所のダン医師らへの医薬品・機材支援、助産師へのトレーニング、各地への調査活動、ダレの在俗信徒シスター・ルデスの福祉・教育施設に対する支援などであった。

分析と反省　川口助産師は帰国後の報告で、次のように的確な観察と指摘を行なっている。「病人がいるのに医療スタッフも薬もない。アクセスできる医療機関もない。けれども一方で元々ここにあったプライマリ・ヘルス・ケアの問題も見えてきた。貧血の妊婦、栄養失調の子ども、皮膚病の問題など。それらはけっしてここ2ヵ月の間に起こった問題ではないはずだ。今から長い目で見ていく必要のある問題が混在しており、いろんな形での支援が考えられる」

[『ボン・パルタージュ』91号]。

　シェアは、東ティモールに関しては、緊急的な関わりだけで終わらせるつもりは当初からなかった。この国では、1980年代から90年代のカンボジアでそうであったように、救援活動の先にある、復興から自立に向けた住民の努力に寄り添って、プライマリ・ヘルス・ケアや保健教育につながる活動の展望が必要と考えていた。その意味で、東ティモールでのシェアの活動は、緊急援助を入り口として、今もさまざまな苦労と試練をなめつつも、一貫した歩みを続けて来たと考えている。

2.5. スマトラ沖地震　　　　　　　　　　　　　　　　　（仁科晴弘）

背景　スマトラ沖地震による津波が発生したのは2004年12月26日。シェアが長年活動を続けるタイ国の南部、インド洋に面する沿岸地域も甚大な被害を受けた。シェアは元シェアタイ代表の工藤芙美子看護師とタイ人スタッフのシリワン・アサスリを被災地に派遣。保健衛生の状況と被災者への支援の可能性を調査した。タイ政府の対応は迅速で、リゾート地を優先的にタイの住民への支援は進められていたが、ゴムのプランテーションや建設現場、漁業に従事していた多くのミャンマー人労働者とその家族の被害状況も深刻であり、それらの被災者に充分な支援が届いていないことが明らかになった。

シェアの取り組み　シェアはスタッフを現地に長期派遣することが困難なため、現地で活動するNGOを支援することとなった。すなわち、津波をきっかけに結成されたネットワーク、TAG（Tsunami Action Group）の加盟NGOであるHREIB（Human Right Education Institute of Burma）の活動を2005年5月～07年4月の2年間支援し、モニタリングを行なった。その活動内容は、タイ南部パンガー県における在タイミャンマー人移民（4068人）への保健教育活動を中心とした。活動初期には被災者支援の側面が強かったが、徐々に、津波によって明らかになった津波以前から続く彼らの過酷な保健衛生状況への支援へと、活動の中心は移行していった。具体的な内容をあげる。
　1) 医療相談・巡回診療……医療へのアクセスが困難な労働者の保健医療相談にのると共に、深刻なケースは公立病院など医療機関へ移送した。

ゴム園で働くミャンマー人へマラリアの予防接種を実施

2) 保健教育……HREIBによって育成された保健教育ボランティアチームが主体の家庭訪問や地域会合を通して、津波によるトラウマから生じた精神衛生保健問題の共有と支援、マラリア予防教育と蚊帳の提供、HIV・エイズの意識向上と予防方法、家族計画などの情報伝達・支援を行なった。
3) 保健教育トレーニング……対象者から活動におけるピア・エデュケーターとなるボランティアを育成。技術向上のためHIV・エイズを含む性感染症、リプロダクティブヘルス、女性の権利、子どもの栄養改善などのトレーニングを開催した。
4) モニタリング……シェアタイ代表の代田香苗、東京事務局タイ事業担当の西山美希が現地を訪問し、HREIBと共に参加型モニタリングを行なった。

分析と反省　シェアが通常活動しているタイでの緊急救援活動とはいえ、シェアタイ事務所のある東北タイから遠く離れたタイ南部地域においては、シェアは継続的な活動を行なえず、第三者機関の活動支援という間接的なかかわりと

なった。そういった資金提供というこれまでになかった「新しい活動」に踏み込んだシェアとしては、カウンターパートとの契約のあり方や資金執行のモニタリング方法など、団体自ら学ぶべき点が見出される機会となった。今後同様の災害発生時に備え、支援ガイドラインやモニタリング法などのマニュアル作成が必要と考えられた。

2.6. 東ティモール・ディリ　　　　　　　　　　　　　　　　　　（本田　徹）

背景　2006年3月に国防軍全体の3分の1にあたる約600名の兵士が解雇されたことを発端に国防軍と除隊兵士の対立が激化、同年5月に入ると国家警察や若者集団を巻き込んで、首都ディリ市内では銃撃戦にまで発展した。国防軍内部の出身地域による待遇差別問題が直接の原因とされ、その他にもインドネシアからの独立闘争時代以降の旧独立派と併合派による対立や土地問題、独立後に政治的な権力を手に入れた与党や首相に対する不満、高い失業率等の政治社会的問題も存在し、これらの問題が複合的に絡み、この騒乱を助長したと言われている。この結果、全国で20万人、ディリ市内および近郊に限っても約8万人の国内避難民が66ヵ所もの国内避難民キャンプで生活することを余儀なくされた。

シェアの活動　山岳地帯のエルメラ県で「保健教育者養成プロジェクト」を実施していたシェアは、①避難所における感染症などの疾病の蔓延を予防すること、②避難所における重症患者を早期に発見し後方医療機関へ搬送すること、③避難民が元のコミュニティに帰還後も自らの健康を守っていけるようになること、の3点を目的とし、活動を展開した。

　2006年8月から同年12月の間、本田徹医師と川口みどり助産師を短期派遣、また当時エルメラ県の駐在スタッフであった成田清恵看護師とコーディネーターの池田敬を長期派遣し、避難民の健康状態を改善するため、カウンターパートであるバイロピテ診療所と共に、キャンプ内で罹患している患者への診療活動を実施した。また、避難民自らが予防可能な疾患に関する知識を得て、避難所内での病気の蔓延を防ぐことができるよう、バイロピテ診療所や国連機関、他のNGOと共に保健教育活動を実施した。

避難民キャンプにおけるパネル・シアターを用いた保健教育

　同年8月から11月までに実施した巡回診療での合計患者数は1227人であった。また、避難所での保健教育は合計42回実施し、のべ753人の避難民が保健教育に参加した。

分析と反省　他団体とのコーディネーションを重視し、国の政策に沿った形で活動を実施することを心がけた。シェアが東ティモールで開発してきた保健教育教材・手法および人材を生かし、避難民の罹患率低下のために有効なアプローチができたと考える。緊急・準緊急状況においても、予防、プライマリ・ヘルス・ケア、保健教育へのニーズは存在しており、救援活動の一環として早期から取り組むべきである。

　この緊急事態では長期化に備えることが必要だと初期から判断したので、完了後の継続性も重視した。それにより、シェア撤退後もカウンターパートが保健教育活動を継続でき、活動の持続性につながった。また、カウンターパートとのパートナーシップ以外にも、住民への保健教育活動自体が避難民の自立を促す手段となったと考える。このように、事業終了の方向性を念頭に置いて活

首都ディリ郊外のメティナロ避難民キャンプ

動を計画し実施することは大切な要素と考えるが、それが国内避難民および地域住民の自立発展性へつながるかどうかは、今後の検証が必要である。

実施に際して直面した困難は、保健教育の実施者である人材は存在するが、治安状況への不安や東西対立問題により、活動してほしい時間と場所で活動できないという状況が生じたことである。このことから、たとえ緊急支援であっても、計画の段階から可能な限りカウンターパートを巻き込むことが必要であると考えた。

3. シェアの国内での救援活動

3.1. 阪神・淡路大震災　　　　　　　　　　　　　　　　　　　（仁科晴弘）

背景　累計で6400人余りの尊い命が失われた阪神・淡路大震災は、1995年1月17日早朝に発生したマグニチュード7.2、震度7の直下型地震であった。シェアは日本国内での緊急救援活動の経験がなく、当初はどのような関わりがで

表3 シェアの国内での取り組み

	年	活動地	協働団体	対象
3.1. 阪神・淡路大震災	1995	兵庫県西宮市・神戸市	行政・KNI	救護所避難者
3.2. 新潟県中越地震	2004	新潟県長岡市	行政・コスモス	救護所避難者

KNI＝関西NGO医療ボランティアチーム
コスモス＝特定非営利活動法人・訪問看護ステーションコスモス

きるのかもわからず情報収集に追われた。

シェアの活動　1月18日に大阪市立総合医療センター救命救急センターの鵜飼卓先生の助言をいただいた。その結果、避難所で過ごす避難者の一般的な疾病を対象に、プライマリ・ヘルス・ケアに根ざした医療救援を行なうニーズがあることが判明。シェアの沢田貴志医師、渡辺真美看護師、釘村千夜子助産師の3名を派遣することとなった。

　同日、東京オフィスで緊急ミーティングを開催、効率的・効果的な働きを行なうため、既に現地で機能している組織に協力する方針とした。以前から親交のあるNGO、日本キリスト教海外医療協力会（JOCS）が中心になって1月18日より活動を開始していた関西NGO医療ボランティアチーム（KNI）に参加することとなった。

　1月20日、沢田らは空路大阪に入り、当時近畿で機能していた鉄道で最西端の西宮まで移動。市内最大の避難所である西宮中央体育館に到着し、KNIに合流した。それは震災から3日目であり、阪神地域全体で30万人以上、西宮中央体育館だけで1500人余りもの人々が、暖房もない真冬の避難所生活を強いられていた。沢田らはKNIのコーディネーター國井修医師と相談し、体育館の近傍にある平木小学校の救護所を担当し、避難者への診療・保健衛生対策を開始した。

　その後、西宮地区には全国からボランティアが続々集結してきた。同時にアクセスの悪い灘地区がもっとひどい状況であるとの情報が届き、國井医師との協議の結果、沢田と渡辺は1月22日灘区に移動した。釘村は平木地区の活動を継続した。

　大渋滞のために車での移動がほぼ麻痺していた道路を、バイクボランティア

の背中にしがみついて沢田らは灘区に向かった。沢田はまず灘区保健所を訪問し対策を協議。その後区内の視察を行ない、区内で最も多くの避難者が身を寄せる六甲小学校を担当することとした。当時の六甲小学校の生活環境はきわめて悪く、電気・ガス・水道などのライフラインはほぼすべて不通だった。比較的小規模の小学校でありながら、玄関ホールや廊下にまでほとんど隙間なく最大時2800人もの住民が避難生活を送っていた。周囲が木造家屋の多い旧市街であったためか、避難者には高齢者の割合が高く、慢性の病気を持っていたり身体の障害を持っている方も少なくなかった。

極端な過密状態の中、インフルエンザが猛威を振るっており、保健室に救護所を開設した翌日の1月21日には200人を超える患者さんが来室された。更に、慢性疾患を持つ方々は継続薬の内服中断を強いられ、てんかん・不整脈・糖尿病・高血圧などを治療中の人の中には、けいれん・失神などの生命に危険を及ぼす状態が起きる人が出てきていた。また、悪環境のために容態を悪化させる高齢者が次々と発見された。すなわち、冷え切った過密な環境、インフルエンザの流行、菓子パン・缶詰ばかりと栄養の偏った食事、周囲にトイレ歩行を気兼ねして水分摂取を自制するなどの悪循環が重なって、毎日のように肺炎や腎盂炎(じんうえん)の高齢者が発見され、病院へ搬送された。

六甲小チームはこういった状況を目の前にし、連日深夜に及ぶミーティングを行ない、対応を協議した。衰弱や歩行能力低下のために保健室を訪れることも叶わない高齢者も避難者の中にいる。その中から重症者が発生してきているのではないか。

ミーティングの結果、1月26日より訪問専門のチームを編成。保健室で来室者をただ待つだけでなく、私たちの方から避難されている1人1人のもとに伺い、生活環境・保健衛生状況を聞くことにした。その結果、早期に疾病罹患者を発見し、必要に応じて医療機関を紹介することができた。更に肺炎予備軍とも言える体力の消耗してきている高齢者に出会った場合、予防的措置として老人保健施設などへの緊急入所を勧めた。しかし慣れ親しんだ神戸を離れることに対する心理的な抵抗は大きく、多くの方は避難所を離れることを躊躇された。私たちは地域の民生委員・医療ソーシャルワーカー(MSW)の方々の協力を得て、避難されている1人1人の社会的・心理的状況を汲み取ったマネージメント

を進めるように心がけた。

　こういった問題点は六甲小学校にとどまらず、灘区全体の避難所に共通して見られる問題と考えられた。保健所と協議し、地域全体の問題点について情報交換し、協力し合って問題解決を進めてゆくことを目指して、避難所間の連絡会議を開くこととなった。私たちは灘区のほかの避難所にも足を運んで協力を要請し、「灘区救護所連絡会」を発足させ定例化させた。その中で、重要な情報の共有・大きな保健医療上の問題点の分析と協力体制の構築が進められた。

　2月3日に水道が復旧。近隣の医療機関も徐々に活動を再開し始めていった。保健室を訪れる人も徐々に減少傾向を示し、私たちは六甲小学校からの撤退を視野に入れた活動とするべく話し合いを進めていった。

　保健所・医師会との協議の結果、六甲小学校周辺の開業医など医療機関を私たちが1軒1軒訪問することとなった。六甲小学校の現状と私たちの撤退予定を伝え、救護班医療から地域医療へのスムーズな引き継ぎを目指した。救護所においては、2月中旬より徐々に診療時間を短縮し、28日に医療チームは撤退、看護師と医療ソーシャルワーカーが残り、「保健相談チーム」として住民からの相談に対応し、必要に応じて地域の医療・福祉資源につなげる活動とした。そして3月17日には保健相談チームも撤退した。

　その後の震災復興協力活動として、1995年3月〜96年3月、東灘区に市岡美奈保健師を派遣して、仮設住宅支援活動を行なった。

分析と反省　阪神での働きを振り返って、反省すべき点が多く指摘された。それは国内での災害に対する緊急救援活動の対応指針がシェア内になく、初動に遅れたことや、活動の質を左右するコーディネーターの不足、後方支援体制の準備不足、救護所での保健医療活動の基本的な注意点の不備などであり、今後の課題とされた。

3.2. 新潟県中越地震　　　　　　　　　　　　　　　　　　（冨田 茂）

背景：2004年10月23日、新潟県中越地方を震源地として発生した地震は最大震度7を記録し、高齢者や子どもを中心に死者68名、重軽傷者4805名、住宅被害約1万6000棟にのぼる大きな災害となった。最大時約10万3000人（10月

26日）の避難者が発生し、突然ライフラインの停止した状況へ投げ出され、保健医療へのアクセスも困難となった。車中での宿泊による深部静脈血栓症（エコノミークラス症候群）や精神的・身体的ストレスの高まりから心筋梗塞・脳梗塞などで命を落とす方も見られ、風邪や脱水、高血圧・糖尿病など持病の悪化など深刻な健康被害も生じていた。この事態に多くの医療機関、行政、NGO、個人ボランティアらが被災地の支援に乗り出した。

シェアの活動　阪神・淡路大震災での活動経験から急性期を過ぎた後の避難者の健康状態悪化が懸念されていた。10月30日、山口誠史事務局長、中久木康歯科医師、武笠亜企子保健師、仲佐保医師が東京から医薬品をはじめとした資材と共に自動車で長岡市へ向かい、先発していた冨田茂医師と合流した。日本赤十字社災害対策本部と長岡市健康センターにおいてミーティングと情報収集を行なった後、被災者の多い長岡市と小千谷市の避難所を視察し活動地を検討した。最終的には、当時700〜800人が避難し長岡市内で最大級の避難所であった山通地区の山通コミュニティセンター内に11月1日、「健康相談室」を設置して、スタッフが交代で24時間常駐することとした。

　予想通り避難所内での健康維持は緊急の課題だった。寒さと慣れない集団生活や将来への不安から不眠を訴える方々も多く、心身の緊張状態と相まって多くの方が高血圧となっており、脳・心血管系への負担の増大も懸念された。集団生活での風邪の流行に加えて、身近にトイレがないため水を飲むのを我慢することから来る脱水も状況を悪化させていた。医薬品の供給や治療など、医療を目的とした支援の限界を感じると共に、予防・早期発見・早期治療といった保健支援の決定的な不足が明らかであった。このため保健師・看護師・栄養士を中心として健康教育と衛生管理を行ない、うがいや手洗いの徹底、土足禁止や清掃と換気、水分摂取、運動、日光浴、栄養補給などの呼びかけを連日行なった。

　また、各地からの医療チームが多数巡回していたのだが、コーディネーター不在の状況下で混乱が見られた。ある高血圧患者さんの例では、最初の医師に「血圧が高いから、薬を2錠に」、次の医師には「大丈夫、飲まないでいい」、最後の医師には「1錠飲みなさい」といった具合である。このため各団体との調

整役が必要と判断し、健康相談室が効果的な役割を果たすことになった。各地からの医療チーム、保健師、長岡市の行政、医療機関、地域を含めた合同ミーティングが行なわれ、症例検討や行政的アプローチに及ぶ部分まで連日、ここで話し合われた。常駐することの利点は、調整役としての働き以外にも、避難者の安心感、自身も被災者である支援者へのサポートといった心の面への効果もあった。

　体調を崩した方など、のべ475名に個別対応を行なった。血圧、風邪、外傷に加えて不安や不眠といった相談も目立ち、心のケア専門医療チームと連携した対応も行なった。11月30日の引き上げの間までに、不幸にも1名の高齢者が脳内出血の犠牲となった。これは災害発生後3週を経過し、街の復興とは裏腹に避難者、支援者共に疲労困憊していた時期のことであった。引き上げからほどなく、12月7日に山通コミュニティセンターの避難者は0名となり、避難所は閉鎖となった。

分析と反省　緊急災害支援に専従するスタッフを持たないシェアは、初動時から急性期医療支援ではなく、災害発生後1週から1ヵ月程度の亜急性期における保健活動にターゲットを絞っていた。東京事務所では活動地と方針の設定後は各地からのボランティア希望者の調整を行ない、協力関係にあるNPO法人訪問看護ステーションコスモスの援助を得たこともあり、苦しいながらも人員確保が可能となった。シェアはボランティアスタッフが実力を発揮できる「場」の提供という役割を果たしていたとも言える。反面、活動はその時々のボランティアの個人的能力にほぼ依存しており、団体として一貫したトレーニングを積んでいない弱さも否定できなかった。

4. 今後の課題　　　　　　　　　　　　　　　　　　　　（仁科晴弘）

　シェアは、これまで述べてきたようにいくつかの団体と協働してエチオピア、フィリピン、ルワンダ、東ティモールおよび日本国内で緊急救援活動を行なってきたが、各項で触れられているように、時にシェアの団体としての力不足を

露呈することもあった。特に、海外の現場に長期にわたって派遣できる専門家の不在や、緊急救援への基本戦略を持たないシェアの実力が問題となることが多かった。

4.1. 他団体へ人を派遣する時の問題点

　海外での緊急救援活動を行なう場合、通常から相当の準備・訓練・他団体とのネットワークなどを積み上げておく必要がある。シェアは海外および国内での緊急救援活動のほとんどを、他団体との協働作業の中で行なった。時には主体的な活動をする団体に協力する形で専門家を数人派遣することもあったし、ほぼ対等な関係で他団体と協力し活動をする場合もあった。その中で、単独で活動する場合には見られないさまざまな問題点・反省点が明らかとなり、学んだことが多くあった。

　時に協働団体と運営・管理について統一した方針を共有できず、齟齬（そご）を生んだことがあった。そこには、シェアが団体として海外での緊急救援活動に対する明確な原則・方針を持っていないことが影を落としていた。さまざまに変化する現地の情勢に対して、東京本部が的確な方針表明をできず、現地スタッフの個人的能力にかなりの部分を頼ってプロジェクトが進む時期も見られた。また現地派遣スタッフと東京本部との意思の疎通が充分に構築されないことが問題となったこともあった。

　今後、海外での緊急救援活動を行なうとしたら、やはり他団体と協働する可能性が高い。平時からその準備を進めておくことが望まれる。

4.2. シェアの果たせる役割と今後への展望・課題

　シェアが活動を展開している地域において発生する災害に対しては、今後も緊急救援活動を行なうつもりで準備を進めるべきであろう。すなわち日本国内、タイ、カンボジア、東ティモール、南アフリカなどの地域である。日常の活動により、地域の基本的ニーズ把握や緊急時に特に重要とされる地域政府や住民組織などとの連携が可能と考えられるからである。それ以外の地域における緊急救援活動は、原則としてシェアの力量を超えた働きと、現状では言わざるを得ないのではないだろうか。

シェアの通常の働きは、プライマリ・ヘルス・ケアの概念に基づく地域開発を中心課題としていることもあり、緊急救援に関する日常の蓄積が不充分な現実がある。だからこそ、そうした地域開発を視野に入れた緊急救援のあり方を具体的な現場を想定しながら模索していくことができる。そのために緊急救援について考えてゆく専門チームを作り、日常的に緊急救援に備えた対象地域の情報収集、他のNGOや関連団体との協力関係・ネットワーキングの形成などを地道に進めてゆく必要がある。

　それとともに、緊急救援を実施するための組織体制の整備が必要になる。

　第1に、災害や紛争が発生した時にシェアとして緊急救援を実施するかどうかの判断基準と意思決定のプロセスである。

　第2に、緊急時に現地で活動できる人材の確保である。医療職および調整員として現場で活躍可能で専門性がある人材を登録しておき、いざ実施となった時には連絡を取れる体制が必要である。その意味では、在日ボランティアチームなど、シェアの周辺に常にそういった人材がいることが重要である。

　第3に、緊急救援を実施するために必要な資金の問題がある。緊急救援を実施することになってから募金を開始したり助成金を申請していては遅い。初動資金としてある程度まとまった資金のプールが必要である。2003年から始めた「シェア国際保健基金」は、緊急救援時の初動資金を、その使い道の1つとして位置づけている。今後も、基金を増やしていき、災害時に迅速に活動を開始できるようにしたい。

　シェアが対応できる緊急救援はシェアのキャパシティを考えると限られてくるが、いざ実施となった時には迅速かつ適切に実施できるよう、覚悟と準備が必要である。

4.3. 緊急派遣とプライマリ・ヘルス・ケア

　急性期の悲惨な状況が終わったとしても支援活動は終わりではなく、そこからの復興・開発、更に途上国においては国づくりの支援へと、課題は変わっていく。また、緊急救援活動を行なっているさなかにも、常に緊急以後の日常生活への移行を視野に入れて活動を構築してゆく必要がある。

　かつて、海外の緊急救援の場において見られたことであるが、難民キャンプ

などへ過剰な救援物資が集まり、周囲の被災しなかった地域との逆格差が生じて、被災以後の日常生活の再構築に障害を与えた事例もあった。また緊急救援活動により、被災以前に地域に根付いていた人々のネットワークや互助システムにマイナスの影響を与えて、支援団体は自分たちの都合だけで立ち去っていったという報告もある。

　緊急救援によって始まった関わりをいつまで続けるべきか。現地の状況に合わせ、現地の人々と話し合いながら決定してゆくことが重要である。

　緊急救援の働きにおいては、常にその地域の人達が主役になり、人々自身が立ち上がろうとする活動を、シェアのような部外者は側面支援する関係が望ましい。そして、活動は現地の人々自身が担い継続されるものとなるべきであろう。それはすなわちシェアが活動理念としているプライマリ・ヘルス・ケアの理念に基づく地域開発の考え方と同じである。

【参考・引用文献】
シェア＝国際保健協力市民の会．1996．『阪神大震災　医療ボランティア活動報告』
―――．2005．『新潟県中越地震　保健支援活動報告書』
JVC／SHARE記録編集委員会編．1988．『JVCアジバール病院　エチオピア緊急医療救援報告』連合出版．

第11章
外国人のための保健医療活動
在日外国人と日本の社会

沢田貴志

1. グローバル化する日本

　2007年3月、医療通訳の研修の講師として私は長野県の塩尻市に向かった。塩尻市は中央アルプスと八ヶ岳に程近く、ブドウなどの果実の栽培とそれを生かした食品加工が盛んな地域である。私の母の生家は塩尻市の隣町にあり、子どもの頃から見知った塩尻の風景は私にとって日本のふるさとの姿そのものであった。

　しかし、塩尻駅に降り立った私が目にしたのは、子どもの頃と比べて大きく様相を変えた町の様子であった。市内には高原の澄んだ空気を利用した精密機械工場が多数建設されていた。こうした工場では多数の外国人が雇用されており、人口6万8000人の小さな町に1850人の外国籍住民が居住しているという。私は、塩尻市で研修が開かれるのは長野県の中央に位置する地の利の良さからだと思っていたのだが、塩尻市自身が多くの外国籍市民を住民登録しているという事実に驚かされた。

　こうした現象は、何も塩尻市に限ったことではなく南部の伊那、東部の佐久地方そして北部の長野市周辺と県内いたるところで外国人労働者が働いている。これはもはや日本人だけでは産業を維持できない地方都市が外国人の労働力に頼って経済を維持していることを物語っている。東京の野菜の供給源と

表1　都道府県別有効求人倍率
（2007年6月）

愛知	2.05
群馬	1.88
栃木	1.60
福井	1.44
岡山	1.43
岐阜	1.39
三重	1.39
東京	1.39

して有名な八ヶ岳山ろくの高原野菜の収穫にも多数の外国人研修生が働いているという。

　1990年代に東京をはじめとした都心部で急速に進んだ国際化は大きく注目を浴び、人々の目に見える国際化であった。しかし、現在地方都市で起きている国際化は、報道されずに粛々と進んでいく静かな国際化の波である。私は、日本の典型的な「ふるさと」長野県がグローバリゼーションの波の中で大きく変貌していることを目の当たりにしたのである。

　そして、そうした変化は日本中のあらゆるところで始まっている。現在、日本で景気が良いとされるのは愛知県を中心とした東海地方と関東地方である。厚生労働省の統計によると、2007年6月の都道府県別有効求人倍率で東京と同等か上位を占めている7県は、2県を除いて、いずれも関東・東海地方の県である。

　これらの地域はいずれも外国人が多数働いている地域である。外国人雇用数では東京、愛知、静岡、神奈川、長野が上位5位までを占める。また、群馬・栃木・三重・福井・岐阜といった地域は急速に外国人人口が増えており、いずれの県も私たちに外国人から相談がしばしば来る地域である。

　こうした背景には、日本経済の牽引車である自動車産業も、長野などの地方の経済に貢献している精密機械産業も、外国人の労働力がなければ海外の企業との価格競争に勝ち残れなくなっている現実がある。こうして気がつくと、日本の社会全体が外国人に頼ってその経済を維持している。しかし、貴重な労働力として重宝されている外国人たちははたして日本の社会でどのように支えられているのだろうか。外国人労働者も人間であり、病気もすれば家族もある。子どもたちの教育や病気の治療を受けるためには社会のサポートが不可欠である。

　現在日本に約30万人いる日系ラテンアメリカ人たちは、1990年代から産業界の求めに応じる形でその人口が増え、現在自動車産業をはじめとする製造業を支える重要な働き手となっている。しかし、彼らの多くは言葉がうまく通じないために医療にかかることに不自由を感じている。また、日本の学校に転校し

た子どもたちの中に登校拒否になってしまっている子どもの割合が多いという。

更に深刻なのは、1990年代日本の産業の空洞化を防いできた開発途上国からの外国人労働者たちである。大企業の下請け・孫請けの工務店や工場が雇用をしていたにもかかわらず、景気の後退と共に、犯罪の温床であるという汚名を着せられ、続々と強制送還されている。その数は最盛期の半数以下に減少しているが、現在も残留しているのは、日本での人間関係が深まり周囲の人から残留を求められている人々と、母国の生活が厳しく帰るに帰れない人々とに二極分化している。こうした人々は健康保険に加入できないため重症になるまで医療機関にかかれずにいることも多く、もっと深刻である。

「入管法（出入国管理および難民認定法）に違反して滞在しているのだから直ちに帰国してもらえばよい」という意見は一見正論のようだが、現実はそんなに単純ではない。母国の幼い子どもたちや病気の家族を支えるために、親戚の期待を一身に背負って決死の覚悟でやってきた外国人労働者たちにとっては、多くの場合、帰国するということは家族を見捨てることになるのである。早期の肺がんの疑いと診断された30代のあるフィリピン人は私に言った。「ドクター、私には高額な検査をこれ以上受け続ける余裕はないのです。お願いです。あと何年生きられるかだけ教えてください。3年生きられるなら私はこのまま働き続け家族を支え、そして死ぬことを選びます」

「命には国境がない」「すべての人には健康になる権利がある」。そんな私たちの理念は、開発途上国に行かずとも、日本の中でも大きな挑戦を受けているのである。社会制度の隙間に落ちてしまった人々の健康を守るために、市民の自主的な運動として何ができるのか。当事者たちの参加が道を切り開くのか。私たちの模索は今も続いている。

2. 在日外国人の医療の問題点

古くから移民を受け入れ、こうした問題に経験が深い欧州連合（EU）諸国では、外国人のために医療通訳を確保したり、緊急医療についての財源を確保するための制度化が進んでいるという。日本の社会にとってもはや不可欠の存在

となっている外国籍住民。共存共生のために何がなされるべきだろうか。ここでは、在日外国人の医療の現状と課題について具体例を交えて解説したい。事例は、シェアの電話相談やシェアと連携して外国人医療に取り組んできた港町診療所での診療経験から見えてきたものである。

2.1. 言葉——結核で胃カメラをされた男性

20代の韓国籍の男性が「血を吐くので見てほしい」と、切迫した面持ちで港町診療所を訪ねてきた。聞けば、前日大学病院を訪ね同様の訴えをしたところ、1泊入院して胃カメラの検査を受けることになったのだという。検査の結果、出血しているところはなく、「心配ない」と言われて退院になったのだが、その後も何度も血を吐くため、不安でたまらないという。

日本語の語彙がそれほど豊富でなく、ジェスチャーまじりで懸命に説明をしようとしている彼は、今も血を吐いたばかりだと言った。どのようにして血を吐いたのかと問うと、ゴボゴボと咳をしながら見事に血液の混じった痰を吐き出した。肺からの出血であるからいくら胃を探しても出血がないのは当然である。言葉さえ不自由でなければ、咳や痰といっしょに血が出るということを説明することで医師は簡単に肺から出血していることを見極められたはずである。しかし、彼は「血」・「吐く」といった語彙しかなかったために、大きな見落としをされてしまった。出血が多ければ気管に詰まって窒息する危険があり、きわめて危ない状態であった。

日本語がある程度わかる外国人にとっても、普段使わないような言葉が頻出してくる医療の現場はコミュニケーションが難しい。理解できず治療を受けることが遅れてしまったり、検査を受けてもその結果が十分理解できず病状をみすみす悪くしてしまうことが少なくない。糖尿病や高血圧で多量の注射や飲み薬を処方され、治療を中断した外国人の患者さんが私たちのところを訪れることがしばしばある。その中には、母国語で食事や生活の説明をしたところ劇的に病状が良くなる人が少なくない。多量のインスリン注射をしていたのに、数回通訳をつけて母語で説明をしたら、注射どころか飲み薬も要らなくなってしまったという経験が何度もある。入院しても外国語の話せるスタッフがいないので、食事を工夫して病状を良くするための指導がほとんどわからないまま退

院している人が多いのだろう。食事の注意だけで病状が安定するのに、言葉の壁があるために高額の注射に頼らざるを得なくなっていたのである。

　また、自分の通院のため、通訳がわりに小学生の子どもに学校を休ませて連れてくる人もいる。これでは深刻な病状の説明はできないし、そもそもしばしば学校を休まなければならない子どもは学校についていけなくなり、登校拒否になる率が上がる。言葉がわからない外国人に医療通訳が手配できる体制を作ることが急務である。

　日本では医療通訳の活用がほとんど普及していないが、多くの先進国では、言葉が不自由な外国人のために医療通訳制度をつくり、通訳の活用を義務化している国も多い。これは、外国人の医療を受ける権利を保障するという観点もちろんであるが、医療を効率的・かつ間違いなく提供することを保障するという医療体制側の必要性から通訳の制度化が行なわれている国が多い（MIC報告書）。オーストラリアやカナダで医療通訳の活用が病院に義務付けられているのは、通訳を使うことで無駄な検査が減り医療資源が効率的に利用されることになるからだという。

　日本での先進例としては、神奈川県の例が知られている。外国籍県民会議が医療通訳のいないことから起こる問題の深刻さを答申した結果、県の国際課・医師会等の医療4団体・通訳NPOが共同で通訳派遣事業を2001年から実施している。現在、県内の20ほどの基幹病院に10言語の通訳を派遣している。4日間の研修を経て選考された通訳をNPOと医療機関側の担当者が連携を取りながら派遣するシステムで、医療機関側の評価も高く、年間2000件以上の派遣が医療機関からの要請で行なわれている。

　しかし、医療通訳の派遣に予算をつけている自治体は少なく、あっても結核など特殊な例に限られるため、ほとんどの外国籍住民は通訳なしの片言のコミュニケーションで診療を受けているのが現状である。

2.2. 医療費問題

　1990年代初頭、健康保険に加入できないために外国人患者が、治療をしてくれる病院がなかなか見つからずに生命の危険にさらされるという事態が相次いだ。中には命を落としてしまう人もあり、人道的な問題として新聞各紙でも

取り上げられた。

　本来、「医療費の支払いに困難がありそうだ」というだけの理由で必要な医療の提供を拒むのは医師法に違反する行為である。しかし、断らずに積極的に治療をする医療機関に赤字が集中するのであれば、婉曲に拒む病院があとを絶たなくなり、医療の倫理が破綻してしまう。こうした事態を避けるために、1993〜94年に群馬・神奈川・東京の3自治体で未払い医療費補塡事業という新たな制度が始められた。

　この制度に一定の予算がつけられ比較的活用が進んでいる地域では、1990年代後半以降診療拒否が起きることが激減した。これは、未払い補塡制度によって診療拒否を行なってはいけないことが制度として明確になったことの影響が大きいと同時に、診療を拒んで重症化させてしまうより、早期に受け入れて病状が軽いうちに治療したほうが未払いを防ぐことができ、病院患者双方にとっても良いことであることが理解された結果であろう。実際、神奈川県では、こうした事業が行なわれてから外国人検診で重症の結核が見つかる割合が大きく減少し、1件あたりの未払い金額も少なくなっている。

　ところが、2003年ごろからこうした事態が急速に悪化している。健康保険に加入していないことを理由に診療を婉曲に拒まれる病人が再び増加しているのである。いったいなぜであろうか。

　2007年にはシェアにこれまでになく多数の相談が寄せられた。

　1ヵ月発熱が続き全身衰弱しているにもかかわらず、2つの病院で診療を断られ、ようやくたどりついた公立病院も支払いができないことを憂慮して入院を躊躇し危険な病状となっていた人。

　敗血症と診断されながら「入院する以上は医療費を払ってもらわないと困る」と言われ、泣く泣く入院をあきらめ治療が遅れて死亡してしまった人もいる。

　こうした経済的な理由で婉曲に診療が拒まれるような事態はけっしてあってはならないことである。日本人と婚姻関係にある外国人女性が、歩行ができないほど衰弱しているにもかかわらず、ビザが切れているからと3つの病院で相次いで入院を拒まれたという事件もあった。

　こうした診断後の治療開始の遅れは神奈川県では稀である。これは、前述の未払い補塡事業という制度の貢献が大きい。また、医療ソーシャルワーカーた

ちが、そのネットワークを通じて外国人の無保険者でも活用できる医療制度についての学習を深めていることも重要である。まず医師が診療を行ない、その後医療ソーシャルワーカーが面接を行ない、支払能力に応じた分割払いの支払計画について相談したり、可能な医療費補助制度を探したりすることで、最終的に本人が努力して支払えるようになる例の増加につながっている。

一方、こうした制度がない地域では、病院側が医療費の未払いを恐れ、診療に消極的になり、「医療費を払えなければ入院治療はできません」といった趣旨の説明を行なうため、患者が入院せず病状がますます重くなってしまう。病状が深刻な病人は飛行機に乗ることができないため、こうした病人はいずれ更に重症になり、どこか別の病院に救急搬送され更に高額の医療費が必要となることや死亡してしまうということも多い。欧州のような緊急医療を確保する制度の整備が急務である。

2.3. 社会的支援の不足

外国人医療を困難なものとしている要因の1つに社会的な支援の不足がある。母国の社会資源や家族から切り離されて、医療や福祉の情報も入りにくい外国人が法的な保護を受けにくいために生じている問題も数多くある。

①労働災害

私たちが外国人の無料健康相談会を始めた頃にボランティアをしてくれていた日系フィリピン人のデラーラ医師のもとに、フィリピン人の病人から電話の相談が寄せられた。建設現場で作業中に事故にあい、腕を骨折して、手術目的で入院をしたという。しかし、手術の直前に自分を雇用しているT務店の社長が「手術代や入院費用を工面できないから、病院から夜逃げをしてくれ」と持ちかけてきたのだという。

職場での事故は国籍や滞在資格によらず労働災害（労災）保険が適用され、本人負担なく医療費の給付がされるはずである。しかし、外国人を雇用していることを知られたくない会社が労災保険をかけておらず、高額な医療費に困って、社長がこうした過酷な提案をしてきたのである。

高度成長期に多数の外国人が建設現場や工場で雇用されたが、安全教育は十分されておらず、労災が多発した。しかし被災者が在留資格のない超過滞在外

国人であった場合、雇用者が労災を適応せず、治療を受けられないまま放置される事件が頻発した。たとえ在留資格のない外国人であろうと、労働基準監督署に報告し、職場の労災事故防止策の不備の調査と改善が行なわれるべきである。そうしなければ職場の労働安全は守ることができない。そうした立場から、労働基準監督署はこうした事例でも雇用主へのペナルティとして雇用時からの労災保険料を払わせ、労災保険を適応している。

　法的手段をしっかりとればこうした相談の事例も救済することができるが、労災であることを証明するためには事故時の就労の証明をすることが必要であり、NGOや労働組合などの支援を受けなければ外国人個人で解決できないことが多い。また、近年は実態が労働者であるにもかかわらず、研修生とされている外国人が急速に増加しており、事態をより複雑にしている。

②日系人と健康保険

　バブルの時期に日本の製造業の現場を支えていたアジアの労働者の多くが在留資格を与えられない超過滞在者であったのに対して、1990年代中盤から急速に増加したのがラテンアメリカからやってきた日系人たちである。

　日系人は「日本人の配偶者等」という在留資格を持ち、就労は自由であり、健康保険にも加入することができる。このため健康問題は超過滞在の外国人に比べて重くなるまえに解決されることが多い。しかし、多くは人材派遣会社によって組織的に工場に派遣されており、工場との間には直接的な雇用関係がない。このため別の問題が生じている。

　間接雇用のため、彼らは職場の景気に左右され、頻繁に職場を変わる可能性が高い。このため子どもたちも転校を余儀なくされることも多く、学業を中断する子どもの割合が多い。本人が怪我をしたり病気になっても、通院継続が困難になることもしばしばある。

　また、地域によっては健康保険を持たない人が多数出ている。本来雇用保険に加入させるべき人材派遣会社が加入させず、就労している工場も直接雇用でないため健康保険を提供できないと言い、市役所も人材派遣会社の職員であるから社会保険の対象であり国民健康保険の対象ではないとしてしまう。こうして多数の日系ラテンアメリカ人がビザがありながら健康保険を取得ができないという奇異な状況が生じている。

この問題は国会の審議（第155回国会厚生労働委員会第7号平成14年11月15日）を経て、原則的には雇用主（人材派遣会社）が保険加入をさせるべきであるが、指導しても加入がされない場合は日本人同様に国民健康保険の対象としうることが確認された。

　保険料を惜しんで加入したがらない日系人の側に責任を帰する意見もあるが、ブラジルでは公立病院での医療は無料であり、保険の加入は義務ではない。こうした制度の違いを説明しなければ、医療費の自己負担額や保険の掛け金を高額と感じて加入しないのは自然の流れである。本来雇用主が日本の制度を十分説明し、加入を徹底する必要がある。

2.4. 感染症

　人から人に感染して広がる感染症から社会を守るためには、病気にかかった人をより早期に診断し十分な治療を提供することで感染の広がりを防いでいくことが重要である。そのためにはすべての人に適切な治療の機会を提供し、感染した人の人権に配慮をしていくことが重要である。感染した人や感染した可能性のある人が差別されたり医療にアクセスできない社会は、感染症を乗り越えることが困難である。

　現在、世界で多くの人の命を奪っている結核・エイズ・マラリアは世界3大感染症と呼ばれている。世界では毎年億単位の人がこうした疾患にかかり、それぞれの疾患で毎年200万人前後の死者を出している。いずれも治療法の確立している疾患であるにもかかわらず、これだけ多くの人が命を落とす背景には開発途上国の医療体制の整備が進んでいないことや貧困の問題がある。

　日本では、1950年以降に結核対策が奏を功し患者数が大きく減少した。それでも欧米諸国に比べれば数十年遅れており、現在も日本人高齢者での結核再発が多いが、全結核患者に占める外国人の割合は3％前後と、欧米諸国に比べれば格段に少ない。

　しかし、1993年に結核研究所と厚生省（当時）が行なった全国調査の結果は重要な課題を提起していた。発見された結核患者のうち治療を完了できる人の割合が、日本人では8割近いのに外国人では44％に過ぎなかったのである。このまま放置すれば外国人の間で結核が流行してしまう。

港町診療所では、1995年以降、外国人の結核患者に①言葉がわかる担当者か通訳の同伴でしっかりとした説明を行なう、②結核予防法による医療費補助をすべての結核患者が受けられるよう支援する、③病院やNGOのソーシャルワーカーの支援が受けられるように橋渡しをする、といった対策をとることで、結核治療完了率を48％から85％以上に飛躍的に向上させることに成功した。このことは、通訳や社会福祉の支援が乏しいことが外国人の結核治療を妨げる大きな要因となっていることを示唆している。

　結核は、感染力が小さい感染症だが、治療に半年以上の時間がかかり、社会の中の少数者、より辺縁に押しやられた人々の間で流行が生じやすい感染症である。そこで、もし医療の受けやすさに格差があれば、医療を受けることが困難な人々の集団の中で流行が拡大してしまう可能性がある。このため、日本でも1950年代には、貧しさや社会的な困難から十分治療を受けられない人の間での結核の流行を抑えることが大きな課題だった。

　こうした事態を防ぐために、結核予防法は国籍・滞在資格にかかわらず、すべての結核患者を対象に治療費の補助を行なってきた。結核菌が痰の中に排出しており感染力があると認定されれば、結核予防法による医療費補助が適用され、3〜6ヵ月程度の入院治療が無料で提供されてきた。貧しい開発途上国から働きに来て過酷な労働につく外国人の多くが健康保険に入れない現実の中で、この制度は結核治療の完了のために重要な役割を果たしてきた。

　しかし、経済成長や結核治療の向上の中で長期の入院が不要との考え方が提起され、厚生労働省は2007年4月より結核予防法を感染症予防法に統合し、また、入院治療期間を短縮し、原則として1〜2ヵ月の入院治療のあとは外来で保健師の支援を受けながら通院治療をする方向に舵を切った。この変化は外国人の結核患者にどのような影響を与えるだろうか。多くの保健師は外国語ができず、結核治療を理由に解雇された外国人労働者は再雇用の機会が少なく、外来治療費を負担することが困難となる例も少なくない。入院中は無料の結核治療費が外来通院では基本的な薬代など以外は自己負担になる。更に医師とのコミュニケーションがとれなければ、治療を中断するリスクがきわめて高くなる。

　日本で結核を発病する人の中で外国人の占める割合は、現在3％ほどであり欧米諸国に比べればけっして多くはない。しかし、外国人の間での結核の流行

を防ぐためには保健師の支援が外国人にも及ぶような体制の確立が重要である。東京都ではこうした状況を改善するために、外国人結核患者への通訳を行なう専門ボランティアの制度を東京都結核予防会と連携し開始した。シェアもこの制度の運用に協力している。

2.5. 女性の受ける暴力

　国際結婚が増加する中で、日本人と結婚して来日した外国人女性たちが周囲にサポートをする人もいない環境で夫の暴力の被害にあう事態が増えている。全身あざだらけで逃げ出した人、逆に骨折してもなお我慢をしていたといった話も稀ではない。NGOや友人の支援で逃げ出し、女性のシェルター（駆け込み寺）に保護されても不安で夜眠れず、恐ろしい記憶に悩まされ、心的外傷後症候群（PTSD）と診断される人も多い。

　夫との離別を希望していても、子どもがおらず長期のビザを獲得できていない外国人女性の多くは、離婚によって日本での在留資格を失ってしまうことが多い。このため経済的に苦しい思いをしている家族のために離婚を思いとどまり暴力に耐えてしまう女性も少なくない。在留資格のない外国人が家庭内暴力（DV）の被害を受ける場合は更に深刻である。内縁の夫から殴られ生命の危険を感じて警察に通報したところ、到着した警察官から滞在資格が切れていることを理由に拘束され入管に通報されてしまった女性もいる。

　在留資格のない女性ほどDVの被害を受ける危険が高いことから、DV防止法の制定の際に、滞在資格の取り締まりに優先して暴力の被害を受けた女性を保護することが警察に要望され確認されていた。しかし、こうした法の趣旨を理解していない警察官によって、上記のような事件が繰り返されている。こうした中で、在留資格の切れた外国人女性はDVの深刻な被害を受けても警察の保護を受けることをためらってしまう。

　身体的暴力だけでなく、母国語を話すことを禁じたり、母国の友人を作ることを禁じるなどの精神的な暴力も多い。シェアで無料健康相談会を始めたばかりの頃、比較的生活が安定しボランティアをしている外国人女性から「夫は自分に100％日本人になれと言うが、どうしたらそうなれるのか」と相談されたことがあり、問題の根の深さを感じさせられた。外国人女性が自身の生育歴の

中で培ったアイデンティティを否定されることは、子どもが母親を尊敬しなくなるなど、女性の立場を弱めることになる。これは社会が無意識のうちに行なっている暴力と言えるのではないだろうか。

人身売買の被害についても課題は深刻であり、日本の法制度の対応の遅れが指摘されている。1990年代初頭から毎年数万人のアジアの女性たちが日本の性産業に送り込まれてきた。多くはパスポートを取り上げられたり、芸能ビザでホステスとしての接客を強要されるなど入管法違反の状態で働かされていた。このため、過酷な労働から逃げ出したとしても、警察当局が被害者としての取り扱いをせずに、入管法違反者として処罰し強制送還してしまうことが多かった。こうした対応では、被害を受けた女性たちには何の救済もなく、借金を背負わされたまま帰国をさせられる結果となり、被害を訴えることはきわめて稀であった。

こうした法制度の不備に対し、2004年にアメリカ政府が発表した年次人身売買報告書の中で日本は先進国で唯一「最低限の基準を満たしていない」「監視対象国」と指摘された。2005年には人身取引の防止対策を盛り込んだ刑法改正が行なわれ、これに対してアメリカ政府は一定の評価をしているが、被害を訴え出る件数は少なく、NGOは不十分であると指摘をしている。認定されれば本人のみならず子どもにもビザが与えられ、捜査への協力が容易となるアメリカの法制度に比べ、日本ではビザも3ヵ月のみで健康保険の加入もできず、今後改善が必要である。

3. 自ら動き始めた外国人と日本の市民

3.1. 外国人無料健康相談の開始
①人々の中に

健康保険を持たない外国人のたらいまわし事件が報道され始めた1991年早春、シェアの事務所に数人のボランティアたちが集まり、自分たちに何ができるか相談が行なわれた。いずれも過去にシェアが主催する学習会などに参加したり海外医療に興味を持って集まった普通の医師・看護師・学生たちであった。

会議の中では「開発途上国出身の外国人が医療を受けられずに死んでいくことは人道上の問題である」、「途上国で医療にかかりやすい社会を作るために活動しているシェアこそが取り組むべきだ」という積極的な意見が多数出されたが、「医療費の相談が集中することが予測されるが、財源をどうするのか」といった意見もあり、議論は白熱した。そんな中で「意義が大きいと思うのなら、まず始めてみよう。やりながら解決の道を探っていけば自ずと道が開けるものだ」という仲佐保医師の鶴の一声で開始が決定した。

　しかし、その仲佐医師は、翌月突然国際協力プロジェクトでボリビアに行くことが決まってしまい、私たちは若いボランティアたちを中心に、不安のまま動きだした。当時、シェアは江戸川区に事務所を構えていたが、まず月に1回事務所に医師と看護師が詰めて、外国人の相談にあたることにした。しかし、当初は相談に来る外国人はあまり多くなかった。そこで、既に外国人の相談を始めている組織との連携を築いていくことにした。例えばニューカマー外国人に日本語教室を開いていた江戸川ユニオン、亀戸ひまわり診療所の平野敏夫医師の紹介でカトリック教会や国際交流団体、更に労働組合や人権相談窓口などのさまざまな人々と連絡を取るようにした。その結果、こうした団体が受けた相談のうち健康に関わるものがシェアに紹介されてくるようになった。

②当事者の参加

　それでも1ヵ月に受ける相談はせいぜい数人である。重い病気の人は相談に来られない。こちらから外国人のコミュニティに出かけていくことができないものかとも考えた。

　そんな時にNGO関係者を通じて紹介されたのがフィリピン人ソーシャルワーカーのロレーナ・アントニオさんであった。ロレーナさんは、カトリック教会の国際組織から日本のカトリック東京国際センターに派遣されていた。フィリピンの農村では、貧困や不健康の問題を解決するために農民自身が主体的に参加してコミュニティの問題を解決していく活動が盛んである。ロレーナさんの団体では、外国に住むフィリピン人の中にもこうした共同体作りが必要であるという考えから、フィリピンで農村開発や教育などの仕事に携わっていた人々を信徒宣教師という立場で各地に派遣していた。医療機関と教会。所属する機関こそ違うが、住民自身の問題解決力を高めるための支援をするという点

で私たちには共通のミッションがあることを感じた。

　私たちは誘われるままに、フィリピン人たちが集まるフェスティバルで小さな健康相談会を開かせてもらった。ロレーナさんを頼って多くの人が相談に訪れる。彼女は不安や不調を訴える1人1人に優しく声をかけ、私たちには病気がどのような背景で生じているか教えてくれた。母国の家族を支える経済的な負担、姑が文化の違いを理解してくれないストレス。移民たちを取り巻くさまざまな困難。糖尿病や高血圧といった慢性疾患を放置して脳出血や心筋梗塞で入院をする人などもいるという。私たちはこのような多くの問題について教えていただいた。

　こうして外国人コミュニティを訪ねて相談を行なう無料健康相談会が開始された。同じ頃、バングラデシュから日本に留学していた2人の医師がシェアの事務所を訪れた。アミヌール・ミヌ医師、アリムザマン・シェイク医師である。2人は在日バングラデシュ人のためにぜひボランティアで診療をしたいと申し出てくれた。のちにザマン医師が加わり、3人のすばらしいバングラデシュ人医師と共に、全統一労働組合と連携して、外国人の労働災害の相談を行なうこともできた。日系フィリピン人のフェデリコ・デラーラ（日本名：金城潤）医師が参加してくれたのもこの頃であり、私たちが外国人自身に参加してもらって相談を実施することの重要さを認識するきっかけとなった。

　教会や外国人互助組織などの外国人の集まる場所に出かけて相談会を実施すると、地域に住むさまざまな外国人が相談に来るようになり、その数は年間数百人に達した。こうした出張相談会を行なう上で私たちが大切にしたのは、外国人コミュニティとの信頼関係である。私たちは事前にコミュニティリーダーと綿密に打ち合わせて相談会を行なった。すると、次第にコミュニティから通訳ボランティアを買って出てくれる人も現れた。

　千葉・東京・神奈川と相談会の場を広げていくあいだに私たちが気づいたことは、結核にかかりながら病院に受診することが遅れてしまう人が少なくないことである。日本での過酷な労働環境、換気や睡眠・栄養が十分でない生活環境などから、日本に来てから結核を発病する人が少なくない。結核は早期に治療すれば周囲に感染を広げることもなく完治することができる病気であるが、外国人に十分な医療へのアクセスを保障しなければ結核が流行することになっ

てしまう。

　そこで、出張相談では、結核患者の早期発見にも力を入れるようになった。教会のミサなど外国人の多く集まる場で、結核が治る病気であることや検診の機会があることを広報し、NGOや国際交流団体などの協力も取り付けて健康相談会を実施した。

　当初は、結核を疑う症状のある人を見つけ出し、港町診療所での受診を勧め、X線撮影を行なって診断をするという方法をとっていた。そんな時に東京都や神奈川県といった行政機関も外国人の結核検診に力を入れているということを耳にした。しかし、保健所が通常業務として平日に行なっている結核検診の広報を外国人にも案内を出しているが、受診者が少なくて困っているという。確かに保健所には多言語に翻訳をするスタッフもいないため、日本語で案内が送られてもそれを読むことができる人しか来ない。また、結核のリスクが高い開発途上国出身者の中には短期滞在などで外国人登録をしていない人も少なくない。そこで、私たちが行なう健康相談会の会場へ行政から結核検診車を派遣して、結核検診を行なってもらうほうが効率的ではないかということになった。

　こうしてシェアの外国人健康相談会は行政の結核検診と連携し、南関東の5自治体に広がり、これまでに8000人以上が相談に訪れている。事前に外国人互助組織や教会・NGO・ボランティアたちとの綿密な打ち合わせを行ない、広報をすると、毎回100人前後の参加者があり、結核発見率も他の結核検診に比べてきわめて高い。現在、多くの自治体がシェアと連携した外国人結核検診を行なっているのは、効果的に結核患者を早期に発見していること、そしてコミュニティの支援もあり、見つかった結核患者のほとんどが治療を完了しているためである。

　全国的に見て、人口の約2％を占める外国人が結核患者の約3％を占めているからといって、結核が外国人にとても多い病気だというわけでもない。にもかかわらず、シェアの健康相談会で見つかった結核患者の割合は、全受診者の0.309％ときわめて高く、これは日本人全体の結核罹患率の15倍もの数字になる。これは、シェアの健康相談会が外国人でも特に結核のリスクの高い人々を集めることができていることを示している。

　もっとも、治療が必要な結核患者が見つかるのは年に数人のみであり、相談

で見つかる病気の中で多いのは高血圧や胃炎、糖尿病といった一般の慢性疾患である。こうした病気を発見することも重要なことである。外国人コミュニティのみなさんの協力を得ながら、かかりやすい病院を相談者に伝えることで、こうした病気が悪化することを防ぐことができる。高血圧や糖尿病も放置すれば脳出血や心筋梗塞に発展する危険があり、これを防ぐためにも慢性疾患の発見と治療への橋渡しは重要である。

　このように、さまざまな外国人コミュニティやNGOそして行政と連携し、成果をあげてきた在日外国人健康相談活動だが、現在、大きな障害に突き当たっている。2003年以降受診者の数が減少し、特に健康保険を持たない相談者の割合が激減しているのである。これは、2003年10月に入国管理局と警視庁が「治安維持のために不法滞在外国人を半減させる」として入管法違反者への取り締まりを著しく強化したことに端を発している。

　東京都内を中心に、ターミナル駅の中や電車の中でさえ、警察官が外国人と思われる容姿の通行人に外国人登録証の提示を求め、在留資格のない人を次々に収容し強制送還を行なうようになっている。取り締まりは日曜日の昼間にも行なわれており、在留資格のない外国人の多くが不要な外出を控えるようになって、健康相談会への参加も見合わせるようになってしまった。事前に関心があるといって問い合わせのあった外国人から「入管につかまってしまうと母国の家族が経済的に困窮してしまうので、体のことは心配だが相談会には行けない」といった電話が入ることもたびたびである。

　在留資格のある外国人への広報で参加者数を維持することは困難ではないが、こうした無料の検診はさまざまな社会的な理由で診療を受けることが困難な人に受けてもらうところにこそ意義があり、こうした人々が受診できなくなっている現状は深刻な事態である。

3.2. エイズ電話相談

　エイズという病気は国境や民族とは無関係に広がっており、日本でも発病が確認された人々の約9割は日本人である（2006年）。しかし、エイズに対する偏見差別が厳しかった1990年ごろ、その差別の矛先は外国人に向けられた。1990年代初頭、数万人規模のアジアの女性が日本に人身売買によって連れて

こられていた。こうした女性たちが雇用主のグループによって組織的に検査を受けさせられ、多数のHIV陽性者が確認された。この結果、マスメディアはこぞって外国人女性とエイズを関連付ける報道を行なった。

この時、日本の社会は2つの過ちを犯してしまった。1つは外国人とHIVを結びつける報道を繰り返すことでエイズを日本人にとって他人事にしてしまったこと。もう1つは、外国人のHIV陽性者に対してケアを行なわずに、ウイルスを潜伏させてしまったことである。

エイズも結核と同様にすべての人が円滑に治療が受けられ、差別を受けない環境が整えば、流行を減らす大きな力になる。1996年に治療を無料化し、患者支援のさまざまな枠組みを作って、感染率を大きく減少させたブラジルの成功から私たちは学ばなければならない。

1990年代初めからシェアの事務所にも他団体や行政機関からエイズに関する相談が寄せられるようになってきた。中には、両親がタイ人だというだけで「HIV検査を受けなければ保育園への入所を許可しない」と言われた人、出産時にHIV陽性がわかり、以後、母児の通院を病院から拒まれてしまった人。エイズ発病によって体調不良になったところ、工場の寮を追い出されて路頭に迷ってしまった人。

こうした相談を受ける中で、私たちはHIV陽性者のケアに力を入れるように取り組んだ。更に私たちがタイでエイズのプログラムを行なっている経験を生かして、タイの出身者のためのエイズ電話相談を開始しようということになった。これには、ちょうどタイから東京大学に留学していたニグン・ジッタイさんが参加してくれることになった。ニグンさんは健康教育を専門に博士課程で学んでおり、人柄といい知識といいエイズの相談にはうってつけの人材だった。ニグンさんがタイ語で予防知識の普及や健康状態の把握を行ない、日本人医師が検査や治療の機関を探しニグンさんに伝えてもらうという形で、二人三脚の相談が始まった。当初は知識や情報を求めての相談が中心だったが、次第にHIV陽性を告知された人から「今後どうやって医療を受けたらよいのか」といった相談が寄せられることが増えていった。

3.3. 外国人にエイズが広がる構図

　1999年、髄膜炎を発症した外国人男性が病院を退院し、意識も混濁した状態で日本人男性に連れられて東京にある大使館にやってきた。日本人男性は大使館に病人を送り届けると逃げるようにいなくなってしまった。大使館から相談を受けた私たちは至急東京の専門病院に依頼し入院させてもらったが、4日後病人は息を引き取った。健康保険を持たないため医療費がかさみ、雇い主と思われる日本人男性が治療途中で東京へ連れ出してしまったらしいということが後日わかった。

　医師はこのまま退院すれば死亡することは予測がついたはずである。どうしてこのような非情な行動を止めなかったのだろうか。命に関わる重病人であるのに医療費を支払えそうもないからという理由で医療機関も行政も支援をためらう。そうしたはざまに落ちてしまった人が年に何人も命を落としているのである。

　私たちは健康相談会を通じて早期の受診を促し、自己努力での治療継続ができるように取り組んできた。また、重症化したらまず緊急医療を受けて、あとから支払い努力を重ねられるように、公的な病院に橋渡しを行なってきた。しかし、エイズは一生高額な医療費が必要であることから受け入れ医療機関が見つかりにくく、医療従事者もHIV陽性とわかった時点で帰国を促すことがほとんどであった。

　この結果、在日外国人の間ではエイズは死ぬ病気、助けてもらうことができない病気として認識されるようになり、だんだんと検査に行く人も少なくなっていった。病気が重症化するまで受診しないため病状がきわめて重く、生命を取りとめても、高額の医療費が本人や周囲の人々に請求される。すると、多くの人はエイズの可能性があるというだけでかかわりを持つことを躊躇するようになり、エイズに対する差別と偏見はぬぐいがたいものとなっていく。そうなると、生命に危険が差し迫るまで検査や治療をしなくなり、ますます重症になっていく。多額の医療費が未払いとなり、病院が婉曲に診療を拒否する。こうした悪循環の中で、外国人にエイズが広がってしまう環境が放置されていた。

　シェアはこうした状況を改善するために、外国人コミュニティでのエイズの知識の普及、通訳派遣などによって、外国人エイズ患者が治療を受けやすくな

るための支援を行なってきた。また母国の医療情報の提供など、医療機関側への支援も行なっている。活動の重要なパートナーは外国人の自主的なエイズ患者支援グループである。1990年代半ばから活動を始めた日系ラテンアメリカ人自身の団体CRIATIVOSとは、HIV陽性者のケアの面で協力関係を築いてきた。

　これまでに日本でエイズを発病した外国人の過半数が、安定した在留資格を持たない人である。これらの人々は帰国しても治療を受けられず、日本でも結核のような医療費の補助は提供されない。そこで、外国人HIV陽性者の多くが将来に希望を見出すことのできない過酷な告知をされるという状況が続く。

3.4. タイ人自身によるエイズ対策

　そんな状況に一筋の光が見えてきたのは2002年ごろからである。The Global Fund（世界エイズ・結核・マラリア対策基金：世界基金）の設立などを通じて、国際社会が開発途上国でのエイズ治療を充実させる方針を出し、タイでは2003年にエイズ治療薬の無料提供プログラムを全国に拡大した。

　2004年3月、1人のタイ人男性がエイズのために重症の肺炎を起こし、歩行も困難な状態でタイ大使館で保護された。大使館の熱心な自国民保護担当者とシェアの連携で拠点病院に入院した彼は1週間で病状が回復し、歩いて帰国できるようになった。そして、シェアタイ事務所から依頼を受けた故郷の公立病院でエイズ治療薬を無料提供され、数ヵ月で社会復帰を遂げた。日本で発病したタイ人エイズ患者が母国で永続的な治療が受けられた第1号である。

　大使館・シェア・拠点病院の関係者の熱心な支援を受けて治療に成功した彼は、私たちに大きな希望を与えてくれた。ボランティアとして自分と同じ立場のエイズ患者のために役立ちたいと申し出てくれたのである。そののち、日本でエイズと診断されたタイ人女性が彼との国際電話で母国での治療に希望を見出し帰国、治療を受けて元気になった。

　これまで3人の帰国者が母国でのエイズ治療の充実ぶりや早めの検査のメリットを伝える手紙を書いてくれ、日本で発行されているタイ語の情報誌に掲載された。これを見て早期に受診してくれるHIV陽性者が少しずつ出てきたのである。

タイ・フェスティバルでエイズ啓発をするTAWANのメンバー

　もう1つの大きな希望は、在日タイ人女性たちが自分たちの手でエイズ患者のサポートと予防の知識の普及のためのチームを結成したことである。東京首都圏のNGOや自治体でボランティアや非常勤職員をしているタイ人女性たちが、自国出身のエイズ患者の置かれている深刻な状況を改善するために合同のチーム「TAWAN（タイ語で太陽の意）」を結成した。日本語の読み書きもみごとにこなす優秀なメンバーたちは、エイズ予防財団の通訳研修も受け、エイズ患者の通訳や知識の普及のために、タイ語の啓発活動にと飛び回っている。

3.5. 外国人との連携

　こうして在日タイ人エイズ患者の命を守るためのタイ人側の体制は整った。しかし、日本の医療機関にはまだまだ課題が多い。健康保険のないエイズ患者を入院させると医療費を支払ってもらえないと考えて診療を避けようとする医療機関が少なくない。特に未払い補塡事業のような救急医療制度が整っていない地域で深刻である。そこでシェアは厚生労働省のエイズ診療についての研究班やエイズ予防財団と協力し、通訳サービスや医療制度の活用・母国の医療事

情などについてのセミナーの実施に取り組んでいる。

シェアの活動の中で外国人自身の取り組みとの連携は年々育ってきている。2006年に東京都が東京都結核予防会に委託して開始した外国人結核患者への通訳派遣では、シェアが通訳の育成と派遣に協力している。現在10言語32人の通訳が登録し、2007年度はのべ63人の外国人結核患者と保健師のコミュニケーションを円滑にする支援を行なった。これによって派遣対象の外国人結核患者では82％が治療を完了するという好成績を残している。

4. 外国人医療の改善は誰のためか

私たちが在日外国人の健康を守るための支援を行なっているのは、すべての人の健康が守られる社会を作りたいという理念のためである。一方、日本の社会が外国人の力なしに維持できなくなっている以上、外国人の健康を守ることが日本の社会全体にとっても重要なものとなっていることは間違いないだろう。

しかし、在留資格のない外国人の健康相談に私たちが力を入れることに対しては時折疑問の声が聞かれることがある。開発途上国の農村の厳しい社会条件を見てきた私たちには、家族を守るために先進国に働きに来ざるを得ない人々の背景が見えてしまう。社会福祉が未発達で病気や貧困にあえぐ家族を支えるために法を超えてしまう人々を切り捨ててしまうことは私たちにはできない。

もちろん外国に出稼ぎに行くことが農村の貧困の解決策ではない。しかし、南北格差が解消される理想が実現するのはけっして容易ではなく、在留資格がない形で日本に働きに来る人をゼロにすることは現実には無理である。少なくとも命を守るための支援は在留資格にかかわらず提供するべきだというのが私たちの考えである。

こうした国境を越えた労働力の移動は国際的な現象であり、特に経済のグローバル化が進んだアジアで活発になっている。日本への入国者の数が増えているタイは国内では、100万人を超えるミャンマー人の労働者を受け入れている。長い国境線を越えて経済的に豊かになったタイに働きに出るミャンマー人はあとを絶たない。タイではこうしたミャンマー人がたとえビザを持たない人であ

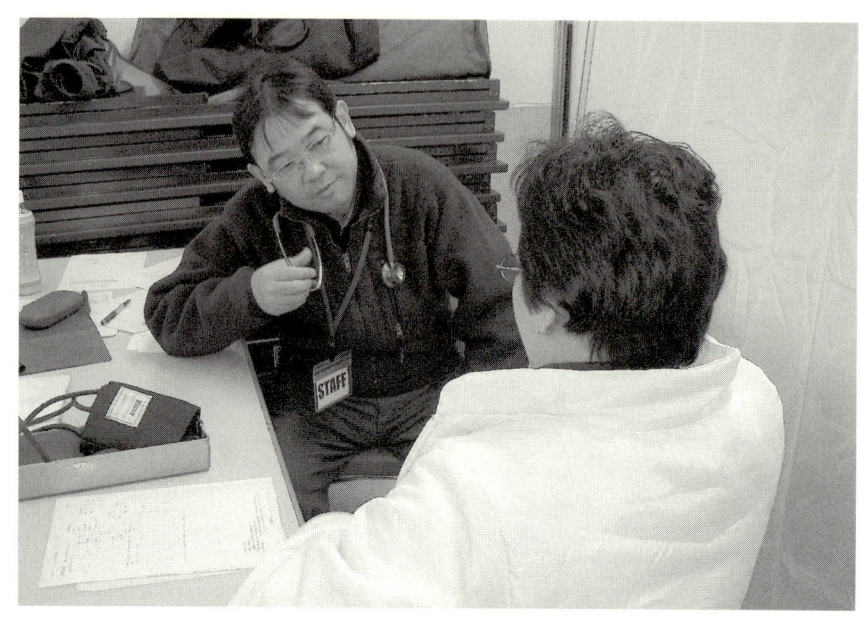

無料健康相談会での医科相談（目黒教会）

ろうと、公立病院で緊急医療を提供している。ミャンマーと隣接するターク県では、2006年度、年間に日本円にして5000万円相当の医療費をミャンマー人の無料治療につぎ込んだという。また、国連機関である国際移住機構（IOM）とタイ公衆衛生省は共同でタイ領内にいるミャンマー人の間から健康ボランティアを育成する事業を行なっている。

　こうした努力がなされるのは、結核・マラリア・エイズといった感染症を押さえ込むには国籍や滞在資格にかかわらず治療を提供することが不可欠であるという現実的な発想がある。エイズ対策先進国のブラジルでは、以前からブラジル国内に居住することさえ証明できれば、在留資格のない外国人であっても無料のエイズ治療薬を提供している。

　はたして日本ではどうであろうか。保健師の訪問時に通訳が派遣される体制を作った東京都で外国人結核の治療成績がとても良いことは既に述べたが、隣の神奈川県の施策も重要である。外国人の無料検診が年に5回実施され、基幹病院での通訳体制を整備、未払い補填事業も充実させている神奈川県内では、同じように外国人コミュニティで検診を行なっても結核が発見される割合が目に

見えて低くなっている。また、外国人人口が多い関東甲信の1都7県の中で、神奈川県は外国人人口あたりの外国人エイズ患者発症数が最低となっている。

表2 外国人登録数1000人当たりのエイズ発症数

茨城	1.47	千葉	0.73
長野	1.22	群馬	0.71
栃木	1.15	東京	0.62
山梨	1.15	神奈川	0.58

　こうした違いが何によってもたらされているかは更に検討が必要だが、健康を守るための取り組みはしばしば人道主義的な方法が最も効果が上がるということを考えておく必要があるだろう。必要な医療を在留資格にかかわらず提供するための努力をすることは、地域の健康を守るために必要なことなのだと私たちは考える。

　しかし、こうした活動を進めるためには、私たちが開発途上国で学んできた方法論を有効に活用する必要がある。どんなに人道的な見地に立っても効果の出にくい方法では、支援を維持し普及していくことは困難である。

　私たちが在日外国人の支援においてとってきた方法論は、外国人コミュニティに飛び込み、「ニーズをよく知ることから出発し（ニーズ志向性）」、「外国人コミュニティのボランティアとの連携を大切にし（当事者参加）」、「適切な医療を効果的に提供する方法を多方面と議論しながら（適正技術）」、「行政・NGO・外国人コミュニティなど幅広い連携を模索していく（多部門間の協調）」によって「持続可能なメカニズム」を作っていくというものであった。これはまさに私たちが開発途上国で学んできたプライマリ・ヘルス・ケアの戦略と一致するものである。

　経済のグローバル化は人々の移動を促進し、外国で不安定な生活を始める人々をどんどん生み出している。こうした中で国際社会が平和で安定した社会を維持していくためには、人口の移動で貧困が生まれないように努力をしていかなければならない。貧困を乗り越えて安全な社会を建設していく人間の安全保障の考え方に立って移民の健康をどう守っていくことができるか。私たちの日本での小さな取り組みは国際社会のそうした壮大な取り組みとつながっているものである。

　シェアが2007年度の東京弁護士会人権賞を受賞したのは、私たちの活動を小さいながらも将来の社会の道筋を考える重要な活動と認識していただけたか

らだと信じている。グローバル化は不安定な人口を多量に生む。こうした人々を社会の中に受け入れ、社会を支える人材として育て上げた地域が豊かな地域として発展していくために、市民社会の一員として何ができるのか。私たちの知恵が試されている。

【参考・引用文献】
神奈川県勤労者医療生活協同組合. 2002.『MF-MASH　みなとまち健康互助会』
シェア. 2005.『日本でできる国際協力——在日外国人と歩んだ10年——』
―――. 2004.『調査／研究レポート集　2003年』
―――. 2005.『調査／研究レポート集　2004年』
―――. 2006.『調査／研究レポート集　2005年』

あとがき

前川昌代

　シェア25周年を機に、これまでの活動をようやくまとめることができました。これまでも何回かシェアの記録を残しておきたいと関係者の間で語られてはいましたが、なかなか実現できませんでした。本田代表の「今度こそは」という強い意志により、ここまでたどりつくことができたと言ってもいいと思います。

　シェアの設立に関わった若者たちはいまや働き盛りを過ぎ、初老にさしかかりました。記憶の糸も途切れがちです。このあたりでまとめておかなければ、さらに記憶は遠のいてしまいます。というわけで、編集委員を引き受けてみたものの、どこから手を着けていいのかわからず、報告会やイベントも含めて日程のわかる出来事を機関誌などからできる限り集め、年表を作ることにしましたが、それだけでも数十枚になってしまいました。それらは日本側の資料に残っているものなので、残念ながら現地の活動記録はあまり入っていません。現地での記録を丹念に集めたら、その何倍もの分量になったと思います。

　日本の資料は月例会や報告会、現地調査、さまざまなイベントへの参加などが主な内容でしたが、それでも全部を並べてみると、驚いたことに、当時関わったメンバーの息づかいが聞こえてくるのです。あっちにぶつかり、こっちにぶつかりながらも目標を見据え、こつこつと経験を積み上げてきたシェアの歩みが見えてきました。

　シェアが生まれて数年間は、毎月行なわれた月例会の内容が丹念に記されて

います。ほとんど月例会の記録と言ってもいいぐらいです。既に海外の現場を経験した人たちや熱帯医学などの専門家などから懸命に情報を吸収しようという姿勢が見られます。国際医療保健情報センターと名乗っていた意気盛んなころです。それが、シェアがJVCから自立し、自前でタイやカンボジアで自前の活動を行なうようになると、現場の報告会が中心になります。駐在スタッフの帰国の際はもちろんのこと、現地スタッフを招聘し日本各地で報告会を行なうようになりました。そして2000年以降になると、今度はシェアのスタッフが外部から講師として呼ばれる機会が増えてきます。ボランティア団体として生まれたシェアが、プロのNGOとして成長していく様子がイベントの記録の中にも垣間見えました。

そして、もう1つ気がついたのは、そのような変化は事務所の移転とも重なっていたことです。第1章の「JVC事務所にでの居候時代」から第4章の「上野事務所時代」まで、便宜的にタイトルをつけました。別の言葉に置き換えようとしましたが、どうもしっくりせず、そのまま使うことになってしまいました。転機を迎えるごとに事務所が変わり、事務所が変わることが転機にもなっていました。

シェアはもともとボランティアの集まりだったので、やりたい人が活動を始め、それに賛同した人たちがその活動を支えてきました。第1部に紹介した活動のほかにも、シェアのメンバーが実際に関わった活動はいくつもありましたが、活動がその個人でとどまり、他に発展しなかったものは割愛させていただきました。そのような活動も含め、第1部にお名前を挙げられなかったスタッフやボランティアの方々は多数にのぼります。ただ、着々とプロジェクトが進行していても、大きな変化がなかった日々のことはスペースの関係から省略せざるを得ませんでした。そのような方々の活動が土台となり、今日のシェアがあります。すべての活動を紹介できなかったことをお詫びいたします。

また本書は2部構成で、第1部は活動記録、第2部は活動の事例集となっていますが、どちらもシェアの活動なので、同じプロジェクトやテーマを取り上げている個所があります。お読みになって重複をわずらわしく感じられる方もあると思いますが、ご容赦ください。

最後にこの出版を快く引き受け、的確なアドバイスを下さった「めこん」の

桑原晨さん、遠い過去の活動の記憶を呼び覚ましつつインタビューに答えてくださった皆さん、コラムを書いてくださった杉江美子さん、本橋栄さん、本間久子さん、編集委員からの過酷な注文にも忍耐強く応えてくださった第2部の執筆者の皆さん、途中から編集委員に加わり年表の作成や写真の選定など最後まで中心メンバーとして関わって下さった佐久間典子さん、日ごろよりシェアの印刷物のデザインをしていただき、本書においても装丁を引き受けてくださった畑野憲一さんに改めて感謝を申し上げます。

　なお、本書の出版にあたり、財団法人庭野平和財団から助成をいただきました。NGO活動や国際医療保健に関心のある多くの方々の手に取っていただけたらと思います。

索引

AMDA……82, 270
AMI (International Medical Assistance, Portugal)……106
CBO（地域当事者団体）……118, 121, 253
CRIATIVOS……311
FBO (Faith-based Organization)……253
FRESH……216
GIPA……233, 238
HAART……231
HAATAS……129, 131, 266-268
HIV (Human Immunodeficiency Virus)……11, 27, 84, 94-101, 115, 118-121, 127, 129, 135, 162, 163, 168, 175-77, 181, 182, 203, 231-244, 246, 247, 249-252, 254-262, 264-266, 268, 280, 309-311
HIV陽性者……95, 96, 98-100, 115, 118-121, 232-234, 236-243, 246, 247, 249, 250, 252, 254, 258-262, 264, 309, 311
HREIB (Human Rights Education Institute of Burma)……126, 127, 273, 279, 280
Hug of Mother（母の抱擁）……185
IEC（情報提供・教育・対話）……162, 218
JICA草の根技術協力事業……118, 251, 253
JOCS（日本キリスト教海外医療協力会）……62, 84, 85, 284
JVC（日本国際ボランティアセンター）……11, 30, 31, 33, 43-49, 52, 54-57, 61-63, 66, 67, 74, 110, 113, 114, 116, 118, 119, 121, 131, 145, 233, 251, 252, 254, 256, 260, 262, 263, 273, 274, 291
Living with AIDS（エイズと共に生きる）……96, 98
MF-MASH（みなとまち健康互助会）……82, 316
NBC災害……269
NGO……9-11, 29-34, 38, 43-45, 48, 50, 55, 56, 58, 61-63, 67, 74, 75, 78, 81, 84, 85, 88, 90, 100-106, 108-111, 113-121, 123, 126, 128-134, 136, 144, 165, 168, 183, 185, 191, 195, 207, 208, 213-215, 225, 235, 251-254, 261-263, 267-271, 276, 279, 281, 284, 287, 290, 300, 302-305, 307, 308, 312, 315
NGOまつり in 上野……115
NPO法人準備委員会……110
ORS（経口補水液）……65, 147, 150, 155, 219, 221
Poloshong Home Based Care……122
PTSD（心的外傷ストレス障害）……271, 303
TAWAN……128, 312
TVAAP……118-121, 251-255, 258, 261, 262
UNAIDS（国連エイズ合同計画）……232, 249, 256, 263
UNHCR（国連難民高等弁務官事務所）……88, 270, 277
UNICEF……51, 55, 57, 58, 74, 76, 116, 140, 165, 171, 188, 214, 230
UNTAC（国連カンボジア暫定統治機構）……77, 191
WTO（世界貿易機関）……249, 250

あ行

アーユス仏教国際協力ネットワーク……128, 264
アジア人権基金……87, 275, 276
アジア太平洋資料センター（PARC）……278
アジア保健研修所（AHI）……31, 84
アジバール病院……50, 51, 274, 291
アトファルナ聾学校……87
アドボカシー（政策提言）型……115
アパルトヘイト（人種隔離政策）……248, 249, 251
アフリカ日本協議会（AJF）……114, 263
アムナートチャルーン県……71-73, 235, 237, 240, 246
医療ソーシャルワーカー……285, 286, 298, 299
医療通訳……127, 293, 295, 297
医療費補助……299, 302
医療費補填……298

インターン……111, 115, 116, 131
インテグレーション（一体化）……161-163
ウガンダ調査……101
ウボンラーチャターニー県……64, 71, 73, 96, 147, 236, 237, 242, 246
エイズ・キャンペーン……71, 72, 246
エイズ・トーク……79, 80
エイズ教育……71, 96, 98, 128, 129, 131, 217, 235, 236, 244, 246, 264-267
エイズ教育キャンプ……96
エイズ教育トレーニング……98
エイズ電話相談……83, 128, 233, 308, 309
エコノミークラス症候群……271, 287
エルメラ県……105, 108, 215-217, 220, 222, 225, 226, 281
エルメラ県健康教育・健康啓発プロジェクト……108
エンパワーメント（能力形成）……30, 160, 229, 242, 260
幼い難民を考える会（CYR）……30
オタワ憲章……212
オックスファム（OXFAM）……49, 114
オックスファム・ジャパン……114

か行

会計不正事件……120, 261, 262
介護保険制度……167, 168
開発論……143
カオイダン難民キャンプ……44
ガザ地区……87
仮設住宅支援活動……286
家庭菜園……118, 120, 122, 252, 260-263
家庭内暴力（DV）……163, 303
家庭訪問……96, 97, 100, 106, 107, 118, 172, 173, 202, 238, 240, 263, 280
カラバオの会……82
関西NGO医療ボランティアチーム（KNI）……84, 85, 284
感染症予防法……302
カンダール県……56, 75, 92, 177
カンダール県保健委員会……92
クサイカンダール郡……75, 76, 78, 92, 177

クサイカンダール郡病院……92
クシャオン村……93
栗野鳳……30, 39, 87, 110
郡保健委員会……93
郡保健行政局……178-180, 182, 192, 196-201, 203-205
ケア・ボランティア……95, 118
経口補水療法（ORT）……55
結核研究所……301
結核予防法……302
下痢予防プロジェクト……63, 64, 68, 69, 71, 149, 235
健康チェック……69, 71, 106
憲法制定議会議員選挙……108, 109
公衆衛生士（Sanitarian）……147
抗レトロウィルス剤（ARV）……250
国際移住機構（IOM）……314
国際移民委員会（ICM）……45
国際医療情報センター（IMIC）……45, 47
国際エイズ会議……83, 250
国連東ティモール暫定行政機構（UNTAET）……105, 106, 109, 214
心のケア……271, 288
国家エイズ対策委員会……71
国境なき医師団（MSF）……43-45, 74, 87, 109, 273, 275
コンドーム・ポイント……72
コンポンチャム県……93, 177, 181, 184, 196

さ行

災害救援……269
在留資格……299, 300, 303, 308, 311, 313-315
さかさま医療ケアの法則……35, 36
佐久病院……29, 31, 44
サダオワーン……96-98, 236-238, 240-244
参加型学習法（PLA）……144
参加型教育……108, 144, 217
参加型農村調査法（PRA）……144, 160, 217, 235
産科救急ケア（EOC）……186
産間調節……173, 180, 182, 185, 186
30バーツ保険制度……99
山友会……34, 43

山谷……11, 33-36, 43, 46, 47, 66, 82, 125
シェア国際保健基金……111, 132, 290
シェーちゃん、アーちゃん……130
シケウ村……64, 68, 69, 71, 145, 147-149, 151, 155, 156, 158, 235
シスター・ルデス……104, 278
市民社会……30, 37, 133, 168, 213, 234, 316
ジャパン・プラット・フォーム（JPF）……270
ジャラン村……72, 73, 95
熟練出産介助者（SBA）……175-177
出張健康相談会……82
小額融資（マイクロ・クレディット）……183
スマトラ沖地震……10, 11, 125, 126, 279
スレイセントー・コーンミア保健行政区……93, 177, 184, 196, 197
スレイセントー郡……94, 177, 196, 203
青年海外協力隊……29, 45, 52, 57, 87, 127, 129, 131, 268
青年海外協力隊エイズ隊員技術補完研修事業……127
セーブ・ザ・チルドレン（SCF）……49, 50, 102
世界エイズ・結核・マラリア対策基金（The Global Fund）……232, 234, 311
世界銀行……77, 104
選択的プライマリ・ヘルス・ケア……191
全統一労働組合……306

た行

タイ大使館……311
高見敏弘……30, 32
ダニエル・マーフィ（ダン）医師……103
地域リハビリテーション（CBR）……143, 144
ツチ族……87, 276
ディリ……103, 105, 273, 278, 281, 283
テトゥン語……109, 165, 218
デビッド・ワーナー……37, 145, 167
デング出血熱……76
伝染病コントロール局（CDC）……63, 64, 72, 147
伝染病コントロール局第7地域（CDC7）……63
伝統的産婆（TBA）……58, 77, 94, 177, 183, 186, 192, 195
トイレ作り……65, 71, 106, 107, 152, 154, 155

東京弁護士会人権賞……135, 315
当事者主権……167, 168
特定非営利活動促進法（NPO法）……109, 110

な行

長岡市……122, 123, 284, 287, 288
灘区救護所連絡会……286
灘区保健所……285
新潟県中越地震……10, 11, 122, 125, 284, 286, 291
ニェム・ニム……75
西宮中央体育館……284
日系ラテンアメリカ人……294, 300, 311
日本インドネシアNGOネットワーク（JANNI）……114
日本国際ボランティアセンター（JVC）……11, 30, 43, 251, 273
入管法……295, 304, 308
乳児死亡率……170, 171, 174, 184, 193, 201
人間開発……174, 175, 246
妊産婦死亡率……170-174, 176, 177, 184
ネルソン・マンデラ……248

は行

バーン・ノーイ・サアート（小さくて清潔な村）……69, 148, 151, 153, 154, 156, 158
バイロピテ診療所……103, 105, 278, 281
パネル・シアター……218-220, 282
母親グループ……93, 95, 106, 182, 217
パレスチナ子どものキャンペーン（CCP）……30
バンガー県……126, 279
阪神・淡路大震災……10, 11, 84, 269, 271, 278, 283, 284, 287
ピア・エデュケーター……255, 256, 261, 280
ピースウィンズ・ジャパン（PWJ）……270
東ティモール協会……278
東ティモール市民平和救援プロジェクト（PPRP）……102, 273, 278
東ティモール民主共和国……214

ピナトゥボ……10, 84, 87, 103, 273, 275-277
日和見感染症……99, 100, 260
ブカブ……88, 276
フツ族……87, 276
プライマリ・ヘルス・ケア……11, 12, 29, 35-37, 55, 63, 69, 74, 75, 80, 103, 139-148, 158-160, 166-168, 207, 211, 235, 261, 270, 276, 278, 279, 282, 284, 290, 291, 315
フリップ・チャート……218, 219, 221, 220, 222
ベースライン・サーベイ（基礎調査）……93
ヘルス・プロモーション……140, 212, 213, 215, 225, 228, 229
訪問看護ステーションコスモス……122, 124, 284, 288
保健教育……12, 32, 55, 58, 76, 93-95, 102, 106, 108, 109, 123, 124, 126, 127, 147, 152, 156, 161, 163-165, 181, 182, 184, 185, 203, 211-218, 220-229, 256, 279-283
保健師助産師看護師法……166
保健システム……11, 63, 68, 74, 80, 94, 141, 177, 186, 189-196, 198, 204, 206-209, 239, 270
保健セクター戦略計画……192, 195, 205
保健センター……10, 54, 69, 71, 76, 77, 91, 92, 100, 101, 106, 123, 147, 148, 150, 153-156, 158, 164, 165, 177, 178, 180, 182-186, 191, 192, 194-205, 214, 215, 235, 239, 243, 244
保健ボランティア……10, 12, 64, 65, 69, 71-73, 141, 146-149, 152-156, 158, 173, 183, 184, 192, 195-208, 215, 228, 235, 236, 239, 243, 276
星野昌子……30, 33, 44, 47, 61, 273
母子保健法……170, 173, 186
母性意識……170
ポル・ポト……30, 55, 59, 74, 75, 191, 193

ま行

マーシャ村……54
マイクロ・ティーチング……256
丸幸ビル……113-115
マルチチュード……38, 39
港町診療所……82, 296, 302, 307
ミレニアム開発目標（MDGs）……168, 174-176, 187, 188

室靖……30-32
メコン・ウォッチ……115
モティベーション……161, 165, 166, 195, 196, 224, 225, 254

や行

薬害エイズ……79
ヤソートーン県……64, 68, 147, 235
山通りコミュニティセンター……124
山通り避難所……123
国際ボランティア貯金……78

ら行

ライフスキル……211, 246
ライラコ保健センター……106
ライン（RINE）プログラム……55, 56, 58, 74
リプロダクティブ・ヘルス……161, 162
ルワンダ……10, 87, 103, 273, 276, 277, 288
ルワンダ難民救援キャンペーン（RCC）……87, 277
レビュー・ミーティング……91
レファラル病院……192
労働災害……81, 299, 306
ロール・プレイ（寸劇）……72, 151, 152, 154, 178, 179, 217
六甲小学校……85, 285, 286

わ行

ワールド・ビジョン（WVI）……49, 51, 52
若月俊一……29, 142, 168
ワリン郡病院……96

【執筆者・編集者】

本田徹(ほんだ・とおる) 医師。現シェア代表、東ティモール事業アドバイザー。1977年青年海外協力隊でチュニジア派遣の後、1979〜83年長野県佐久総合病院にて農村医学を学ぶ。プライマリ・ヘルスケア・マネジメント修士課程修了。現在、東京都台東区浅草病院に勤務し、山谷の地域医療や在宅診療・ケアに訪問看護ステーションコスモスと取り組む。

前川昌代(まえかわ・まさよ) 1980年日本国際ボランティアセンター（JVC）のインドシナ難民救援のボランティアに参加したのをきっかけにNGO活動にかかわる。1985〜95年JVC広報担当。その後、地球の木・事務局長などを経て、1999年7月〜2000年3月シェア事務局長代行。東ティモール・プロジェクトの立ち上げに携わる。2001〜06年地雷廃絶日本キャンペーン（JCBL）の事務局を担当。現在シェア理事。

山口誠史(やまぐち・まさし) シェア事務局長。企業勤務を経て、1985年日本国際ボランティアセンター（JVC）ボランティアとしてソマリアに赴任。その後、JVCの神奈川事務所、東京本部、カンボジア事務所などで勤務。2001年JVCからシェアに事務局長として出向し、組織運営、財務、資金獲得などに従事。その後シェアに転籍し現在に至る。国際協力NGOセンター（JANIC）理事ほか。

工藤芙美子(くどう・ふみこ) 看護師。1978年青年海外協力隊でマラウイに派遣。1982〜84年英国で熱帯医学・看護を学び、英国の病院に勤務。1984年シェアに参加。エチオピア、タイ、東ティモールなど、多くの地域でシェアのプロジェクト立ち上げやスタッフ・トレーニング、プライマリ・ヘルス・ケア活動、調査などに携わる。地域保健修士取得、タイ、パキスタン、ホンジュラス・グアテマラなどでJICAの保健プロジェクトにも専門家として従事。

佐藤真理(さとう・まり) 看護師・助産師。シェアカンボジア事務所でメディカル・コーディネーターとして1998〜2000年と2002年に活動。東北大学医学部付属病院、東北厚生年金病院と助産院勤務。プライマリ・ヘルスケア・マネジメント修士課程修了。2005年より3年間JICAアフガニスタン・リプロダクティブ・ヘルス・プロジェクトで活動。

植木光(うえき・ひかる) 看護師。2000年青年海外協力隊看護隊員としてスリランカに赴任。2002〜2006年シェアカンボジア事務所にプログラム・アドバイザーとして地域保健プロジェクトに関わる。オランダで医療人類学部修士課程在学中。

小泉香織(こいずみ・かおり) 企業勤務を経て、2005年よりシェア東京事務局にて東ティモール事業担当。国内保健事業として、東京都外国人結核患者療養支援事業のコーディネーターも務める。マドリッドにて国際開発援助学修士課程修了。

成田清恵(なりた・きよえ) 看護師。病院勤務、エチオピアでのボランティア活動、東ティモールでNGO現地派遣員として診療所・運営と保健ボランティアの育成活動を経て、2004〜08年シェア東ティモール事務所勤務。保健教育促進プロジェクト、学校保健プロジェクト、また2006年には国内避難民への保健医療事業にヘルスコーディネーターとして関わる。

李祥任（り・さんいん）看護師。国内保健事業担当。都内病院勤務、タイ・日本でのNGOボランティア活動を経て、2003〜06年シェアタイ事務所にて、エイズ・プロジェクトのヘルスコーディネーターを務める。2006年帰国後より現職。

青木美由紀（あおき・みゆき）海外事業チームリーダー、元南アフリカ事業プロジェクトマネージャー。ニューヨークで国際教育開発学修士号取得、企業勤務を経て2000年より東ティモール事業担当としてシェア東京勤務。南アフリカ駐在を経て、2007年帰国後に現職。

西山美希（にしやま・みき）シェア、外務省NGO専門調査員。企業勤務を経てからシェア東京事務所に2000年より勤務。タイ事業担当、国内エイズ教育、HAATASの立ち上げに関わる。1年間休職をし、タイでプライマリ・ヘルスケア・マネジメント修士号取得後、2008年より現職。

沢田貴志（さわだ・たかし）現シェア副代表。医師、公衆衛生士、港町診療所所長。東京厚生年金病院内科勤務の後、フィリピンでスラムや被災地の医療を経験。帰国後、港町診療所とシェアで外国人の医療相談に参画。また、シェアタイのエイズ・プロジェクトの立ち上げからアドバイザーとして関わる。

仁科晴弘（にしな・はるひろ）医師。外科医として地域医療に従事した後、1999〜2000年の半年間英国で熱帯医学を研修。シェアの緊急救援やカンボジア・プロジェクトのアドバイザーを務める。現在は江東病院にて、消化器外科および再発・根治不能悪性腫瘍の緩和的化学療法に取り組む。

仲佐保（なかさ・たもつ）医師。カンボジア難民キャンプという緊急援助を通じて国際保健の魅力に取りつかれる。シェアのメンバーとしてエチオピア飢餓被災民緊急援助に参加。その後、「治療より予防へ、個人より集団」という考えから公衆衛生を選び、JICAの病院、母子保健、地域保健プロジェクトの専門家として、ボリビア、パキスタン、ホンジュラスを5人の家族と共に飛び回る。現職は、国立国際医療センター国際医療協力局派遣第二課長。米国にて公衆衛生修士。

冨田茂（とみた・しげる）医師。整形外科医として大学病院等で勤務の後、2000年より堀切中央病院、2007年より港町診療所。在日外国人医療に取り組む。2000年より大脇理事と共にシェア国内保健プロジェクトのとりまとめを行なう。2008年4月よりタイ国マヒドン大学公衆衛生学教室で国際保健を学ぶ。

佐久間典子（さくま・のりこ）出版社勤務を経て、1986年のJVCのエチオピア農村復興プロジェクトから、アフリカの国々でのNGOの活動に主として国内でかかわる。1997年シェアで会報（当時）『ボンパル便り』の編集を担当。2003年『シェア20年のあゆみ』の編集に協力。現在、アフリカ地域開発市民の会（CanDo）理事。

【シェアの活動を伝える刊行物】

	タイトル	出版年	定価	備考(長さなど)
機関誌	ボン・パルタージュ(公正な分配)	季刊	500円	
出版物	NGOで働くには??? NGOスタッフ9人の「生き方」を大解剖!	2002年	1000円	
	シェア 2003年度調査・研究レポート集	2004年	500円	
	シェア 2004年度調査・研究レポート集	2005年	500円	
	シェア 2005年度調査・研究レポート集	2006年	500円	
	新潟県中越地震 保健支援活動報告書	2005年	300円	
	実践力をつける!!国際協力お役立ち本	2005年	1000円	
	日本でできる国際協力 ——在日外国人と歩んだ10年——	2005年	500円	
	年次報告書(2001年～)	毎年	無料	
ビデオ	いのちを見つめる シェア20年のあゆみ	2003年	1000円	15分
DVD	すべてのいのちの輝きのために ——国際保健NGO・シェアの25年	2008年	1000円	20分
	いのちを守る連続講座(第1回～第6回)	2008年	10000円	2時間×6枚

関連図書(市販)

タイトル	著者・編者	出版社	出版年	定価	備考(執筆者など)
JVCアジバール病院 エチオピア緊急医療救援報告	JVC/SHARE 記録編集委員会編	連合出版	1988年	1500円	木内、林、福村、工藤、仲佐、本田
小規模社会開発プロジェクト評価	アーユス「NGOプロジェクト評価研究会」編	国際開発ジャーナル社	1995年	1500円	本田
7人の女の物語 バングラデッシュの農村から	ロキア・ラーマン・カビール著	連合出版	2000年	1800円	シェア編集協力
エイズを知る	エイズ&ソサエティ研究会議	角川oneテーマ21	2001年	571円	沢田(タイ、在日外国人)
なぜ医師たちは行くのか?	吉田敬三編	羊土社	2003年	2200円	本田、市岡、川口
アジア旅行者のための感染症対策	本田徹、金子・明編	連合出版	2003年	1500円	本田、仁科、沢田、松井
国際協力プロジェクト評価	NPO法人アーユス編	国際開発ジャーナル社	2003年	1500円	シェアタイの事例
エイズ 終わりなき夏	エイズ会議研究会	連合出版	2005年	1500円	沢田
アイズ・オン・エイズ 開発援助における感染症対策	成田弘成編著	春風社	2008年	2667円	李

(特定非営利活動法人)シェア＝国際保健協力市民の会 (SHARE)
〒110-0015 東京都台東区東上野1-20-6 丸幸ビル5F
TEL：03-5807-7581　FAX：03-3837-2151
mail：info@share.or.jp
URL：http://share.or.jp

すべてのいのちの輝きのために──国際保健NGO・シェアの25年──

初版第1刷発行　2008年10月1日

定価2500円＋税

著者　シェア＝国際保健協力市民の会
装丁　畑野憲一
発行者　桑原晨
発行　株式会社めこん
〒113-0033　東京都文京区本郷3-7-1
電話03-3815-1688　FAX03-3815-1810
ホームページ　http://www.mekong-publishing.com

組版　字打屋
印刷・製本　モリモト印刷株式会社
ISBN978-4-8396-0216-1　C0030 ￥2500E
3030-0806216-8347

JPCA 日本出版著作権協会
http://www.e-jpca.com/

本書は日本出版著作権協会 (JPCA) が委託管理する著作物です。本書の無断複写などは著作権法上での例外を除き禁じられています。複写 (コピー)・複製、その他著作物の利用については事前に日本出版著作権協会 (電話03-3812-9424　e-mail:info@e-jpca.com) の許諾を得てください。

NGOの選択
—— グローバリゼーションと対テロ戦争の時代に
日本国際ボランティアセンター
定価1900円+税

激しく揺れ動く世界情勢の中でNGOは今なにをなすべきか。自らの足もとを見つめ直し、岐路に立つNGOのあり方を考察します。

NGOの時代
—— 平和・共生・自立
日本国際ボランティアセンター
定価2200円+税

「南で学び、日本を変える」。設立20周年を記念し、日本のNGOの草分け、日本国際ボランティアセンターの過去の歩みと未来への決意を真摯に綴りました。

母なるメコン、 その豊かさを蝕む開発
リスベス・スルイター　メコン・ウォッチ他訳
定価2800円+税

オランダの女流写真家による写真紀行。300枚の写真が人智を超えた豊かな自然の恵みとそれを蚕食する人間の愚かな営みを映し出します。

瀾滄江怒江伝（らんそうこうどこうでん）
黄光成　大澤香織訳・加藤千洋解説
定価4500円+税

メコンとサルウィンの源流、瀾滄江と怒江。その歴史・民族・自然の魅力を余すところなく綴った紀行です。200枚のカラー写真のど迫力。

ネグロス・マイラブ
大橋成子
定価1600円+税

NGOのつっぱり女と元フィリピン共産党の子連れマッチョが出会った。2人はフィリピンの政治状況について話しているうちに恋に落ちてしまいました。

イサーンの百姓たち
—— NGO東北タイ活動記
松尾康範
定価1600円+税

グローバリゼーションの嵐の中で追い詰められた農民たちとNGOが手を組んだ。地域の農業が生き残る道を模索するタイと日本の百姓の交流。

入門東南アジア研究
上智大学アジア文化研究所編
定価2800円+税

東南アジアを基礎から学ぶにはまずこの1冊から。自然、歴史、建築、民族、言語、社会、文学、芸能、経済、政治、国際関係など、ほぼすべての分野を網羅。

学生のためのフィールドワーク入門
アジア農村研究会編
定価2000円+税

アジア各地でフィールドワークを始める時には何が必要か？　調査方法は？　トラブルを避けるには？　成果をまとめるには？　長年の蓄積をマニュアルと体験記にまとめました。